孩子读得懂的《古文观止》

先秦历史故事

(清)吴楚材 (清)吴调侯 编选

洋洋兔 编绘

北京理工大学出版社
BEIJING INSTITUTE OF TECHNOLOGY PRESS

听编书者讲什么是《古文观止》

大家好！我叫吴乘权，字子舆，号楚材，清代浙江人。你们可能不认识我，但一定在《古文观止》的封面上看到过我的名号。没错，我和我的侄子——吴调侯正是《古文观止》的编者。

小时候的我和你们一样，有远大的理想。在我们那个时代，书籍分为经、史、子、集四类。我希望自己能把史部的书籍完整读一遍，可惜的是我天资不高，甚至感觉有点儿笨拙，在阅读的过程中不能立刻理解，要揣摩好久，好不容易理解了当前的句子，前面的又忘记了。而且我识字不多，总要查阅工具书，经过考证才能知道其中的意义。

但我热爱历史，为此还想游历天下，搜集各种地方志、实录和史籍，并对其中记载的地方做实地考察。然而，这个梦想在我十六岁的时候破灭了，我患上了腿部疾病。我不会因此放弃自己的人生，病多久那就读多久的书！

几年后病愈的我去参加科举考试，很遗憾，没考中。既无显赫的家庭背景，又没有万贯家财，尽管有我族叔接济，但总得自力更生、艰苦创业。于是，我和吴调侯给人做过幕僚，又当过私塾先生。

康熙三十三年（1694年），我俩共同编成了《古文观止》一书。全书共12卷，收录了东周到明代的文章222篇。

"观止"是表示尽善尽美的意思。那延伸一下，"古文观止"指的就是书中所收录的文章代表文言文的最高水平，学习文言文看这本书足够了。这样说，我是不是太自信了？

有人说我编的这本书不是从文人的角度考虑，只注重文学性和艺术性，反而适合做教材。实际上，这本书是我和吴调侯一边教书，一边编写的，肯定会受到传道授业解惑的影响。这不，在我之后的三百多年，书里的多篇文章反复出现在你们的课本里，比如《曹刿论战》《捕蛇者说》《陋室铭》《师说》《桃花源记》《醉翁亭记》等。

古文琳琅满目，美不胜收，辑选文章的人每朝都有，而且选本越来越多，各有优劣。我和吴调侯不敢说辑选古文，只是收集古今选本，查漏补缺，有差错的及时订正。各选本都是编选者深思熟虑、探究古文的精妙之处而编定，读者读了这本错过那本，可能会遗漏一些美文；如果阅读全部选本，又会很疲劳。这就是我们俩进行再编选的原因。

你们的时代，也许会觉得我们的工作有不足之处，这是正常的。只要《古文观止》能让你们看到古文的精妙，体会到阅读的乐趣，感受到古人的情怀，我这一生足矣。

洋洋兔的小提示

我们摘录了清代吴楚材、吴调侯编选的《古文观止》中80多篇千古传诵的文章，配以富有时代韵味的漫画，专门为孩子们打造了一套《孩子读得懂的〈古文观止〉》。全书分《先秦历史故事》《汉唐文人理想》《宋明时代风景》三册，让孩子们手不释卷，轻松阅读。

目录

6	郑伯克段于鄢
17	臧僖伯谏观鱼
22	曹刿论战
29	齐桓公伐楚盟屈完
36	宫之奇谏假道
43	介之推不言禄
48	烛之武退秦师
55	蹇叔哭师
61	季札观周乐
68	子产论政宽猛
73	召公谏厉王止谤
79	里革断罟匡君
84	叔向贺贫
89	春王正月

140	唐雎不辱使命
147	乐毅报燕王书(节选)
156	谏逐客书
164	宋玉对楚王问
171	项羽本纪赞
177	孔子世家赞
181	屈原列传(节选)

94	曾子易箦
98	苏秦以连横说秦(节选)
106	范雎说秦王(节选)
113	邹忌讽齐王纳谏
119	冯谖客孟尝君
128	赵威后问齐使
132	触龙说赵太后

郑伯克段于鄢(yān)

- 多行不义必自毙

出处	《左传》
作者	左丘明
创作年代	春秋
坐标	《古文观止》卷一

助学小贴士

　　《郑伯克段于鄢》是《古文观止》的第一篇，它描述了一个匪夷所思的故事，简直比小说还要精彩。不过，这却是一件真实发生过的历史事件。春秋时期，周王朝实力大减，由王室宗亲建立的各诸侯国之间展开了残酷的战争，它们内部的权力争夺也风起云涌，为了得到王位，骨肉至亲也会成为生死仇敌……

朗读原文

初,郑武公娶于申,曰武姜,生庄公及共叔段。庄公寤生,惊姜氏,故名曰"寤生",遂恶之。爱共叔段,欲立之。亟请于武公,公弗许。

实时翻译

当初,郑武公娶了申国一名姓姜的女子当妻子,后来大家叫她武姜,她生了两个儿子,就是后来的庄公和共叔段。庄公出生时是脚先出来的,吓坏了武姜,所以给他取名"寤生",并且因此不喜欢他。武姜偏爱另一个儿子共叔段,想立他为世子,以后继承君位,她向武公求了好多次,武公都不同意。

朗读原文

及庄公即位,为之请制。公曰:"制,岩邑也,虢叔死焉,佗邑唯命。"请京,使居之,谓之京城大叔。祭仲曰:"都城过百雉,国之害也。先王之制:大都不过参国之一,中五之一;小九之一。今京不度,非制也,君将不堪。"公曰:"姜氏欲之,焉辟害?"对曰:"姜氏何厌之有?不如早为之所,无使滋蔓。蔓,难图也。蔓草犹不可除,况君之宠弟乎?"公曰:"多行不义必自毙,子姑待之。"

实时翻译

等到庄公继承了君位,武姜请求他把一个叫制的地方分封给共叔段作为领地。庄公说:"制是一个险要的城邑,从前虢叔就死在那里。如果去其他城邑,我都听您的。"武姜又请求把京邑封给共叔段,庄公同意了,于是就让共叔段去了那里,称他为京城太叔。

分封的城邑的围墙长度如果超过三百丈，就会成为国家的祸患。从前的制度规定，大的城邑，围墙长度不能超过国都的1/3；中等城邑不能超过1/5；小城邑不能超过1/9。现在京邑的围墙规模已经不合法度，违背了先王的规定，这样下去恐怕对您很不利啊。

是姜氏想这样的啊。我该怎么做才能避免出问题呢？

姜氏怎么可能有满足的时候？不如及早做出安排，给他换一个地方，不再给他发展的机会，再这么发展下去就难对付了。蔓延生长的野草都不容易铲除干净，何况是您那受宠的弟弟呢？

不义的事情做多了必然会自取灭亡，你暂且等着瞧吧。

朗读原文

既而大叔命西鄙、北鄙贰(èr)于己。公子吕曰:"国不堪贰,君将若之何?欲与大叔,臣请事之;若弗与,则请除之,无生民心。"公曰:"无庸(yōng),将自及。"大叔又收贰以为己邑,至于廪(lǐn)延。子封曰:"可矣。厚将得众。"公曰:"不义不昵(nì),厚将崩(bēng)。"

实时翻译

没多久,太叔段命令西部和北部的边境城邑既要听命于庄公,也得听命于自己。

一个国家不能有两个国君,您现在打算怎么办?如果您打算把郑国交给太叔,那我现在就去侍奉他;如果不给,那就请您除掉他,不要让臣民生出二心。

用不着,他会自取灭亡的。

不久,太叔又把之前那些既听命于庄公也听命于自己的边境城邑全变成了归自己统辖,还将领地扩展到了廪延。

可以了吧!领土再这么扩大下去,他会得到更多百姓拥护的。

他对君主不忠,对兄长无情,百姓就对他不亲,领地扩大反而会加速他的垮台。

朗读原文

大叔完聚,缮(shàn)甲兵,具卒乘(shèng),将袭郑。夫人将启之。公闻其期,曰:"可矣!"命子封帅车二百乘以伐京。京叛大叔段。段入于鄢,公伐诸(zhū)鄢。五月辛丑,大叔出奔共。

书曰:"郑伯克段于鄢。"段不弟故不言弟;如二君,故曰"克",称郑伯,讥失教也,谓之郑志。不言出奔,难之也。

实时翻译

太叔段加固城防,囤积粮草,修缮武器,招兵买马,准备偷袭郑国都城。武姜打算作内应打开城门接应他。庄公得知太叔段偷袭的日子后,说:"可以了!"随即命令公子吕率领二百乘兵车讨伐京邑。京邑的百姓反了太叔段。太叔段逃到鄢城。庄公又派兵到鄢城讨伐。五月二十三日,太叔段逃往共国。

《春秋》中记载:"郑伯克段于鄢。"意思是说共叔段不尊敬兄长,所以说他是"段"而不说他是"弟"。兄弟二人如同两个国君一样争斗,所以用"克"字。把庄公称为"郑伯",是讥讽他对弟弟教导无方,也表明这是庄公的本意。不写共叔段"出奔",是因为史官难以下笔。

朗读原文

遂置姜氏于城颍(yǐng)，而誓(shì)之曰："不及黄泉，无相见也。"既而悔之。颍考叔为颍谷封人，闻之，有献于公。公赐之食，食舍肉。公问之，对曰："小人有母，皆尝小人之食矣，未尝君之羹(gēng)，请以遗(wèi)之。"公曰："尔有母遗，繄(yī)我独无！"颍考叔曰："敢问何谓也？"公语之故，且告之悔。对曰："君何患(huàn)焉？若阙(jué)地及泉，隧(suì)而相见，其谁曰不然？"公从之。公入而赋："大隧之中，其乐也融融！"姜出而赋："大隧之外，其乐也泄(yì)泄！"遂为母子如初。

君子曰："颍考叔，纯孝也。爱其母，施及庄公。《诗》曰：'孝子不匮，永锡尔类。'其是之谓乎。"

实时翻译

事后，庄公把武姜安置在城颍，并且对她发誓说："不到黄泉，不再相见！"说过之后没多久，庄公就后悔了。郑国有一个大夫叫颍考叔，是镇守颍谷边界的官吏。他听说这件事后，就到国都向庄公献礼。庄公宴请他，颍考叔却在吃饭的时候留着肉不吃。庄公问他为什么。

微臣有一个老母亲,我吃过的东西她都尝过,却从未尝过君王赏赐的肉羹,请您准许我带回去给她尝尝吧。

你有母亲可以侍奉,唉,唯独我没有啊!

请问您说这话是什么意思?

庄公把前因后果都告诉了颍考叔,也对他诉说了自己的悔意。

您有什么可担心的?只要从地道里挖出泉水,在这条地道中相见,谁还能说什么呢?

庄公听从了他的办法,走进地道去见母亲,唱道:"地道之中,快乐和睦!"武姜走出地道,唱道:"地道之外,快乐舒畅!"从此,他们母子二人和好如初。

君子说:"颍考叔是真正的孝子,他敬爱自己的母亲,又用这种孝心感化了庄公。《诗经》里写到:'孝心不尽不竭,永远能惠及你的同类'这指的大概就是颍考叔吧。"

人物关系

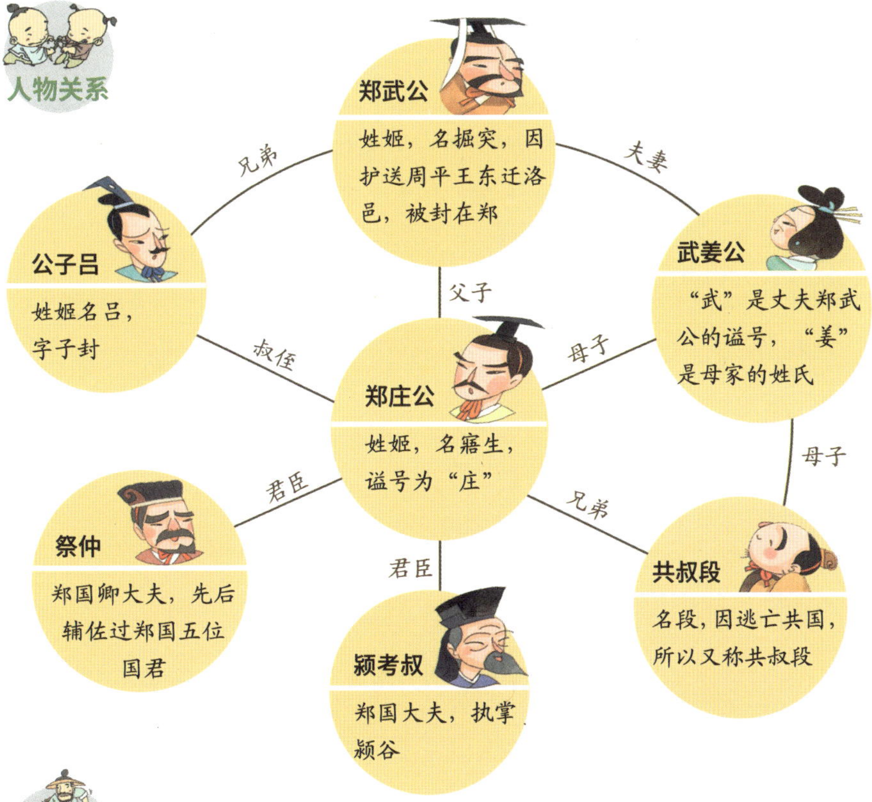

郑武公：姓姬，名掘突，因护送周平王东迁洛邑，被封在郑

公子吕：姓姬名吕，字子封

武姜公："武"是丈夫郑武公的谥号，"姜"是母家的姓氏

郑庄公：姓姬，名寤生，谥号为"庄"

祭仲：郑国卿大夫，先后辅佐过郑国五位国君

颍考叔：郑国大夫，执掌颍谷

共叔段：名段，因逃亡共国，所以又称共叔段

- 郑武公—公子吕：兄弟
- 郑武公—武姜公：夫妻
- 郑武公—郑庄公：父子
- 公子吕—郑庄公：叔侄
- 武姜公—郑庄公：母子
- 武姜公—共叔段：母子
- 郑庄公—共叔段：兄弟
- 祭仲—郑庄公：君臣
- 颍考叔—郑庄公：君臣

思维导图

郑伯克段于鄢（主人公 事件 地点）

- 寤生与段
  - 武姜讨厌大儿子寤生
  - 武姜喜欢二儿子段
- 段封于京邑
  - 寤生继承君位
  - 武姜请求把京邑封给段
- "京城大叔"
  - 准备攻打寤生
  - 大兴军事
- 反转！克段于鄢
  - 段出逃
  - 寤生与武姜在黄泉相见

多思考一点 武姜的偏爱让共叔段逐渐迷失了自我,贪婪的种子开始在他心中发芽,最终对国家忠诚、对兄长孝悌这些传统美德全都被他抛在脑后。多行不义必自毙!终于,共叔段付出了惨重的代价。可见,溺爱往往并不会给孩子带来幸福。

多知道一点 周朝实行分封制,爵位分为公、侯、伯、子、男五等,可以世袭。史书上称宋公、齐侯、郑伯,说明在周初分封的时候,宋、齐、郑各国国君的爵位分别是公、侯、伯。

作者信息

姓　　名:左丘明

名　　　:姓丘,名明,因其父任左史官,故称左丘明

生 卒 年:约公元前502—约前422年

籍　　贯:鲁国之附庸小邾国

高光时刻:为解析《春秋》而作《左传》,又作《国语》(作《国语》时已双目失明)。

多了解一点 《左传》

《左传》原名《左氏春秋》,汉代改称《春秋左氏传》,相传为左丘明所作。有人认为它是一部独立的历史著作,也有人认为它是左丘明根据《春秋》所作的编年史。《左传》按照鲁国先后十二位国君在位的年代,记载了公元前722年—前468年各国的重要史实,与《公羊传》《谷梁传》合称"春秋三传"。

臧僖伯谏观鱼

- 国君的安分守己

出处：《左传》
作者：左丘明
创作年代：春秋
坐标：《古文观止》卷一

助学小贴士

有一年春天，鲁国的国君鲁隐公想去一个叫作棠的地方观赏渔人捕鱼，可他的臣子（也是他的大伯）臧僖伯认为，国君是百姓的榜样，不能由着自己的性子想干什么就干什么，特别是观赏捕鱼这种纯娱乐活动，所以极力劝阻。不过，隐公最终还是找了一个借口出发了……

朗读原文

春，公将如棠观鱼者。臧僖伯谏曰："凡物不足以讲大事，其材不足以备器用，则君不举焉。君将纳民于轨物者也。故讲事以度(duó)轨量，谓之'轨'；取材以章物采，谓之'物'。不轨不物，谓之乱政。乱政亟(qì)行，所以败也。故春蒐(sōu)、夏苗、秋狝(xiǎn)、冬狩，皆于农隙以讲事也。三年而治兵，入而振旅，归而饮至，以数军实。昭文章，明贵贱，辨等列，顺少长，习威仪也。鸟兽之肉不登于俎(zǔ)，皮革、齿牙、骨角、毛羽不登于器，则君不射，古之制也。若夫山林川泽之实，器用之资，皂隶之事，官司之守，非君所及也。"

公曰："吾将略地焉。"遂往，陈鱼而观之。

僖伯称疾不从。

书曰："公矢(shǐ)鱼于棠。"非礼也，且言远地也。

实时翻译

春天，鲁隐公打算去棠地观赏渔人捕鱼。臧僖伯劝谏道："凡是与祭祀、战争等重大国事无关的、不能用于制作礼器和兵器的物品，国君就不应对其予以重视。国君是要把民众纳入'轨''物'的领导人，他参与国家大事以端正法度就叫作'轨'，他选取合适的材料制作礼器和兵器以显示它们的风采就叫作'物'。如果行事、取材不合乎轨、物，就叫乱政。屡屡乱政，国家就会败亡。春夏秋冬四季的狩猎活动，其实都是在农闲时节进行的军事演习。每三年一次的军事大演习结束后，军队回到国都后要进行整顿，并到宗庙宴饮庆贺，然后清点猎获的猎物。这时还要展现出车马、服饰、旌旗等纹饰图案，明确区分众人的贵贱、等级、长幼的次序，这都是讲究国之大事的威仪啊！鸟兽的肉不能拿来放到祭器里，皮革、牙齿、骨角和毛羽不能用来制作兵器，这样的鸟兽，国君就不去射取捕猎，这是自古以来就有的规矩！至于山林川泽中出产的制作一般器物的材料，都是应该由有关官吏按职分管理、让仆役们处理，国君是不应该涉足的。"

鲁隐公说："我去那儿是打算巡视边境的。"于是就出发去了棠地，到了那里，他就让渔人捕鱼给他观赏。

僖伯推说生病了，没有随行。

《春秋》中有记载："鲁隐公在棠地观看渔人陈列渔具捕鱼。"认为这是不合礼法的事，并且还指出了鲁隐公远离国都的过错。

思维导图

多思考一点　印度著名诗人泰戈尔曾说过:"如果一个人不把本职工作以外的事摆在次要的位置,他绝不能做好他的工作。"臧僖伯想表达的也正是这个意思。每个人在人生的不同阶段都会有不同的角色和职责,做好每个阶段的"本职工作",你的人生就成功了!

曹刿(guì)论战

◧ 以少胜多的经典战役

出处 《左传》
作者 左丘明
创作年代 春秋
坐标 《古文观止》卷一；初中语文九年级下册

助学小贴士

　　齐襄公遭人暗杀身亡，齐国王位突然出现了空缺。齐襄公的两个儿子（公子纠和公子小白）不约而同地本着先到先得的原则，各自从鲁国和莒（jǔ）国急奔回齐国。公子小白先回来，当了齐国新君，也就是后来的齐桓公。鲁庄公因为护送公子纠回齐争王位，得罪了公子小白，导致齐国出兵进攻鲁国……

朗读原文

齐师伐(fá)我。公将战,曹刿请见。其乡人曰:"肉食者谋之,又何间(jiàn)焉?"刿曰:"肉食者鄙(bǐ),未能远谋。"遂入见。

问:"何以战?"公曰:"衣食所安,弗(fú)敢专也,必以分人。"对曰:"小惠未遍,民弗从也。"公曰:"牺牲玉帛(bó),弗敢加也,必以信。"对曰:"小信未孚(fú),神弗福也。"公曰:"小大之狱(yù),虽不能察,必以情。"对曰:"忠之属也,可以一战。战则请从。"

实时翻译

齐国军队攻打鲁国。鲁庄公准备迎战,这时曹刿请求觐(jìn)见。曹刿的同乡劝他说:"那些当官的人自会谋划这件事,你又何必参与呢?"曹刿说:"他们那些人目光短浅,做不到深谋远虑。"说完便入朝去见鲁庄公了。

您打算凭借什么和齐国作战呢？

衣食这类安身立命的东西，我从来不敢一个人享用，总是把它们拿出来和大家分享。这样他们或许会感念我的恩德，愿意为我作战。

这种恩惠只给了少数人，没有遍及百姓，所以百姓不会为您卖命的。

祭祀用的牛羊玉帛等，我从不敢浮夸虚报，一定如实祷告，或许这样能够感动上苍，助我取胜。

这小小的诚信不会使神明信服，神明不会为您降福的。

大大小小的官司，我虽不能一一查清，但总是尽力按照实情处理。百姓没有受冤，可以为我而战吗？

能做到百姓没有冤假错案，表示国君对百姓很尽心，这样百姓自然会为您尽力。凭这一点，这场仗就可以打。出征时请让我跟您一起去吧。

朗读原文

公与之乘,战于长勺。公将鼓之,刿曰:"未可。"齐人三鼓,刿曰:"可矣。"齐师败绩。公将驰之,刿曰:"未可。"下视其辙(zhé),登轼(shì)而望之,曰:"可矣!"遂逐齐师。

实时翻译

鲁庄公和曹刿同乘一辆战车,齐鲁双方在长勺摆开战阵。鲁庄公要击鼓命令军队出击,曹刿说:"还不行。"等齐军第三次击鼓后,曹刿才说:"可以击鼓进军了。"齐国军队被打得溃不成军。鲁庄公打算命人乘胜追击,曹刿说:"不要追击。"他走下战车,观察敌军车轮的印痕,又登上车前的横板张望,说:"可以了。"这时,鲁国军队才开始追击齐军。

朗读原文

既克,公问其故,对曰:"夫战,勇气也。一鼓作气,再而衰,三而竭。彼竭我盈,故克之。夫大国,难测也,惧有伏焉。吾视其辙乱,望其旗靡(mǐ),故逐之。"

实时翻译

取胜之后,鲁庄公问他为什么要这么做。曹刿答道:"作战,靠的是士气。第一次击鼓能够鼓舞士兵们的士气,第二次击鼓士兵们的士气开始低落,等到第三次,士气就差不多散尽了。对方的士气消失而我军的士气旺盛,所以我们打败了他们。像齐国这样的大国,诡计多端,我怕他们使用'诱敌深入'的计谋设有伏兵。后来我观察到他们的车轮印迹混乱,还望见他们的旗帜也倒下了,知道这不是装出来的,所以才下令追击。"

思维导图

多思考一点

长勺之战是以弱胜强的著名战例,曹刿是鲁国取胜的关键人物。他的胜利凭借的并非是在战场上出生入死、浴血奋战,而是智慧。智慧来源于哪里?来源于平日读书和学习,也来源于生活经验的积累。

齐桓公伐楚盟屈完

○ 冲冠一怒为红颜之续篇

出处 《左传》
作者 左丘明
创作年代 春秋
坐标 《古文观止》卷一

助学小贴士

你可知道，身为春秋五霸之首的齐桓公也曾冲冠一怒为红颜？齐桓公的妻子叫蔡姬，是蔡国国君蔡穆侯的掌上明珠。娶蔡姬时，齐桓公已年约半百，而蔡姬还是一个性格活泼的妙龄少女。有一天，齐桓公和蔡姬泛舟水上，蔡姬玩到兴起，就在船上摇晃起来。当她看到不会游泳的齐桓公因为害怕而窘态百出时，笑得花枝乱颤。齐桓公丢了这么大的面子，一怒之下将蔡姬赶回了娘家。女儿被赶回娘家，这对蔡穆侯来说也是很没面子的事，于是他一赌气将蔡姬改嫁给了别人。这下，齐桓公的肠子都悔青了，纠集了鲁、宋、陈、卫、郑、曹、许等国军队，浩浩荡荡向蔡国出发……

朗读原文

春，齐侯以诸侯之师侵蔡。蔡溃，遂伐楚。楚子使与师言曰："君处北海，寡人处南海，唯是风马牛不相及也。不虞君之涉吾地也，何故？"管仲对曰："昔召康公命我先君太公曰：'五侯九伯，女实征之，以夹辅周室。'赐我先君履，东至于海，西至于河，南至于穆陵，北至于无棣。尔贡包茅不入，王祭不共，无以缩酒，寡人是征。昭王南征而不复，寡人是问。"对曰："贡之不入，寡君之罪也，敢不共给？昭王之不复，君其问诸水滨。"师进，次于陉。

实时翻译

　　春天，齐桓公率领各诸侯国联军攻打蔡国，蔡国很快溃败，于是联军决定趁势攻打楚国。楚成王派使臣来到联军阵前传话。

您在北方，我在南方，咱们的国土相距遥远，哪怕我们两国的牛马相互吸引，也到不了一起。想不到您竟会踏足我们的国土，这是为何呢？

从前，周武王的辅臣召康公曾给我们齐国的先君姜太公留下遗命，说：'为了实现共同辅佐周王室这个目标，天下诸侯、九州之长你都可以征讨。'召康公还给我们的先君划定了征讨范围，那就是东到海边、西到黄河、南到穆陵、北到无棣。你们楚国应当进贡包茅却没有交纳，周王室的祭祀典礼上没有可以用来滤酒之物，所以我前来征收贡品。另外，周昭王南巡后再也没有回去，这件事我也得调查清楚。

没有交纳贡品是我们国君的过错，我们怎么敢再不供给呢？周昭王南巡，船沉汉水而没能返回，还是请您到汉水边去查问吧！

　　联军前进到了陉地，驻扎在了那里。

朗读原文

夏，楚子使屈完如师。师退，次于召陵。齐侯陈诸侯之师，与屈完乘而观之。齐侯曰："岂不穀(gǔ)是为？先君之好是继。与不穀同好，何如？"对曰："君惠徼(yāo)福于敝(yì)邑之社稷(jì)，辱收寡君，寡君之愿也。"齐侯曰："以此众战，谁能御之？以此攻城，何城不克？"对曰："君若以德绥(suí)诸侯，谁敢不服？君若以力，楚国方城以为城，汉水以为池，虽众，无所用之。"

屈完及诸侯盟。

实时翻译

到了这年的夏天，楚成王又派使臣屈完到联军中交涉。联军后撤，驻扎在召陵。齐桓公让军队摆开阵势，和屈完同乘一辆战车阅兵。齐桓公说："各国军队难道是为我而来的吗？他们来是为了维持先君之间建立起来的友好关系。你们楚国和我们齐国友好相处，你看怎么样？"屈完回答说："承蒙您为我们这个僻远小国着想，愿意忍辱接纳我们国君为友。这也正是我们国君的心愿啊。"齐桓公又沾沾自喜地说："率领这样的军队打仗，什么国家能够抵挡？率领这样的军队攻城，什么城池攻克不下？"屈完回答说："如果您用仁德来安抚各方诸侯，哪个敢不顺服？如果您非要强用武力，那么楚国就把方城山当作城墙，把汉水当作护城河，您的兵马虽多，恐怕也没有用！"

屈完代表楚国和诸侯订立了盟约。

思维导图

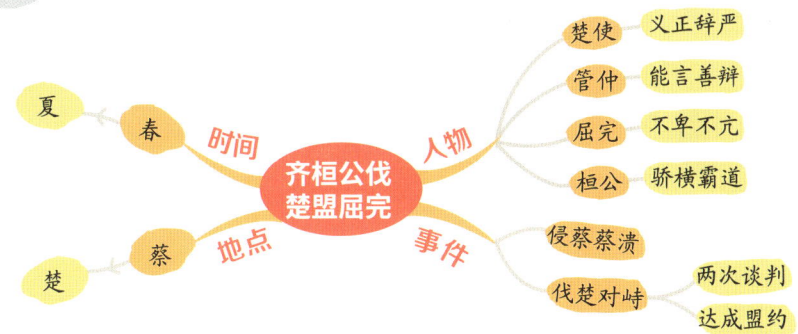

多思考一点

古希腊哲学家毕达哥拉斯曾说过:"愤怒以愚蠢开始,以后悔告终。"齐桓公不正是这样吗?愤怒这种情绪常常会伤害到身边的人,同时也会伤害自己。所以,我们要学会控制情绪、平息愤怒。怎样才能避免因愤怒而后悔呢?最好的办法就是等待,等自己冷静下来之后再决定应该采取何种行动。

宫之奇谏(jiàn)假道

> 辅车相依,唇亡齿寒

出处 《左传》
作者 左丘明
创作年代 春秋
坐标 《古文观止》卷一

助学小贴士

  虢国和晋国两国都好战,两国总是打仗。虢国虽然弱小,但是有虞国这个"好朋友"帮衬着,打架也没吃过亏。晋国大夫荀息建议晋献公拿出自己心爱的宝马和美玉送给虞公,凭此向虞国借道……

朗读原文

晋侯复假道于虞以伐虢。宫之奇谏曰:"虢,虞之表也。虢亡,虞必从之。晋不可启,寇不可玩,一之谓甚,其可再乎?谚所谓'辅车相依,唇亡齿寒'者,其虞、虢之谓也。"

公曰:"晋,吾宗也,岂害我哉?"对曰:"大伯、虞仲,大王之昭也。大伯不从,是以不嗣。虢仲、虢叔,王季之穆也,为文王卿士,勋在王室,藏于盟府。将虢是灭,何爱于虞?且虞能亲于桓、庄乎?其爱之也,桓、庄之族何罪?而以为戮,不唯逼乎?亲以宠逼,犹尚害之,况以国乎?"

实时翻译

晋献公再次向虞国借路去攻打虢国。宫之奇劝谏虞公道:"虢国是虞国的外围屏障,虢国如果灭亡了,虞国一定也会跟着灭亡。晋国的野心不能放纵,外国军队进入国境时,我们千万不能放松警惕,也不能毫无防备。晋国借一次路就已经很过分了,怎么可以再借一次呢?俗话说'面颊和牙床互相依靠,嘴唇没了牙齿就会受凉',说的就是虞、虢两国这种彼此依存的关系啊。"

晋国与我国同宗，难道还会加害我们吗？

太伯、虞仲是周太王的儿子，太伯没有跟随在周太王身边，因此不让他继承王位。虢仲、虢叔是王季的儿子，是虢国的先祖，当过文王执掌国政的大臣，对王室有功，他因功受封的典策还保存在官府里。

现在晋国既然连虢国都想灭掉，对我们虞国还会讲什么情分吗？再说了，就算晋献公对虞国有情，这情分能比他跟桓、庄家族的情分更亲吗？晋献公对他们讲情分了吗？桓、庄这两个家族有什么罪过？

晋献公将他们全都杀害了，还不是因为他们对自己构成了威胁吗？亲族恃宠而骄，对国君形成威胁尚且还要被杀害，更何况其他国家呢？

朗读原文

公曰:"吾享祀丰洁,神必据我。"对曰:"臣闻之,鬼神非人实亲,惟德是依。故《周书》曰:'皇天无亲,惟德是辅。'又曰:'黍稷非馨,明德惟馨。'又曰:'民不易物,惟德繄物。'如是,则非德,民不和,神不享矣。神所冯依,将在德矣。若晋取虞,而明德以荐馨香,神其吐之乎?"

实时翻译

我敬献的祭品丰盛而且干净,神明一定会保佑我们虞国的。

臣听说,鬼神不会亲近某个人,只是依从德行。所以《周书》中说:'上天对于人没有亲疏不同,只辅助有德的人。'又说:'献祭的谷物不算芳香,只有美德才芳香。'又说:'即使祭品相同,也只有有德行的人敬献的祭品才是真正的祭品。'

如此看来,没有德行,百姓就不和,神灵也就不来享用贡品了。神灵是否保佑我国,就在于国君有没有德行。如果晋国夺取了虞国,但崇尚德行,将芳香的祭品奉献给神灵,神灵难道还会吐出来吗?

朗读原文

弗听，许晋使。宫之奇以其族行，曰："虞不腊矣。在此行也，晋不更举矣。"冬，晋灭虢。师还，馆于虞，遂袭虞，灭之。执虞公。

实时翻译

虞公不听宫之奇的劝谏，答应了晋国使者借路的请求。宫之奇带领着他的族人离开，说："虞国等不到岁终的腊祭，就要灭亡了。晋国只需开展这一次行动就能手到擒来，不用再出兵了。"冬天的时候，晋国灭掉了虢国，大军回师，驻扎在虞国的时候乘机发动攻击，灭了虞国，俘虏了虞公。

人物关系

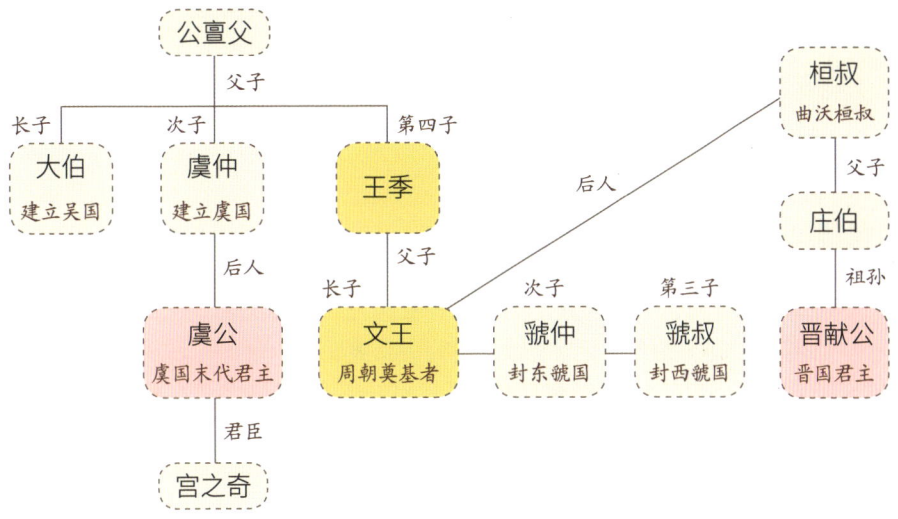

多思考一点

弱小者无法与强暴者抗衡，但弱小者如果团结起来，彼此照应，也可以争取到生存和发展的机会。虞公贪图晋国使者送来的小利，却不明白唇亡齿寒的道理，最终招来亡国之祸。当我们面临利益诱惑时，一定要想清楚那是不是诱饵。

多知道一点

古代常用伯、仲、叔、季来表示长幼之序。伯代表第一个出生，仲代表第二个出生，以此类推。例如，伯夷、叔齐中的伯、叔就都是表示出生顺序的。孔子，字仲尼，因为排行第二，所以字中有一个"仲"字。另外，还有以孟表示长子地位的。

讲个故事

羊皮换相

鼠目寸光的虞公成了俘虏，他的一众大臣也跟着成了阶下囚，其中包括大夫百里奚。秦晋联姻时，百里奚成了穆姬（晋献公长女）的陪嫁奴隶，被送到秦国。他在途中逃跑，却不幸被楚国人捉住了。

秦穆公听说百里奚是个人才，想将他要回，又怕楚国人发现他的才能，于是派人询问楚国奴隶的价格，最后以一个奴隶的身价（五张黑羊皮）换回了百里奚，将他奉为上宾。

介之推不言禄(lù)

○ 寒食节为了纪念谁？

出处　《左传》
作者　左丘明
创作年代　春秋
坐标　《古文观止》卷一

助学小贴士

　　晋文公重耳最终能坐上晋国国君的宝座并称霸诸侯，简直是个奇迹。重耳四十岁左右还只是一个普通公子，却被骊姬陷害，被迫开始了逃亡生活。除了经常食不果腹、衣不蔽体之外，他还要躲避父亲晋献公和兄弟晋惠公的追杀。

　　有一年，他逃到卫国时，一个随从把他带的钱财和粮食都偷走了。重耳饥饿难忍，几乎饿死。这时，介之推躲到山沟里偷偷从自己大腿上割下一块肉给重耳煮了汤，这才保住了他一条命。重耳知道真相后，说如果他有朝一日做了国君，一定好好报答介之推……

朗读原文

晋侯赏从亡者，介之推不言禄，禄亦弗及。推曰："献公之子九人，唯君在矣。惠、怀无亲，外内弃之。天未绝晋，必将有主。主晋祀者，非君而谁？天实置之，而二三子以为己力，不亦诬乎？窃人之财，犹谓之盗，况贪天之功以为己力乎？下义其罪，上赏其奸；上下相蒙，难与处矣。"其母曰："盍亦求之？以死谁怼？"对曰："尤而效之，罪又甚焉。且出怨言，不食其食。"其母曰："亦使知之，若何？"对曰："言，身之文也。身将隐，焉用文之？是求显也。"其母曰："能如是乎？与汝偕隐。"遂隐而死。

实时翻译

晋文公重耳赏赐那些曾跟随他逃亡的人，介之推没去求赏，晋文公也没想到他，就没给他赏赐。

晋献公的九个儿子里，只有国君重耳还在人世。惠公、怀公没有亲信，晋国内外都抛弃了他们。然而上天并没有打算让晋国灭亡，所以肯定会有人来当国君的。以目前的情况来看，能主持晋国祭祀、执掌晋国权柄的人，不是重耳还能是谁呢？这都是上天已经安排好的事情，而那几个跟随文公逃亡的人却觉得这是他们的功劳，这不是很荒唐吗？

偷窃别人的钱财尚且被说成盗窃，更何况窃取上天的功劳作为自己的功劳这种行为呢？臣子们把这种盗窃行为当成理所应当的，国君竟然还给这些奸诈之人赏赐，这是以臣欺君而君主不明啊，我难以和这样的人相处。

你为什么不也去讨要一点赏赐？这样穷困地死去，又是跟谁过不去呢？

斥责了这种行为后,自己再去效仿,那罪过就更大了!况且我已经说出了埋怨国君的话,以后不能再拿他的俸禄了。

那也该让国君知道一下这件事吧,你说呢?

言辞是用来说明、美化人的行为举止的,既然都要隐居了,还有什么必要修饰言辞呢?这是在乞求富贵啊。

你决定好了吗?如果决定好了,那我和你一起隐居。

母子俩一直隐居到死去。

朗读原文

晋侯求之不获,以绵上为之田,曰:"以志吾过,且旌(jīng)善人。"

实时翻译

晋文公找不到介之推,便把绵上作为封地追封给他,并说:"就用这块封地来让后人记住我的过失,并且作为对善良之人的表彰吧。"

思维导图

助学小贴士

介之推隐居之后，晋文公辗转知道了这件事。他很后悔自己做出了如此忘恩负义之事，赶紧派人去封赏介之推，后来更是亲自带人到绵山寻访，但绵山重峦叠嶂、谷深林密，始终找不到他。晋文公找人心切，一不小心听信了奸人出的歪主意，下令从三面放火烧山，想逼他们母子二人出来。没想到大火烧了三天，也没看到介之推跑出来。后来，有人在一棵枯柳树下发现了他们的尸骨。晋文公悲痛万分，遂改绵山为介山，立庙祭祀，并下令每年的这一天禁火寒食，以寄哀思，这就是"寒食节"的由来。

烛之武退秦师

> 天下熙（xī）熙皆为利来，
> 天下攘（rǎng）攘皆为利往

出处《左传》
作者 左丘明
创作年代 春秋
坐标《古文观止》卷一

助学小贴士

晋国公子重耳早年逃亡时曾到过郑国，郑文公认为他是个灾星，居然大白天紧闭城门，将他拒之门外。后来，重耳回晋国当了国君，即晋文公，与楚国大战，郑国又帮着楚国打晋国。新仇加上旧恨，终于让晋文公忍无可忍，他决定拉上自己的老丈人秦穆公，给郑国一点儿颜色瞧瞧……

朗读原文

晋侯、秦伯围郑，以其无礼于晋，且贰(èr)于楚也。晋军函(hán)陵，秦军氾(fán)南。

实时翻译

晋文公、秦穆公出兵包围了郑国，因为郑国对晋文公无礼，还依附于楚国，对晋国有二心。晋国军队驻扎在函陵，秦国军队驻扎在氾南。

朗读原文

佚(yì)之狐言于郑伯曰:"国危矣!若使烛之武见秦君,师必退。"公从之。辞曰:"臣之壮也,犹不如人,今老矣,无能为也已。"公曰:"吾不能早用子,今急而求子,是寡人之过也。然郑亡,子亦有不利焉。"许之。

我们郑国危险了!如果派烛之武去游说秦国的国君,秦国的军队一定会撤退的。

郑文公同意了,命烛之武出使。

臣年轻力壮时,尚且不如别人,现在老了,更做不了什么了。

我没能及早重用您,现在形势危急才来求您,是我的过错。然而郑国灭亡了,对您也没有好处啊!

烛之武答应去游说秦王。

朗读原文

夜,缒(zhuì)而出,见秦伯,曰:"秦、晋围郑,郑既知亡矣。若亡郑而有益于君,敢以烦执事。越国以鄙远,君知其难也,焉用亡郑以陪邻?邻之厚,君之薄也。若舍郑以为东道主,行李之往来,共其乏困,君亦无所害。且君尝为晋君赐矣,许君焦、瑕(xiá),朝济而夕设版焉,君之所知也。夫晋,何厌之有?既东封郑,又欲肆其西封。若不阙秦,将焉取之?阙秦以利晋,唯君图之。"

实时翻译

夜里,烛之武被人用绳子吊着送下城墙。他见到秦穆公,说:"秦晋两国围攻郑国,郑国已明白自己要灭亡了。如果灭掉郑国对您有好处,我怎敢来冒昧打扰您。只不过越过他国,把地处远方的郑国作为秦国的东部边邑,您知道这是很困难的,那何必要灭掉郑国而让您的邻国——晋国得利呢?晋国实力越雄厚,您的国力就越薄弱啊。如果保留郑国,让它作为您东边大道上的主人,出使的人来来往往,郑国可以随时给他们提供物资,这对您也没有什么害处。况且,您曾经给过晋惠公恩惠,晋惠公答应把焦、瑕两地送给您,可是他早晨刚渡过河,晚上就修筑防御工事来对付您了,这您也是知道的。晋国哪里有满足的时候?既然在东边已把郑国当作边境,它又会想向西扩张领土。如果不侵略秦国,又从哪里得到土地呢?这种削弱秦国而壮大晋国的事情,希望您能再认真考虑一下。"

朗读原文

秦伯说(yuè)，与郑人盟，使杞子、逢孙、杨孙戍(shù)之，乃还。子犯请击之。公曰："不可。微夫人之力不及此。因人之力而敝(bì)之，不仁；失其所与，不知；以乱易整，不武。吾其还也。"亦去之。

实时翻译

秦穆公听了这番话后，非常高兴，就与郑国签订盟约，派杞子、逢孙、杨孙守卫郑国，自己率军回国了。晋国大夫子犯请求出兵攻打秦军。晋文公说："不行。假如没有秦穆公的力量，我不会有今天。借用了别人的力量再去伤害他，这是不仁；自己的盟友都能失去，这是不智；以破坏两国关系的混乱局面来代替两国联盟，这是不武。我们还是回去吧！"晋军也离开了郑国。

不仁、不智、不武的事可不能做呀！

人物关系

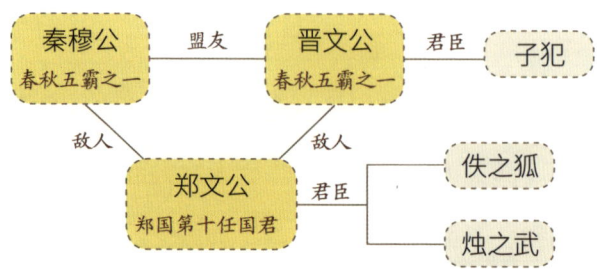

思维导图

多思考一点

天下熙熙皆为利来，天下攘攘皆为利往。人是如此，国与国之间更是如此——没有永远的敌人，也没有永远的朋友，只有永远的利益。利益永远是国家之间交往的核心，明白了这一点，你就能笑看当今世界的风云变幻了。

蹇(jiǎn)叔哭师

利令智昏引发的悲惨故事

出处 《左传》
作者 左丘明
创作年代 春秋
坐标 《古文观止》卷一

 助学小贴士

　　烛之武凭借着一根绳子和三寸不烂之舌，不仅成功劝退了围郑的秦国大军，还让秦国变成了郑国的保护伞。秦国官员杞（qǐ）子、逢孙、杨孙留在郑国驻守，杞子还掌管了北城门的钥匙……

朗读原文

杞子自郑使告于秦曰:"郑人使我掌其北门之管,若潜师以来,国可得也。"穆公访诸蹇叔。蹇叔曰:"劳师以袭远,非所闻也。师劳力竭,远主备之,无乃不可乎?师之所为,郑必知之。勤而无所,必有悖(bèi)心。且行千里,其谁不知?"公辞焉。召孟明、西乞、白乙,使出师于东门之外。蹇叔哭之,曰:"孟子!吾见师之出,而不见其入也!"公使谓之曰:"尔何知,中寿,尔墓之木拱矣!"

实时翻译

秦国大夫杞子派人从郑国回秦国报信说:

郑国让我掌管了他们国都北门的钥匙,如果你们悄悄派兵前来,就可以轻松占领他们的国都了。

秦穆公收到信息后去向老臣蹇叔征求意见。

让军队长途跋涉去偷袭远方的国家,这种事情我从没听说过。到时候我们的军队精疲力尽,郑国的君主又有了防备,这样恐怕不行吧?如果我们的军队有行动,郑国必定会知道的。

如果士兵们付出了辛苦,奔波而最后却一无所得,一定会生出悖逆的念头。况且行军千里,谁能不知道呢?

秦穆公没有听取蹇叔的意见，而是召见了孟明视、西乞术和白乙丙三位将领，让他们从东门出兵攻打郑国。

孟明视啊，我看着大军出发，却看不见你们回来了啊！

你知道什么？要是你只活到六十岁就死了，你坟前的树已经有两手合抱那么粗了。

朗读原文

蹇叔之子与师，哭而送之，曰："晋人御师必于崤。崤有二陵焉：其南陵，夏后皋之墓也；其北陵，文王之所辟风雨也。必死是间，余收尔骨焉！"秦师遂东。

实时翻译

蹇叔的儿子西乞术和白乙丙也在出征的军队里，蹇叔哭着送别他们，说："晋国人一定会在崤山阻击我军。崤山有两座山头，南面的山头有夏王皋的坟墓，北面的山头是周文王避过风雨的地方。你们一定会战死在这两山之间，我去那儿收拾你们的尸骨吧！"于是秦国军队出师东征。

人物关系

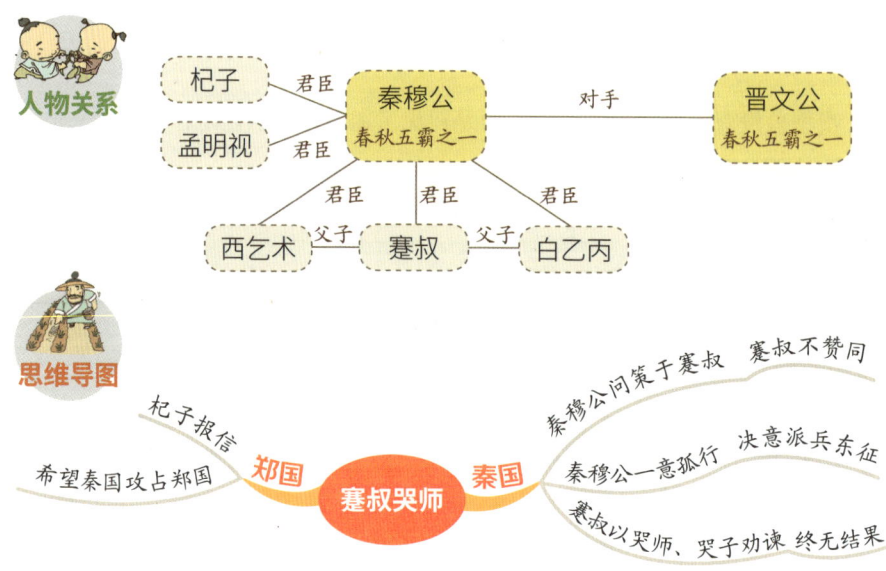

思维导图

蹇叔哭师
- 郑国
  - 杞子报信
  - 希望秦国攻占郑国
- 秦国
  - 秦穆公问策于蹇叔　蹇叔不赞同
  - 秦穆公一意孤行　决意派兵东征
  - 蹇叔以哭师、哭子劝谏　终无结果

多思考一点　利令智昏是指在巨大的利益诱惑面前，人会失去理智。秦穆公看到晋国国君刚刚去世、郑国城防又在落自己人手中，于是就盲目自信这是打败郑国的天赐良机，但却忽视了秦军需要面对的诸多不利因素，最终导致了战争的失败。我们一定要引以为戒。

讲个故事

秦军东征的后续

秦军出师后，在滑国境内遇到了郑国牛贩子弦高。弦高猜到秦军要去攻打郑国，于是冒充郑国国君的名义，把自己的牛送给了秦军。秦军以为行踪败露，放弃了攻打郑国的打算。孟明视认为不能白来一趟，便顺手灭了滑国。但滑国是晋国的跟班，秦军灭了滑国，也惹怒了晋国，最终导致了崤之战的爆发。

季札观周乐
zhá

○ 写于两千多年前的乐评奇文

出处 《左传》
作者 左丘明
创作年代 春秋
坐标 《古文观止》卷二

助学小贴士

　　政治的安定清明或昏庸混乱会影响人的思想感情，而人的思想感情又会反映在音乐作品中。在这篇奇文中，季札正是以此为依据，对从不同地方采集来的音乐作出评判的。

朗读原文

吴公子札来聘……请观于周乐。使工为之歌《周南》《召南》，曰："美哉！始基之矣，犹未也；然勤而不怨矣。"为之歌《邶》《鄘》《卫》，曰："美哉！渊乎！忧而不困者也。吾闻卫康叔、武公之德如是，是其《卫风》乎？"为之歌《王》，曰："美哉！思而不惧，其周之东乎？"为之歌《郑》，曰："美哉！其细已甚，民弗堪也。是其先亡乎！"为之歌《齐》，曰："美哉！泱泱乎，大风也哉！表东海者，其大公乎？国未可量也。"为之歌《豳》，曰："美哉！荡乎！乐而不淫，其周公之东乎？"为之歌《秦》，曰："此之谓夏声。夫能夏则大，大之至也，其周之旧乎？"为之歌《魏》，曰："美哉！沨沨乎！大而婉，险而易行，以德辅此，则明主也。"为之歌《唐》，曰："思深哉！其有陶唐氏之遗民乎？不然，何忧之远也。非令德之后，谁能若是？"为之歌《陈》，曰："国无主，其能久乎？"自《郐》以下，无讥焉！

实时翻译

　　吴国公子季札来鲁国访问，请求观赏周王室的音乐舞蹈。鲁国让乐工为他歌唱《周南》和《召南》，季札说："好听啊！开始为周王朝奠定教化基础了，虽然还没有尽善尽美，然而百姓辛勤劳作却不怨恨了。"乐工为他歌唱《邶风》《鄘风》和《卫风》，他说："好听啊，多深远啊！虽有忧思，却不为之困顿。我听说卫康叔、武公的德行就像这样，这大概是《卫风》吧！"乐工为他唱《王风》，他说："好听啊！有忧虑却没有恐惧，这大概是周王室东迁之后的乐歌吧！"乐工为他唱《郑风》，他说："好听啊！但内容太过琐碎了，百姓不能忍受。这个国家大概会最先灭亡吧。"乐工为他唱《齐风》，他说："好听啊，深广而宏大，这是大国的音乐啊！能成为东海诸侯表率的，就是姜太公的国家吧？这个国家不可限量啊！"乐工为他唱《豳风》，他说："好听啊，博大啊！欢乐却不过度放纵，应该是周公东征时的音乐吧！"乐工为他唱《秦风》，他说："这是夏声。能多大声就多大声，宏大到了极点，大概是周室故地的乐歌吧！"乐工为他唱《魏风》，他说："好听啊，婉转悠然！宏大而又婉约，节奏迫促却又声音流畅，如果再有德行的辅助，这国国君就可以成为贤明的君主了。"乐工为他唱《唐风》，他说："思虑深远啊！大概是帝尧一族的后代吧！要不是如此，忧思怎么会那么深远呢？如果不是有大美德者的后人，谁能像这样呢？"乐工为他唱《陈风》，他说："国家没有君主，还能长久吗？"再唱《郐风》以后的乐歌，季礼就不作评论了。

朗读原文

为之歌《小雅》，曰："美哉！思而不贰，怨而不言，其周德之衰乎？犹有先王之遗民焉。"为之歌《大雅》，曰："广哉！熙熙乎！曲而有直体，其文王之德乎？"

为之歌《颂》，曰："至矣哉！直而不倨(jù)，曲而不屈，迩(ěr)而不逼，远而不携，迁而不淫，复而不厌，哀而不愁，乐而不荒，用而不匮(kuì)，广而不宣，施而不费，取而不贪，处而不底，行而不流。五声和，八风平，节有度，守有序，盛德之所同也！"

实时翻译

乐工为他唱《小雅》，他说："好听啊！有忧愁却没有二心，有怨恨却不明言，这大概是周朝德政衰微时的音乐吧？先王的遗民还在啊！"乐工为他唱《大雅》，他说："广阔啊！和美融洽！抑扬曲折而刚劲有力，应该是周文王的美德吧。"

乐工为他演唱《颂》，他说："好极了！正直而不傲慢，曲婉而不卑下，靠近而不至于逼仄，疏远而不至于疏离，变动而不至于过分，反复而不至于生厌，有哀思而不至于忧伤，欢乐而不过度。声音不断发出，有如用不完的物品；又如藏着大量东西，却不完全表露；又如施物予人而不至耗损，有所取而不至贪求，静止而不停滞，行进而不流荡。五声和谐，八风协调，节奏有法度，乐器鸣响秩序井然。这是有盛德的人所共有的！"

朗读原文

见舞《象箾(shuò)》《南籥(yuè)》者,曰:"美哉!犹有憾!"见舞《大武》者,曰:"美哉!周之盛也,其若此乎?"见舞《韶濩(huò)》者,曰:"圣人之弘也,而犹有惭德,圣人之难也。"见舞《大夏》者,曰:"美哉!勤而不德,非禹,其谁能修之?"见舞《韶箾(xiāo)》者,曰:"德至矣哉,大矣!如天之无不帱(dào)也,如地之无不载也,虽甚盛德,其蔑(miè)以加于此矣。观止矣!若有他乐,吾不敢请已。"

实时翻译

看到有人表演文王之乐《象箾》和《南籥》,季札说:"好啊,但还是有缺憾!"看到有人跳武王之乐《大武》,他说:"好啊,周朝兴盛的时候,大概就是这样的吧。"看到有人跳汤乐《韶濩》,他说:"圣人那么伟大,仍有不足之处,做圣人不容易啊!"看到有人跳夏乐《大夏》,他说:"好啊!勤劳而不自认为有德,除了夏禹外,还有谁能做到呢!"看到有人跳舜乐《韶箾》,他说:"德行完满了!伟大啊,就像天空覆盖一切,大地承载一切,再没有大德大行能超过这个了。观赏到此为止吧!即使还有别的乐舞,我也不敢再请求观赏了!"

思维导图

多思考一点

音乐与文学是人们生活中常见的艺术形式，是对生活的艺术化的反映。季札之所以能对周乐侃侃而谈，是因为他不仅有丰富的历史知识，而且有很高的艺术修养。这两点也是每个人应该努力追求的。

多知道一点

《诗经》我国最早的一部诗歌总集，其中收录了三百多首诗歌，分为《风》《雅》《颂》三个部分。《诗经》中的诗歌反映了劳动与爱情、战争与徭役、压迫与反抗、风俗与婚姻、祭祖与宴会，甚至天象、地貌、动物、植物等方面，可以说是周代百姓生活的一面镜子。

子产论政宽猛

◎ 宽猛相济，政是以和

出处 《左传》
作者 左丘明
创作年代 春秋
坐标 《古文观止》卷二

 助学小贴士

　　子产出身于贵族家庭，是郑国国君郑穆公的孙子，正牌的皇亲国戚，但他并没有成为一名纨绔子弟。相反，终其一生，他始终修身立德、勤奋工作，凭借自己出色的业绩一步步升迁，最终执掌郑国朝政。夜不闭户和路不拾遗，说的就是子产执政三年后郑国的景象。子产执政二十六年后……

朗读原文

郑子产有疾,谓子大叔曰:"我死,子必为政。唯有德者能以宽服民,其次莫如猛。夫火烈,民望而畏之,故鲜(xiǎn)死焉;水懦弱,民狎而玩(xiá)之,则多死焉。故宽难。"疾数月而卒。大叔为政,不忍猛而宽。郑国多盗,取(huán pú)人于萑苻之泽。大叔悔之,曰:"吾早从夫子,不及此。"兴徒兵以攻萑苻之盗,尽杀之。盗少止。

实时翻译

郑国的子产病了,他对子太叔说:"我死以后,您一定要执政。只有德行高尚的人能够用宽厚的政策治国并使百姓服从,除此之外,没有比用严厉的政策统治更有效的办法了。火燃烧猛烈,人们远远望见就害怕,所以很少死于火中。水柔柔弱弱,人们喜欢亲近而忽视其危险,就有很多人死在水里,所以宽厚的政策容易让人误入歧途,难以实施。"子产病了几个月后去世了。太叔执政后,不忍心用严厉的政策而仍然施行宽柔政策。郑国因此出现了很多盗贼,他们聚集在萑苻的沼泽地带。太叔很后悔没有用严厉政策治国,说:"我要是早听子产他老人家的话,就不会发展到如此地步了。"他派步兵去剿灭藏身于萑苻沼泽地的盗贼,将他们全部杀了。至此,盗贼四起的现象才被稍微遏止。

朗读原文

仲尼曰:"善哉!政宽则民慢,慢则纠之以猛。猛则民残,残则施之以宽。宽以济猛,猛以济宽,政是以和。《诗》曰:'民亦劳止,汔(qì)可小康。惠此中国,以绥(suí)四方。'施之以宽也。'毋从诡(wú guǐ)随,以谨(jǐn)无良。式遏寇虐(è kòu),惨不畏明。'纠之以猛也。'柔远能迩,以定我王。'平之以和也。又曰:'不竞不绹(qiú),不刚不柔。布政优优(qiú),百禄是遒。'和之至也。"

及子产卒,仲尼闻之,出涕曰:"古之遗爱也。"

实时翻译

孔子说:"好啊!政策宽厚,百姓就怠慢,百姓怠慢了就用严厉的政策来纠正;政策严厉了百姓就会受伤害,百姓受伤害了就用宽厚的政策安抚他们。用宽厚来调和严厉;用严厉来调和宽厚,政事因此而和谐。《诗经》说:'百姓太劳苦了,可以让他们稍稍休憩;恩赐给中原各国,用来安抚四方。'这就是用宽厚的政策对待百姓。'不要放纵奸诈谄媚的人,提防心怀不轨的人;应当制止盗贼的暴虐,他们从来不怕法度。'这就是用严厉来纠正宽厚。'安抚笼络远方的人使其归附,来稳定我们的王朝。'这就是用调和的政策使国家平静。《诗经》还说:'不纷争不急躁,不刚猛不柔弱,施政宽和,所有福禄都会汇聚过来。'这是和谐的最高境界啊。"

等到子产逝世后,孔子听说了这个消息,流着眼泪说:"他继承了古人那种仁爱的遗风啊。"

思维导图

多思考一点　子产提出的"宽猛相济"已在历史中沿用了近两千年。在当今社会,它依然发挥着作用——宽可以理解为人文关怀,猛可以理解为法律法规。我们在与人交往时也要做到宽猛相济——对人有爱心,但也要坚守原则。

召公谏厉王止谤
(jiàn) (bàng)

> 今天沉默是金,曾经沉默是命!

出处 《国语》
作者 左丘明
创作年代 春秋
坐标 《古文观止》卷三

助学小贴士

  周厉王怀着雄心壮志走上了工作岗位,但没多久他就发现,比起干活,他更喜欢数工资的感觉!跟周厉王有着同样爱好的荣夷公,怂恿他以国家的名义垄断山林川泽出产的所有物产,不准百姓以此谋生,因此民怨沸腾,大家纷纷指责周厉王……

朗读原文

厉王虐,国人谤王。召公告曰:"民不堪命矣!"王怒,得卫巫,使监谤者,以告,则杀之。国人莫敢言,道路以目。

王喜,告召公曰:"吾能弭谤矣,乃不敢言。"

召公曰:"是障之也。防民之口,甚于防川。川壅而溃,伤人必多,民亦如之。

是故为川者决之使导,为民者宣之使言。故天子听政,使公卿至于列士献诗,瞽献典,史献书,师箴,瞍赋,矇诵,百工谏,庶人传语,近臣尽规,亲戚补察,瞽、史教诲,耆、艾修之,而后王斟酌焉,是以事行而不悖。

民之有口也,犹土之有山川也,财用于是乎出;犹其有原隰衍沃也,衣食于是乎生。口之宣言也,善败于是乎兴,行善而备败,其所以阜财用衣食者也。夫民虑之于心而宣之于口,成而行之,胡可壅也?若壅其口,其与能几何?"

实时翻译

周厉王暴虐无道，国都里的百姓纷纷指责和埋怨他。召公对周厉王说："百姓们已经快活不下去了！"厉王听了勃然大怒，找来一个卫国的巫师，让他监视说自己坏话的人，如果巫师报告谁指责了君王，厉王就把那个人杀掉。这样一来，居住在国都的人都不敢说话了，即使在路上相遇，也只敢用眼神向对方示意。

我能制止百姓指责我的言论了，他们再也不敢说了！

你这样做只不过是堵百姓的嘴啊。堵百姓的嘴，比堵塞河流祸患还要大。河流堵塞后一旦再决堤，死伤的人一定很多，堵百姓的嘴也一样。

所以治水的人要疏通河道使它通畅，治理百姓的人要引导他们，让他们畅所欲言。所以天子上朝听政，要让公卿大臣以至各级官吏进献讽喻诗歌，乐师进献乐典，史官进献史籍，少师进箴言，瞍、矇之人诵读吟咏，掌管营建事务的百工进谏，百姓把自己的意见呈上，左右近臣尽规劝之责，父子兄弟补其疏漏、察其是非，乐师和史官谆谆教导，老师修饰整理，然后由天子斟酌取舍，做出裁决，只有这样，政事才能得以实行，而不违背情理。

百姓有嘴，就像大地上有高山、河流一样，社会的物资财富全从这里产生；又像土地有高原、低地、平地、良田，衣食都从这里产生。嘴是用来发表意见的，政事的成败得失就是由此反映出来的。推行百姓赞成的事，防范百姓厌恶的事，正是增加财富的途径。人们心中有所想，嘴里就说出来，这是自然而然的事，怎么可以堵呢？如果继续堵百姓的嘴，还能有多少人拥护你呢？

朗读原文

王弗听，于是国人莫敢出言。三年，乃流王于彘(zhì)。

实时翻译

周厉王不听召公的劝告，从此，国都的百姓再也不敢发表言论指责他了。过了三年，百姓暴动，把厉王流放到彘地去了。

思维导图

多思考一点

良药口苦利于病,忠言逆耳利于行。周厉王对召公的劝告置若罔闻,一意孤行,最终落得被流放的悲惨下场。面对别人的善意劝谏时,我们一定要仔细聆听、认真思考,做到有则改之,无则加勉。

讲个故事

甘棠遗爱

召公是周朝的开国元老,当年在周朝与商朝的大决战——牧野之战中就随侍在周武王身边。周武王封他当燕国的诸侯,但他放心不下国事,留在了周朝都城。召公虽然是高官,也是贵族,但常常巡行乡间,深入百姓生活,为他们排忧解难。召公治理陕地时,有一年夏天,天很热,他就在一棵甘棠树下办公,接待前来办事的百姓。因为他深得百姓爱戴,所以他走后人们就以那棵甘棠树来纪念他,不许任何人伤害那棵树,这就是成语"甘棠遗爱"的由来。召公执政的四十多年里,政通人和,没有使用过刑罚,史称"成康之治"。

里革断罟匡君
_{gǔ kuāng}

▫ 一篇保护生态环境的重要提案

出处：《国语》
作者：左丘明
创作年代：春秋
坐标：《古文观止》卷三

助学小贴士

　　治水的大禹后来当了夏朝的王。他长年盘桓在山川河流间，对人与自然和谐共处之道有了初步的认识，因此定下了一条规矩：夏三月，川泽不入网罟，以成鱼鳖之长。简单来说就是夏朝有规定，夏天是禁渔期，所有人不能下网捞鱼，可是偏偏……

朗读原文

宣公夏滥(sì yuán)于泗渊,里革断其罟而弃之,曰:"古者大寒降,土蛰发,水虞于是乎讲罛(gū liǔ)罶,取名鱼,登川禽,而尝之寝庙,行诸国人,助宣气也。鸟兽孕,水虫成,兽虞于是乎禁罝(jū)罗,羀(cuò biē)鱼鳖以为夏槁(gǎo),助生阜也。鸟兽成,水虫孕,水虞于是乎禁罜(zhǔ lù)麗,设阱鄂以实庙庖,畜功用也。且夫山不槎(zhà niè)蘖,泽不伐夭(yāo),鱼禁鲲(kūn ér)鲕,兽长麑(ní yāo)麇,鸟翼鷇(kòu)卵,虫舍蚳(chí yuán)蝝,蕃(fán shù)庶物也,古之训也。今鱼方别孕,不教鱼长,又行网罟,贪无艺也。"

实时翻译

夏天,鲁宣公在泗水的深水中下网捕鱼。鲁国大夫里革割破了他的渔网丢在一旁,说:"按照古人的惯例,大寒以后,蛰伏在地下的动物开始活动,这时候掌管捕鱼事务的官员才会安排用鱼网、鱼篓捕大鱼,捞龟鳖、蛤蜊,拿这些到寝庙里祭祀,然后让百姓也去捕捞,这样有助于宣扬春天的阳气。春天,当鸟兽开始孕育时,鱼鳖之类已经长大,掌管捕兽事务的官员便禁止用捕兽网捕捉鸟兽,只准刺取鱼鳖制成夏天吃的鱼干,这是为了帮助鸟兽生长繁殖。当鸟兽长大,鱼鳖开始孕育的时候,掌管捕鱼事务的官员又会禁止用网眼小的渔网捕鱼,只准设下陷阱捕兽,以满足宗庙祭祀和人们食用的需要,这是为了储存物产以备日后享用。同时,还规定人们到山上不能砍伐新生的树枝,在水边不能割取幼嫩的草木,捕鱼时不捕小鱼,捕兽时留下小鹿,捕鸟时保护雏鸟和鸟蛋,捕虫时不伤害幼虫,这都是为了使万物繁殖生长,是在遵循古人的教导。"

朗读原文

公闻之，曰："吾过而里革匡我，不亦善乎！是良罟也！为我得法。使有司藏之，使吾无忘谂。"师存侍，曰："藏罟不如置里革于侧之不忘也。"

实时翻译

宣公听完这些话，说："我有了过错，里革便纠正我，这不是很好吗？这是一张好渔网啊！它让我学习到了古人治理天下的方法。让主管的官吏把它好好保存起来，让我记得这一番劝谏。"有个名叫存的乐师在一旁侍奉宣公，他说："保存这个渔网，不如把里革留在身边，这样就更不会忘记他的规谏了。"

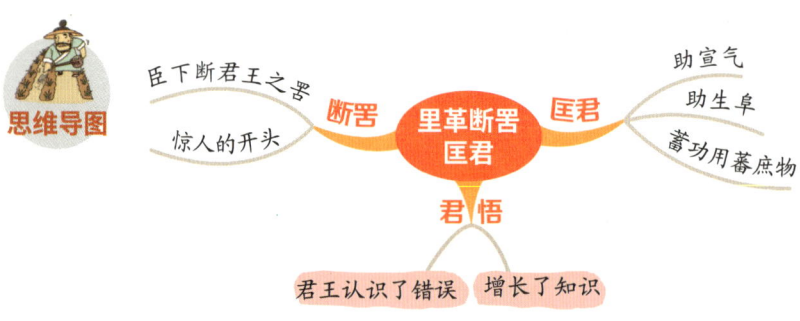

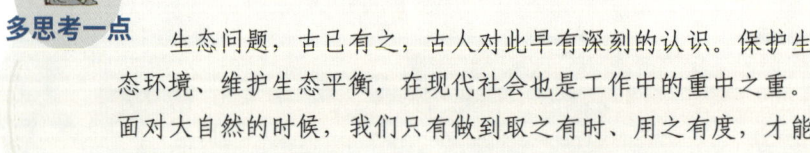

多思考一点

生态问题，古已有之，古人对此早有深刻的认识。保护生态环境、维护生态平衡，在现代社会也是工作中的重中之重。面对大自然的时候，我们只有做到取之有时、用之有度，才能使自然资源生生不息，取之不尽，用之不竭。

讲个故事

敢于直谏的里革

里革是鲁宣公的太史，以正直敢谏而闻名。

有一次，莒国发生内乱，莒太子仆杀了自己的父亲，带着大量财宝逃到了鲁国。鲁宣公一看到这么多财宝，立刻两眼放光，想都没想就下旨："赏给莒太子仆一座城池，今天就办妥！"里革在路上遇到了传圣旨的人，看了看圣旨，直接给改成："把莒太子仆驱逐出境，立即执行！"这事当然瞒不住宣公，他把里革抓来兴师问罪："你可知假传圣旨是死罪吗？"里革大义凛然地答道："莒太子仆杀了自己的父亲，又偷了财宝送给您，这是让您犯错误啊！我宁可死，也不能让您的声誉受损！"最终，鲁宣公认识到了自己的错误，马上放了里革。

叔向贺贫

叔向，一个喜欢拐着弯说理的人

 出处 《国语》
 作者 左丘明
 创作年代 春秋
坐标 《古文观止》卷三

助学小贴士

　　韩宣子原名韩起，虽然不是韩氏的嫡长子，却因为哥哥略有残疾而有幸成为韩氏一族的宗主。后来，他担任晋国公卿，执政时间长达二十八年。在这二十八年里，他大肆搜刮财富，一步步壮大了韩氏一族的根基，为百年之后韩氏参与"三家分晋"奠定了坚实的物质基础。他为什么对财富有这么强的欲望呢？很可能是以前穷怕了……

朗读原文

叔向见韩宣子，宣子忧贫，叔向贺之。宣子曰："吾有卿之名，而无其实，无以从二三子，吾是以忧。子贺我，何故？"

实时翻译

晋国大夫叔向去看望韩宣子，韩宣子正在因为自己的贫困而发愁，而叔向却向他表示祝贺。韩宣子说："我有卿大夫的名头，却没有相应的财富，没钱跟其他卿大夫来往应酬，所以我发愁。您为什么祝贺我？"

朗读原文

对曰："昔栾武子无一卒之田，其宫不备其宗器；宣其德行，顺其宪则，使越于诸侯。诸侯亲之，戎、狄怀之，以正晋国。行刑不疚，以免于难。及桓子，骄泰奢侈，贪欲无艺，略则行志，假货居贿，宜及于难，而赖武之德以没其身。及怀子，改桓之行而修武之德，可以免于难，而离桓之罪，以亡于楚。

夫郤昭子，其富半公室，其家半三军，恃其富宠，以泰于国。其身尸于朝，其宗灭于绛。不然，夫八郤五大夫三卿，其宠大矣；一朝而灭，莫之哀也，惟无德也。今吾子有栾武子之贫，吾以为能其德矣，是以贺。若不忧德之不建，而患货之不足，将吊不暇，何贺之有？"

宣子拜，稽首焉，曰："起也将亡，赖子存之。非起也敢专承之，其自桓叔以下，嘉吾子之赐。"

实时翻译

叔向回答说："从前晋国两朝的正卿栾武子，田地都没有一百顷，家里连祭祀的器具都不齐全，但他宣扬德行，遵守法制，在各诸侯国声名远播。诸侯们都亲近他，戎狄这些少数民族也归附他，晋国也因此而安定下来。后来，他还因为执行法度没有弊病而避免了一场灾祸。到了他的儿子桓子，骄傲自大，生活奢靡，贪得无厌，无视律法，胡作非为，囤积居奇，放利聚财，原本该遭到祸难，却仰仗父亲栾武子的德行而得以善终。传到栾武子的孙子怀子这一代时，怀子不再做父亲那样的恶行了，学习祖父的德行，是可以免除灾难的；可是，由于父亲罪孽的牵连，他只能逃亡到楚国。

再来看看那个郤昭子，财富多得抵得上半个晋国，家里的佣人都快赶上晋国三军人数的一半了，他依仗自己的财富和得宠，在晋国过着极其奢侈的生活。最后，他的尸体被在朝堂上陈列示众，宗族之人也都在绛这个地方被杀光了。要不是出了这件事，郤家有八个高官、五个大夫、三个公卿，他们所受的尊宠真是到极致了；可是一旦被诛灭，没有一个人同情他们，这就是他们没有德行的缘故！现在你有了栾武子那样的清贫，我认为你也能继承他的德行，所以表示祝贺。如果你不担忧德行的缺失，却只为钱财不足而发愁，我表示哀怜还来不及，还有什么可祝贺的呢？"

宣子听了，跪下来叩头拜谢说："我韩起将要趋向灭亡的时候，是你救了我啊。你的恩德不是我一个人能承受的，恐怕从我的祖宗桓叔以下的世世代代都要感谢你。"

思维导图

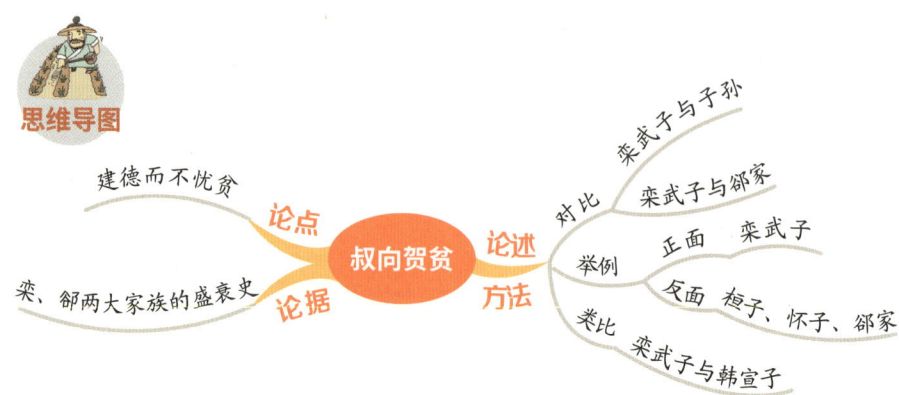

多思考一点

叔向贺贫，真正的目的是劝谏韩宣子应该建德而不忧贫。如果没有德行的支持，很可能越富有反而给自身招来的祸害越大。相反，有了德行的支持，很可能当出现祸患时也可以转危为安。所谓修身、齐家、治国、平天下，平天下这个最伟大的目标离不开修身这个基础。

讲个故事

叔向是晋平公的老师，他教训起这位学生来可是一点面子都不留。

有一次，晋平公打猎射鹌鹑，鹌鹑虽中了箭却没死，眼看着要逃跑。平公赶紧让一个叫竖襄的仆从去捉，结果还是没捉住。晋平公非常生气，要把竖襄抓起来处死。叔向为此去见平公，说："您一定得杀了他。从前先王唐叔射犀牛，一箭就射死了，还拿它的皮做了一副大铠甲。现在您射个鹌鹑都没射死，让人去捉也没捉住，这多丢人啊！不杀了竖襄，难道让他满世界说去吗？"晋平公听出了老师这是批评自己没本事还迁怒于人，脸上露出了羞愧的神色，于是赦免了竖襄。

春王正月

> 一问一答揭示微言大义

出处 《公羊传》

作者 公羊高

创作年代 战国

坐标 《古文观止》卷三

助学小贴士

　　《春秋》是鲁国的官方史书。这本书中记述鲁国新君即位，都会在其即位的第一年写上"元年，春，王正月，公即位"九个字，但到隐公时却只有"元年，春，王正月"六个字。这是为什么呢？下面这篇文章将给出答案。

朗读原文

元年者何？君之始年也。春者何？岁之始也。王者孰(shú)谓？谓文王也。曷(hé)为先言王而后言正月？王正月也。何言乎王正月？大一统也。

公何以不言即位？成公意也。何成乎公之意？公将平国而反之桓。曷为反之桓？桓幼而贵，隐长而卑。其为尊卑也微，国人莫知。隐长又贤，诸大夫扳隐而立之。隐于是焉而辞立，则未知桓之将必得立也。且如桓立，则恐诸大夫之不能相幼君也。故凡隐之立，为桓立也。隐长又贤，何以不宜立？立適(dí)以长，不以贤；立子以贵，不以长。桓何以贵？母贵也。母贵，则子何以贵？子以母贵，母以子贵。

实时翻译

"元年"是什么意思？是指君王即位的第一年。"春"是什么意思？是指一年中最开始的季节。"王"是指谁？是指周文王。为什么先说"王"再说"正月"？因为是周王颁布的历法确立了正月。为什么要说"王正月"？这是要表明天下一统了，各地都要实施周王的政令。

记述鲁隐公的时候为什么不说即位呢？是为了成全隐公的心愿。为什么说要成全隐公的心愿？因为隐公原本就打算把国家治理好后将政权还给鲁桓公。为什么要还给桓公？因为桓公虽年幼但出身尊贵，隐公虽年长但出身卑贱。这种身份的尊卑区别很小，百姓们都不了解。隐公年长又贤明，鲁惠公死后诸大夫都拥戴他为国君。隐公如果在这时辞让国君之位，桓公能不能即位还不知道呢。况且，桓公即使即位，也担心大夫们不能用心辅佐年幼的君王。所以，隐公摄政，全是为了让桓公即位。既然隐公年长又贤明，为什么不宜立为国君呢？因为立正妻所生的儿子为国君时，只看长幼顺序，不管是否贤明；立媵妾所生的儿子为国君时，只看尊贵的等级，不看长幼顺序。桓公为什么尊贵？因为他的母亲尊贵。母亲尊贵，为什么儿子也尊贵？就是这样，儿子因母亲尊贵而尊贵，母亲又因儿子尊贵而尊贵。

思维导图

作者信息

姓　　名：公羊高（传说是此人）
生 卒 年：战国
籍　　贯：大概是齐国
高光时刻：为解析《春秋》而作《公羊传》，传五世，至西汉景帝时被立为官学。

多思考一点

在封建社会的宗法制度下，长幼尊卑常常能够决定一个人的命运，也常常成为限制个人发展的桎梏。当今社会同样存在着一些限制个人发展的隐性障碍，但我们绝不能向命运低头，要以"我命由我不由天"的精神和命运斗争！

讲个故事

隐公后传

隐公成年后，他的父亲鲁惠公打算给他娶一个妻子。结果惠公见未来儿媳妇貌美，就把她纳为自己的妾，还和她生了一个儿子，这个儿子就是后来的桓公。所以隐公和桓公虽为兄弟，年龄却差出一大截。王位本该是桓公的，但因他年幼，隐公只好代为摄政，这一干就是十几年。有一天，大臣公子挥来见隐公，主动提出替他杀了桓公，条件就是让自己当太宰。隐公自然没同意。公子挥心想：这事要是被桓公知道了，自己还能活命吗？得想个办法……有了，恶人先告状！公子挥跑去对桓公说："隐公想杀了您，自己继续做国君。"并说愿意替桓公去杀了隐公。桓公信以为真，就同意了。就这样，善良的隐公惨死在了恶人公子挥手里。

曾子易箦（zé）

> 君子之爱人也以德

出处　《礼记·檀弓》
作者　戴圣
创作年代　汉代
坐标　《古文观止》卷三

 助学小贴士

　　曾子是孔子晚年的弟子，儒学大家，曾参与编制《论语》，撰写《大学》《孝经》等书籍。他是儒家思想最坚定的捍卫者之一，在他心中，礼教比生命更重要。他死之前，因为自己不是士大夫却用了士大夫专享的席子而感到惶恐，所以才有了曾子易箦这个典故……

朗读原文

曾子寝疾（qǐn），病。乐正子春坐于床下，曾元、曾申坐于足，童子隅（yú）坐而执烛。

实时翻译

曾子卧病在床，眼看着就快不行了。他的弟子子春是管理音乐的官员，此时正坐在他床的下首，他的儿子曾元、曾申坐在曾子的脚边，童仆举着蜡烛跪坐在角落里。

朗读原文

童子曰："华而睆（huǎn），大夫之箦与？"子春曰："止！"曾子闻之，瞿（jù）然曰："呼！"曰："华而睆，大夫之箦与？"曾子曰："然。斯季孙之赐也，我未之能易也。元，起易箦。"曾元曰："夫子之病革矣，不可以变。幸而至于旦，请敬易之。"曾子曰："尔之爱我也，不如彼。君子之爱人也以德，细人之爱人也以姑息。吾何求哉？吾得正而毙（bì）焉，斯已矣。"举扶而易之，反席未安而没。

几个人一起扶他起来更换了竹席，又要扶他重新躺下，可曾子还没躺安稳就死了。

思维导图

曾子病危 —— 背景　原因 —— 曾子用了不该用的席子
儿子曾元、曾申，学生子春、曾子 —— 人物　结局 —— 曾子换席，得正而毙
（中心：曾子易箦）

作者信息

姓　　名：戴圣
籍　　贯：梁国甾县
高光时刻：将战国到汉初的有关礼仪论著编撰成《小戴礼记》一书，开创了"小戴学"。

多思考一点

曾子在病重之际还坚持要更换与自己身份和地位不符的席子，可谓以身护礼的典范。用现在的眼光看，这样也许过于迂腐，但他那种严于律己、知错必改的精神却仍然值得人们学习。

讲个故事

曾子辞邑

　　曾子总是穿着破破烂烂的衣服在田里劳作。鲁国国君实在看不下去了，就送给他一座城池，让他用来改善生活。送礼的人一连去了好几次，都被曾子拒绝了。被派去送礼的人想不明白，就问曾子："先生，这份大礼又不是您求来的，是国君自己愿意送给您的，您怎么还不要呢？"曾子回答说："接受了别人的馈赠，就会害怕得罪馈赠自己的人，也就是俗话说的吃人嘴软、拿人手短啊。而且，馈赠别人东西的人，也会觉得高人一等。如果我收了这份大礼，就算国君不会骄横，那我也会害怕得罪他了。"一座城池和忠于本心，在曾子看来，哪个更珍贵呢？

苏秦以连横说秦(节选)

■ 六国 CEO 的奋斗和感叹

出处《战国策》
作者 不详
创作年代 战国
坐标《古文观止》卷四

助学小贴士

　　苏秦曾经在鬼谷子门下学习纵横之术。学成之后，他打算游说秦王以连横之策吞并六国，一统天下，于是就去见秦王了……

苏秦来到秦国，见到秦惠王，把秦国的天时、地利、政治、经济都大大地夸赞了一番，然后说自己可以通过连横的办法让秦国统一天下。

朗读原文

秦王曰："寡人闻之：毛羽不丰满者，不可以高飞；文章不成者，不可以zhū诛罚；道德不厚者，不可以使民；政教不顺者，不可以烦大臣。今先生yǎn俨然不远千里而庭教之，愿以异日。"

实时翻译

秦王说："我听人说过羽毛不丰满的鸟无法高飞，条文不完备的法令不能用来惩治犯人，道德品质不高尚的人不能管理百姓，政令教化不和顺的国家无法差遣大臣。劳烦先生不辞辛苦大老远地跑来为我指点迷津，我看还是改日再来听您教诲吧。"

苏秦不甘心,于是拉着秦王引经据典、古今中外、天南地北说了一大通,目的就是说服秦王对六国用兵。秦王听得脑袋都大了,最后也没同意。可苏秦不是一个轻言放弃的人,他继续上书游说,一次不行就两次,两次不行就三次,终于到了第十次……

朗读原文

说秦王书十上而说不行。黑貂之裘<ruby>敝<rt>dīao qiú bì</rt></ruby>，黄金百斤尽，资用乏绝，去秦而归。<ruby>嬴縢履蹻<rt>léi téng lǚ juē</rt></ruby>，负书担橐，形容<ruby>枯槁<rt>tuó gǎo</rt></ruby>，面目<ruby>黧<rt>lí</rt></ruby>黑，状有愧色。归至家，妻不下<ruby>纴<rt>rèn</rt></ruby>，嫂不<ruby>为炊<rt>chuī</rt></ruby>，父母不与言。苏秦喟然叹曰："妻不以我为夫，嫂不以我为叔，父母不以我为子，是皆秦之<ruby>罪<rt>kuì</rt></ruby>也。"乃夜<ruby>发<rt></rt></ruby>书，陈<ruby>箧<rt>qiè</rt></ruby>数十，得太公《阴符》之谋，伏而诵之，简练以为<ruby>揣<rt>chuǎi</rt></ruby>摩。读书欲睡，引<ruby>锥<rt>zhuī</rt></ruby>自刺其股，血流至足，曰："安有说人主不能出其金玉锦绣，取卿相之尊者乎？"<ruby>期<rt>jī</rt></ruby>年，揣摩成，曰："此真可以说当世之君矣！"

实时翻译

游说秦王的奏折递了十次仍然没被采纳。苏秦的黑色貂皮大衣穿破了，百镒（yì）黄金也用完了，他只能离开秦国回家去。苏秦缠着绑腿布，穿着破草鞋，背着书箱，挑着行李，脸色憔悴而黝黑，还带着羞愧之色。回到家里后，妻子见了都没从织机上下来迎接他，嫂子也不张罗给他做饭吃，连父母都不和他说话。苏秦长叹道："妻子不把我当丈夫，嫂子不把我当小叔，父母也不把我当儿子，这都是我苏秦的过错啊！"于是他连夜找书，摆出几十个书箱，发现了姜太公的兵书《阴符》里讲到的谋略，然后埋头诵读，先画重点再反复研习、体会。读到昏昏欲睡时，就拿锥子扎自己的大腿，冒出的鲜血都流到了脚跟。他鼓励自己说："哪有去游说国君而不能让他拿出金银玉帛并取得卿相尊位的人呢？"读了一年书后，苏秦终于学有所成，说："这次真的可以去说服当世的国君了！"

果然，这次苏秦再出山，一番漂亮话说到了赵王的心坎里。赵王高兴得就像大白天捡到了宝贝似的。他立刻任命苏秦为丞相，给了他极大的财富和荣耀，让他联络各国合纵来对抗强秦……

朗读原文

当此之时，天下之大，万民之众，王侯之威，谋臣之权，皆欲决于苏秦之策。不费斗粮，未烦一兵，未战一士，未绝一弦，未折一矢(shǐ)，诸侯相亲，贤于兄弟。夫贤人任而天下服，一人用而天下从。故曰："式于政不式于勇，式于廊庙之内，不式于四境之外。"当秦之隆，黄金万镒为用，转毂(gǔ)连骑，炫熿(huáng)于道，山东之国，从风而服，使赵大重。且夫苏秦特穷巷掘门、桑户棬(quān)枢(shū)之士耳，伏轼撙(zǔn)衔(xián)，横历天下，庭说诸侯之主，杜左右之口，天下莫之伉(kàng)。

实时翻译

这个时候，天下虽大、百姓虽多、王侯虽有威严、谋臣虽善权变，但都要被苏秦的决策所左右。不耗费一斗粮食，没烦劳一个兵卒，没有一个战士打仗，没有一根弓弦断绝，没有一支箭折断，苏秦就让各国诸侯和睦友爱，胜过兄弟。这就是人们常说的："贤人执政能使天下百姓臣服，一个人得到重用能让天下人都追随。"所以说："应致力于发展德政，而不是致力于发展武力；要把重心放在本国的内政上，而不是放在国外。"在苏秦显赫之时，有万镒的黄金供他随意使用，随从的车骑络绎不绝，在路上真是风头无两。崤山以东，各国像小草顺风倒下一样迅速服从赵国，使赵国的威望大大增强。苏秦只不过是个穷巷陋室里走出来的读书人，但他却能坐着马车、牵着缰绳，在天下四处往来，在朝堂之中游说各诸侯国国君，让他们的亲信、朝臣开不了口，天下没有人能与他匹敌。

苏秦去楚国游说楚王的时候路过洛阳,他的父母听说后,赶忙在家里大扫除,连家门口的道路都扫得干干净净的,又请乐队敲锣打鼓,又杀鸡宰牛大摆宴席,还到三十里外去迎接苏秦回家。这回,妻子都不敢正眼看苏秦,恭恭敬敬听他训话。嫂子趴在地上上前磕头跪拜。苏秦嘲讽地说:"嫂子,您之前可不是这样啊,现在这是怎么了?"嫂子倒也实诚,回答道:"因为苏大人您现在地位尊贵,又是大富豪啊。"苏秦听了感叹道:"唉,穷的时候连父母都不认我这个儿子,富贵之后大家都怕我了。权力和财富,这是有多大的魔力啊!"

思维导图

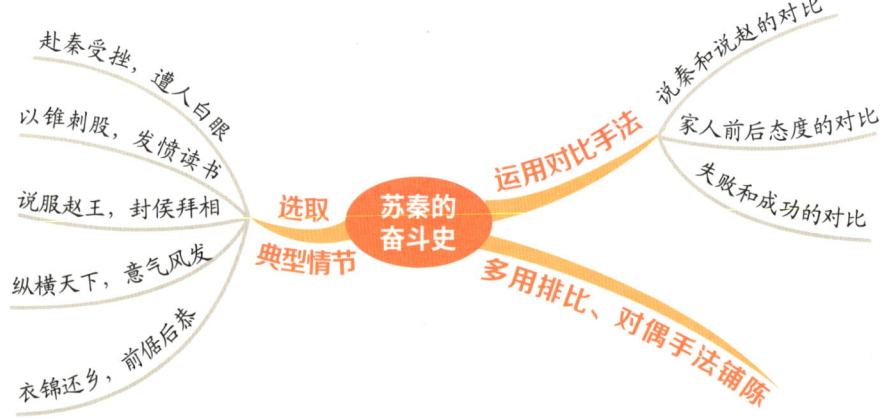

多思考一点 人生在世，遇到挫折在所难免。有的人经受挫折后一蹶(jué)不振，有的人则越挫越勇。面对失败，苏秦没有选择放弃，而是刻苦学习、强大自我、厚积薄发，终于有一天实现了理想。我们是不是该学习他这种不服输的精神呢？

讲个故事

老同学张仪

苏秦去游说各国诸侯合纵抗秦，但担心秦国先下手为强搞破坏，就想了一条妙计。这条妙计要实施，还需要一个关键人物——张仪。

张仪是苏秦的"大学同学"，口才不在他之下，但怀才不遇。苏秦让人把张仪请到了赵国，张仪满心欢喜，以为老同学要提携他，没想到苏秦却以仆人和侍女的规格来招待他，还当众羞辱了他一番，说他穷困潦倒到这种地步根本不值得收留。张仪一气之下投奔了强大的秦国。苏秦不仅不拦着，还在暗中帮助他——不仅资助他，还让他见到了秦惠王。张仪由此得以重用！事成之后，苏秦让人把真相告诉了张仪。张仪感念苏秦的恩情，力主秦国不攻打赵国。

后来，苏秦佩六国相印主张合纵，而张仪则成了连横的代表人物。

范雎说秦王（节选）
jū

◻ 万死丛中求一生的演讲

出处 《战国策》
作者 不详
创作年代 战国
坐标 《古文观止》卷四

 助学小贴士

  秦国的公子稷年轻的时候有一个很清闲的职业——在燕国当人质。后来，秦武王去世，公子稷在秦国右相樗（chū）里疾、魏冉、宣太后等人的拥立下登上国君之位，成了秦昭襄王（也称秦昭王）。然而，从人质变成国君，他依然没有改变清闲的状态。他的母亲宣太后把持了朝政，魏冉掌管军事，樗里疾掌管政事。后来更出现了被称为"四贵"的穰（ráng）侯魏冉、华阳君芈（mǐ）戎、泾阳君公子芾（fú）、高陵君公子悝（kuī）擅权的局面。秦昭襄王若要夺回政权，必须得到贤臣相助，于是他想到了来自魏国，与从众人没有利益瓜葛的范雎……

范雎来到秦国后,秦昭王以正式的宾主礼仪接待了他。接待仪式结束后,秦昭王屏退了所有侍从,跪着请求范雎赐教。可是反复求了三次,范雎却只是嗯嗯啊啊地应付,并不作答。秦昭王长跪不起,说:"先生难道不肯赐教吗?"范雎这才开始发表自己的意见……

朗读原文

"非敢然也。臣闻始时吕尚之遇文王也,身为渔父而钓于渭阳之滨耳。若是者,交疏也。已一说而立为太师,载与俱归者,其言深也。故文王果收功于吕尚,卒擅天下而身立为帝王。即使文王疏吕望而弗与深言,是周无天子之德,而文、武无与成其王也。今臣,羁旅之臣也,交疏于王,而所愿陈者,皆匡君臣之事,处人骨肉之间。愿以陈臣之陋忠,而未知王心也。所以王三问而不对者是也。

实时翻译

"臣不敢。臣听说,姜太公吕尚最初遇到周文王的时候,只是个在渭水北岸垂钓的渔父。如果真的是这样,那两人的关系肯定是很生疏的。可他们才交谈了一次,周文王就任命吕尚为太师,并请他同车而回,这是因为他们谈得很深入啊。后来,周文王果真依靠着吕尚的辅佐建立了不朽的功勋,终于拥有天下、做了帝王。如果文王疏远吕尚、不跟他深谈,那就说明周王还不具备天子的德行,文王、武王也就不可能成为帝王了。臣现在只是一个客居他乡的人,与大王关系疏远,但臣想说的却都是匡正国家社稷的大事,还涉及您的骨肉至亲。臣心里虽愿意献上浅陋的忠诚,却不知大王心里是怎么想的,这就是您连问三次,而臣却不回答的原因。

朗读原文

臣非有所畏而不敢言也。知今日言之于前，而明日伏诛于后，然臣弗敢畏也。大王信行臣之言，死不足以为臣患，亡不足以为臣忧，漆身而为厉，被发而为狂，不足以为臣耻。五帝之圣而死，三王之仁而死，五伯之贤而死，乌获之力而死，奔、育之勇而死。死者，人之所必不免。处必然之势，可以少有补于秦，此臣之所大愿也，臣何患乎？伍子胥橐（tuó）载而出昭关，夜行而昼伏，至于蔆（líng）水，无以糊其口，膝行蒲伏，乞食于吴市，卒兴吴国，阖闾（hé lǘ）为霸。使臣得进谋如伍子胥，加之以幽囚，终身不复见，是臣说之行也，臣何忧乎？箕（jī）子、接舆（yú），漆身而为厉，被发而为狂，无益于殷、楚。使臣得同行于箕子、接舆，可以补所贤之主，是臣之大荣也，臣又何耻乎？

实时翻译

臣并非因为害怕什么而不敢说话，即便明知今天说的话可能在明天就招来杀身的灾祸，臣也不会惧怕。如果大王真的能相信并奉行臣的主张，那么死不足以让臣担心，流亡不足以让臣忧虑，浑身涂漆生癞疮（lài chuāng）、披头散发当疯子也不至于让臣觉得耻辱。圣明如五帝那样的人要死，仁慈如三王那样的人要死，贤德如春秋五霸那样的人要死，乌获那样的力士要死，孟奔、夏育那样的勇士也终有一死。死是谁也无法避免的。在难免一死的情况下，在死之前能对秦国做出一些有益的贡献，这就是臣最大的心愿。臣还有什么可担心的呢？伍子胥藏在袋子里混出了昭关，白天躲藏夜晚赶路，到溇水的时候没东西吃，便跪着、趴着在街上讨饭，最后助吴国崛起，阖闾当上了霸主。假如臣能像伍子胥那样进献谋略、所有谋略又得以施展，那么就算我经历他经历的所有苦难，再加上把我囚禁起来终身不能再见大王，臣又有什么可忧虑的呢？箕子和接舆身受涂漆之刑而全身生疮、披头散发而发狂，可是对殷朝、楚国并没有什么贡献。假如臣身受他们的遭遇，却能对臣认为贤明的君主有所帮助，臣也会认为这是最大的荣耀，又有什么可耻辱的呢？

朗读原文

臣之所恐者，独恐臣死之后，天下见臣尽忠而身蹶(jué)也，是以杜口裹足，莫肯即秦耳。足下上畏太后之严，下惑奸臣之态，居深宫之中，不离保傅之手，终身暗惑，无与照奸，大者宗庙灭覆，小者身以孤危。此臣之所恐耳！若夫穷辱之事，死亡之患，臣弗敢畏也。臣死而秦治，贤于生也。"

实时翻译

臣害怕的是臣死以后天下人看到臣尽忠职守却不得善终，从此都闭口不言、裹足不前，没有人再肯为秦国效命。大王您上怕太后的威严，下受奸臣的迷惑，居住在深宫中，离不开近臣的辅佐，长年受到蒙蔽，没有人帮您洞察奸佞(nìng)，照这样发展下去，大则国破家亡，小则自身难保。这才是臣所最害怕的啊！至于穷困受辱、流亡以至身死那些灾患，臣不敢害怕。如果臣的死能换来秦国的安定，比臣活着更有意义。

秦昭王对范雎夸奖了一番，并恳请凡事不论大小、不论涉及什么人，他都希望范雎能给予指导，不要怀疑他的诚意。范雎向秦昭王拜了两拜，秦昭王也向范雎拜了两拜，然后结束了这次会谈。

思维导图

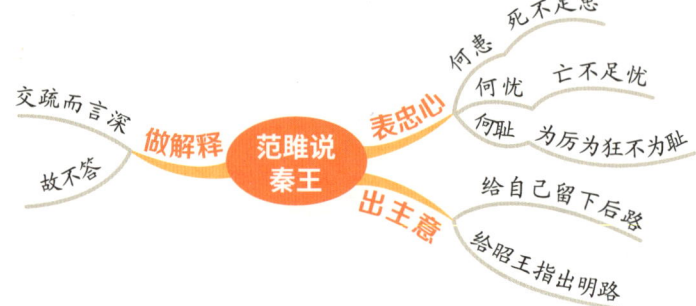

助学小贴士

范雎和秦昭王之间建立了信任，从此携手开创了秦国自商鞅变法以来第二次国力飞跃的大好局面。在内政方面，范雎主张加强王权，秦昭王废太后、逐四贵；在外交方面，范雎提出远交近攻，与远方的齐国交好，而将邻国韩、魏、赵作为主要兼并目标。他们取得的一系列成就，为秦始皇和李斯这对黄金组合建立一统天下的大秦帝国打下了坚实的基础。

多思考一点　害人之心不可有，防人之心不可无。这句俗语往往用来劝诫那些与人交往时警觉性不高的人。范雎面对陌生的秦王，待他三次叩问后才表露心迹，正是对秦王、对周边环境有所提防。面对陌生人，我们心里一定要时刻绷紧"防人"这根弦。

邹忌讽齐王纳谏

◘ 由自恋引发的觉悟

出处 《战国策》
作者 不详
创作年代 战国
坐标 《古文观止》卷四

助学小贴士

　　齐威王痴迷音乐，即位后总是在后宫内抚琴自娱，不理朝政，导致齐国日趋衰败。有一天，邹忌带着一把琴去求见齐威王，以弹琴之道来类比治国之道，终于使齐威王幡(fān)然醒悟，决定奋发图强。邹忌也因此当上了齐国的国相……

朗读原文

邹忌**修**八尺有余，而形貌**昳**(yì)丽。**朝**服衣冠，**窥**(kuī)镜，谓其妻曰："我孰与城北徐公美？"其妻曰："君美**甚**，徐公何能及君也？"城北徐公，齐国之美丽者也。忌不自信，而复问其妾曰："吾孰与徐公美？"妾曰："徐公何能及君也？"**旦日**，客从外来，与坐谈，问之客曰："吾与徐公孰美？"客曰："徐公不若君之美也。"

实时翻译

邹忌**身高**超过八尺，而且相貌**俊美**。一天**早晨**，他穿戴好衣帽，**看着**镜子问他的妻子："我和城北的徐公相比，谁更美呢？"他的妻子回答："您美**极**了，徐公怎么比得上您呢！"城北的徐公是齐国有名的美男子。邹忌不相信自己比徐公还美，于是又问他的妾："我和徐公谁更美？"妾说："徐公哪有您美呢！"**第二天**，有外来的客人拜访邹忌，邹忌和他坐着闲聊，他问客人："你觉得我和徐公谁更美？"客人回答道："徐公没您美！"

朗读原文

明日徐公来，熟视之，自以为不如；窥镜而自视，又弗如远甚。暮寝而思之，曰："吾妻之美我者，私我也；妾之美我者，畏我也；客之美我者，欲有求于我也。"

实时翻译

又过了一天，徐公来访。邹忌仔仔细细地端详了他，觉得自己没徐公好看。再照照镜子，更是觉得自己比徐公差远了。晚上，他躺在床上就想这件事，自言自语道："我的妻子说我美，是偏爱我；我的妾说我美，是害怕我；客人说我美，是因为有事情要求我。"

朗读原文

于是入朝见威王,曰:"臣诚知不如徐公美,臣之妻私臣,臣之妾畏臣,臣之客欲有求于臣,皆以美于徐公。今齐地方千里,百二十城,宫妇左右莫不私王、朝廷之臣莫不畏王、四境之内莫不有求于王。由此观之,王之蔽甚矣。"

实时翻译

想通了这一点,邹忌就上朝拜见齐威王去了。邹忌对齐威王说:"我明知自己没有徐公美,可是我的妻子偏爱我,我的妾害怕我,我的客人有事想求我帮忙,所以他们都说我比徐公美。如今,齐国疆土方圆千里,有一百二十座城池。您宫中的嫔妃和随从,没有一个不偏爱大王您的;朝廷中的官员,没有一个不惧怕大王您的;国内的百姓,没有一个不对大王有所求的。由此看来,大王您受到的蒙蔽太严重了!"

朗读原文

王曰:"善。"乃下令:"群臣吏民能面刺寡人之过者,受上赏;上书谏寡人者,受中赏;能谤讥于市朝,闻寡人之耳者,受下赏。"令初下,群臣进谏,门庭若市;数月之后,时时而间进;期年之后,虽欲言,无可进者。

燕、赵、韩、魏闻之,皆朝于齐。此所谓战胜于朝廷。

实时翻译

齐威王说:"说得好。"于是就颁布了一道命令:"不管大臣、官吏还是百姓,只要是能够当面指责我的过错的,可得上等奖赏;上书劝谏我的,可得中等奖赏;在公共场所指责议论我的过失并能传到我耳朵里的,可得下等奖赏。"政令刚发布时,许多大臣、官员都来进谏,王宫像集市一样热闹;几个月以后,隔三岔五还有人进谏;一年以后,人们即使想进谏,也没有什么可说的了。

燕国、赵国、韩国、魏国听说了这件事,都到齐国朝见齐威王。这就是不战而屈人之兵——不用上战场,在朝廷中就战胜了诸侯。

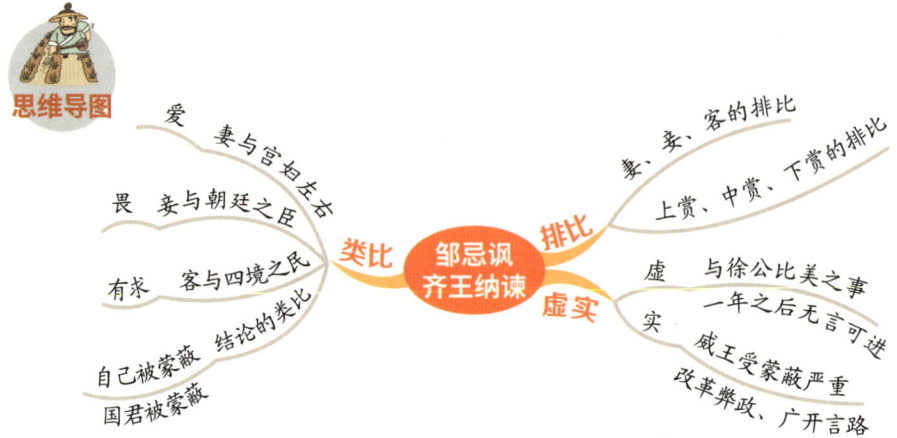

思维导图

类比
- 爱 妻与宫妇左右
- 畏 妾与朝廷之臣
- 有求 客与四境之民
- 自己被蒙蔽 结论的类比
- 国君被蒙蔽

邹忌讽齐王纳谏

排比
- 妻、妾、客的排比
- 上赏、中赏、下赏的排比

虚实
- 虚 与徐公比美之事
- 　 一年之后无言可进
- 实 威王受蒙蔽严重
- 　 改革弊政、广开言路

多思考一点

兼听则明，偏信则暗。这句话的意思是说人们要同时听取各方面的意见才能正确认识事物，只听信单方面的说辞就有可能被蒙蔽，无法明辨是非。所以，当我们遇到问题的时候，一定要全面地进行调查了解，这样有助于更快更好地解决问题。

讲个故事

邹忌陷害过赛马的田忌

齐威王广开言路、励精图治，邹忌功不可没，但他在史书上也留下了不光彩的一页。邹忌当了相国之后，与大将军田忌不合，于是他的门客公孙闬（hàn）就给他出了一个馊主意："您可以鼓动大王让田忌率兵攻打魏国。如果田将军打了胜仗，那是您谋划得当，大可居功；如果他打了败仗，即使不死在战场上，回来也得受军法处置。"邹忌觉得这是个好主意，就照做了。谁知田忌三战皆胜，功劳和风头眼看都要被他抢走了。公孙闬又生一计，派人自称是田忌的下属，满大街重金请算命先生来占卜田将军如果要谋反，是吉是凶。齐威王信以为真，田忌只能蒙冤逃往别国。

冯谖(xuān)客孟尝君

□ 狡(jiǎo)兔三窟

出处：《战国策》
作者：不详
创作年代：战国
坐标：《古文观止》卷四

助学小贴士

　　战国时期，养士之风盛行。有权有势的贵族纷纷招揽人才为自己服务，有本事的士人也把当食客作为一条不错的谋生之路……

齐国有一个叫冯谖的人，已经穷到活不下去的地步了，于是托人求孟尝君，说想去他府里当食客。孟尝君问冯谖有什么爱好和特长，所托之人说他没什么爱好，至于特长，如果穷也能算……孟尝君都被气笑了，但还是留下了冯谖。

朗读原文

左右以君**贱**之也，食以**草具**。居有**顷**，倚柱弹其剑，歌曰："**长铗**(jiá)归来乎！食无鱼。"左右以告。孟尝君曰："食之，比门下之客。"居有顷，复弹其铗，歌曰："长铗归来乎！出无车。"左右皆笑之，以告。孟尝君曰："为之驾，比门下之车客。"于是乘其车，**揭**其剑，**过**其友，曰："孟尝君客我。"后有顷，复弹其剑铗，歌曰："长铗归来乎！无以为家。"左右皆**恶**之，以为贪而不知足。孟尝君问："冯公有亲乎？"对曰："有老母。"孟尝君使人**给**其食用，无使乏。于是冯谖不复歌。

实时翻译

孟尝君身边的侍从见主人**不待见**冯谖，就只给他吃**粗劣的食物**。住了**一段时间后**，冯谖倚着门弹着剑哼起了歌："**长剑**啊，咱们回去吧！没有鱼吃。"侍从就把这事向孟尝君说了。孟尝君说："给他吃鱼，待遇跟普通门客一样。"又过了一段时间，冯谖又弹着剑哼起了歌："长剑啊，咱们回去吧！出门没有车坐。"侍随们都笑话他，又把这事告诉了孟尝君。孟尝君说："给他配车，和其他有车乘的门客一样。"冯谖便乘着车、**举着**剑去**拜访**他的老朋友，告诉人家："孟尝君把我当上宾呢。"这以后没多久，他又开始弹剑唱歌："长剑啊，咱们回去吧！没有钱养家。"侍从们都开始讨厌他了，觉得他贪得无厌。孟尝君就问他："冯先生还有什么亲人吗？"冯谖回答："有一个老母亲。"孟尝君就叫人供给冯母吃穿用度，使她不至于缺衣少食。从此，冯谖就不再唱歌了。

有一回，孟尝君需要一个账房先生帮他到封地薛（xuē）收账，冯谖自告奋勇报了名。孟尝君都不记得冯谖是谁了，经人提醒才记起来，他就是那个弹着长剑唱歌，总要求提高待遇的人。孟尝君跟冯谖客气了一番，就让他出发了。临行的时候冯谖问孟尝君，收到钱之后要不要买点什么东西回来，孟尝君让他做主，看家里缺什么就买什么。冯谖到了薛地，把欠孟尝君债的人召集起来，验过欠条后，全都烧了。

朗读原文

长驱到齐，晨而求见。孟尝君怪其疾也，衣冠而见之，曰："责（zhài）毕收乎，来何疾也？"曰："收毕矣。""以何市而反？"冯谖曰："君云'视吾家所寡有者'。臣窃计，君宫中积珍宝，狗马实外厩（jiù），美人充下陈。君家所寡有者以义耳！窃以为君市义。"孟尝君曰："市义奈何？"曰："今君有区区之薛，不拊（fǔ）爱子其民，因而贾（gǔ）利之。臣窃矫（jiǎo）君命，以责赐诸民，因烧其券，民称万岁。乃臣所以为君市义也。"孟尝君不说，曰："诺，先生休矣！"

实时翻译

冯谖马不停蹄地赶着车回到了齐国，一大清早就去求见孟尝君。孟尝君很奇怪他怎么回来得这么快，穿戴好衣帽接见他。

欠款都收回来了吗？怎么这么快就回来了！

都收完了。

那你拿这些钱买了什么回来？

您说过"看家里缺少什么就买点什么"。我自己想了想，您屋里堆积着珍宝，猎狗和骏马挤满了外面的牲口棚，家里到处都是美人。现在家里缺少的只有"义"了。我就自作主张用收到的钱给您买了"义"。

怎么买的"义"？

现在您拥有小小的薛地，却不把那里的人民看作自己的子女，抚慰他们，所以才像商人那样从他们身上牟（móu）利。我假借您的命令，把应收的欠款都送给了百姓，烧了他们的欠条。百姓高呼万岁。这就是我给您买"义"的方式。

行了，先生不用再说了！

这事过了一年多，齐王忽然以不敢用先王之臣为由罢免了孟尝君，于是他只能回自己的封地薛。离薛地还有一百多里时，孟尝君就看到百姓扶老携幼来迎接他。这时他才明白冯谖说的，给他买了"义"是怎么回事。

朗读原文

冯谖曰:"狡兔有三窟,仅得免其死耳。今有一窟,未得高枕而卧也。请为君复凿二窟。"

孟尝君予车五十乘,金五百斤,西游于梁,谓梁王曰:"齐放其大臣孟尝君于诸侯,先迎之者,富而兵强。"于是梁王虚上位,以故相为上将军,遣使者,黄金千斤,车百乘,往聘孟尝君。冯谖先驱,诫孟尝君曰:"千金,重币也;百乘,显使也。齐其闻之矣。"梁使三反,孟尝君固辞不往也。齐王闻之,君臣恐惧,遣太傅赍黄金千斤、文车二驷(sì),服剑一,封书谢孟尝君曰:"寡人不祥,被于宗庙之祟(suì),沉于谄谀之臣,开罪于君。寡人不足为也,愿君顾先王之宗庙,姑反国统万人乎?"冯谖诫孟尝君曰:"愿请先王之祭器,立宗庙于薛。"庙成,还报孟尝君曰:"三窟已就,君姑高枕为乐矣。"

实时翻译

狡猾的兔子有三个洞穴,才勉强能避免自己一死。现在您只有一个洞穴,还不能高枕无忧睡大觉。请让我再替您凿两个洞穴。

孟尝君给了冯谖五十辆车、五百斤金。冯谖就带着队伍往西到梁国去活动。

他拜见梁惠王时说道:"齐王把他的大臣孟尝君让给了诸侯国,哪个诸侯国先迎接了他,一定能变得国富兵强。"

于是梁惠王把相国的位子空了出来,让原来的相国做了上将军,派遣使者带一百辆车、一千斤金,去聘请孟尝君。

冯谖先赶车回到了齐国,提醒孟尝君说:"千金,是很贵重的聘礼;带着一百辆车,是显赫的使节。齐王应该听说这个消息了。"

梁国的使者来来回回请了他好几次,孟尝君都拒绝前往。

齐王听到这个消息后和大臣们惊慌害怕起来,立刻派遣太傅送一千金、两辆四匹马拉的彩车和一把佩剑给孟尝君,并写信向他道歉:"我太不慎重了,遭受祖宗降下的灾祸,又被那些阿谀奉承的臣子迷惑,所以怪罪在您身上。我这个人是不值得您辅佐了,但希望您能看在先王宗庙的分上,暂且回齐国管理百姓吧!"

冯谖又提醒孟尝君说:"希望您能请求齐王赐予先王传下的祭器,在薛地建立宗庙。"

宗庙建成后,冯谖回来报告孟尝君说:

三个洞穴都已凿完,您且高枕无忧、安心享乐吧!

孟尝君担任相国几十年,其间没有遭受过任何灾祸,这全靠冯谖给他出谋划策。

思维导图

冯谖客孟尝君

无为时期：吃饭要鱼、出门要车、弹长铗而歌、有母要养

有为时期：
一窟：烧债市义，薛民拥戴
二窟：囤积居奇，齐王重用
三窟：建立宗庙，封地永存
为主凿三窟

多思考一点

冯谖刚进入孟尝君府内当食客的时候，因为"无好""无能"，谁都看不起他。但最后保孟尝君一生荣华、富贵平安的却是这个"没本事"的冯谖。所以，在真正了解对方之前，千万不要轻视任何人。每个人都可能是一座巨大的宝藏。

讲个故事

孟尝君是怎么被罢官的

孟尝君年轻时就显露出治国安邦的才华，他不吝（lìn）钱财招纳门客，名声逐渐传遍了各诸侯国。秦昭王听说了他的贤名，把他招到秦国，拜他为相国，但没多久又反悔了，还想杀了他。孟尝君在门客中的两个鸡鸣狗盗之徒的帮助下得以逃回齐国。齐王见他回国，也拜他为相国。上任后，孟尝君着手公报私仇——派人游说各国攻打秦国。虽然效果不佳，但他可嘉的勇气感动了六国百姓，他的声望也因此而越来越大，最终竟达到天下只知有孟尝君而不知有齐王的地步。齐王面对如此情况，心里自然不爽，再加上这时秦、楚等国的间谍散布流言、诽谤离间，所以一气之下罢免了孟尝君，让他回封地养老。

赵威后问齐使

> 毒舌太后训齐王

出处《战国策》
作者 不详
创作年代 战国
坐标 《古文观止》卷四

 助学小贴士

赵惠文王去世后,年幼的太子赵丹即位。这时,赵丹还小,尚且没办法处理政事,所以他的母亲赵威后就代他临朝听政。赵威后是一个很能干的青年妇女,她重视民生、体恤百姓,把赵国治理得井井有条。有一年,齐国派使者来拜见赵威后……

朗读原文

齐王使使者问赵威后。书未发，威后问使者曰："岁(yàng)亦无恙耶？民亦无恙耶？王亦无恙耶？"使者不说，曰："臣奉使使威后，今不问王而先问岁与民，岂先贱而后尊贵者乎？"威后曰："不然。苟(gǒu)无岁，何以有民？苟无民，何以有君？故有问，舍本而问末者耶？"

朗读原文

乃进而问之曰："齐有处士曰钟离子（zhōng），无恙耶？是其为人也，有粮者亦食（sì），无粮者亦食；有衣者亦衣（yì），无衣者亦衣。是助王养其民也，何以至今不业（shè）也？叶阳子无恙乎？是其为人，哀鳏寡（guān guǎ），恤孤独（xù），振困穷，补不足。是助王息其民者也，何以至今不业也？北宫之女婴儿子无恙耶？彻其环瑱（tiàn），至老不嫁，以养父母。是皆率民而出于孝情者也，胡为至今不朝也？此二士弗业，一女不朝，何以王齐国，子万民乎？於（wū）陵子仲尚存乎？是其为人也，上不臣于王，下不治其家，中不索交诸侯。此率民而出于无用者，何为至今不杀乎？"

实时翻译

威后接着又问："齐国有个处士叫钟离子，他还好吧？他这个人呀，没粮食的人他给吃的，有粮食的人他也给吃的；没衣服的人他给人家衣服穿，有衣服的人他也给人家衣服穿。这是个帮助你们国君养活老百姓的人啊，为什么到今天还没有让他做官，成就一番功业呢？叶阳子还好吧？他这个人呀，怜悯那些无妻无夫的人，抚恤那些孤儿和无子的人，救济那些困苦贫穷的人，资助那些缺衣少食的人。这是个帮助你们国君繁育百姓的人啊，为什么到今天也没能做官，成就一番功业呢？北宫氏的女儿，那个北宫氏的女儿还好吧？她摘掉耳环、手镯等首饰，到老也不嫁人，就为了奉养父母。这是个引领百姓尽孝心的人啊，为什么到现在还不让她上朝接受召见呢？这么好的两个贤士无法成就功业，那么好的一个孝女没有上朝受过召见，你们凭什么来统治齐国、抚育百姓呢？於陵的那个子仲还活着吗？这个人上不向国君称臣，下不管自己的家，中不愿与诸侯交往。这是个诱导百姓无所作为的人，为什么到现在还不杀掉呢？"

思维导图

多思考一点

天下者，天下人之天下也。古人早已悟出了民主政治的精髓。"苟无民，何有君？"就是赵威后民本思想最直接的体现。清明的领导人应该明白：以民为本，方为为政的大计；只有以民为贵、以民为主，才能政通人和、长治久安。

讲个故事

齐王建的舅舅——后胜

赵威后教训完齐王建一年后就因病去世了。赵威后给的劝告，齐王建可是一点都没听进去。齐王建执政早期，主要靠他的母亲扶持。母亲去世后，他便任命自己的舅舅后胜担任相国。后胜最大的爱好就是敛财，于是秦王派人给他送了大量的黄金珠宝，把他收买成秦国在齐国最大的间谍。后胜不仅自己给秦国当间谍，还替秦国建立起了一张庞大的间谍网。他们劝说齐王建放弃合纵，秦国因此得以将韩、赵、魏、楚、燕一一消灭。终于，秦兵大举伐齐。后胜又劝说齐王建不要抵抗，投降秦国。齐国灭亡。秦王嬴政把齐王建安置在偏远的共地，不给他食物，导致他最终活活饿死。

触龙说赵太后

◨ 自己人效应

出处 《战国策》
作者 不详
创作年代 战国
坐标 《古文观止》卷四

助学小贴士

　　范雎是秦国的相国,他和魏国的相国魏齐有仇。秦昭王想抓住魏齐为范雎报仇,于是让魏国交出魏齐。魏齐知道魏王没能力保护自己,便逃往赵国,藏在了平原君的家里。秦国于是以这件事为由出兵攻打赵国,很快就拿下了三座城池……

朗读原文

赵太后新用事，秦急攻之。赵氏求救于齐，齐曰："必以长安君为质，兵乃出。"太后不肯，大臣强谏。太后明谓左右："有复言令长安君为质者，老妇必唾(tuò)其面。"

左师触龙愿见太后，太后盛气而揖(yī)之。入而徐趋，至而自谢，曰："老臣病足，曾不能疾走，不得见久矣，窃自恕，恐太后玉体之有所郄(xì)也，故愿望见太后。"太后曰："老妇恃辇(niǎn)而行。"曰："日食饮得无衰乎？"曰："恃鬻(yù)耳。"曰："老臣今者殊不欲食，乃自强步，日三四里，少益嗜食，和(shì)于身。"曰："老妇不能。"太后之色少解。

实时翻译

赵太后刚执政时，秦国大举进攻赵国。赵太后向齐国求救。齐国人说："只有让您的小儿子长安君来齐国当人质，我们才会出兵救赵。"赵太后不答应，大臣们就极力劝谏。赵太后明明白白地告诉大臣们："如果还有谁再敢说让长安君去当人质，我一定啐(cuì)到他脸上！"

左师触龙要求拜见太后。太后怒气冲冲地等着他上门。

触龙进门后缓慢地作小步跑状，来到太后面前，先向太后谢罪：

我的脚有毛病了，连快跑都不能，礼数也不能做周全，所以很久没能来看您了。我自己身体如此，于是也担心起太后的贵体会不会有什么不舒服，所以还是想来看看您。

我现在已经全靠车代步了。

您每天的饭量没有减少吧？

全靠粥撑着呢。

我现在也是特别不想吃东西，于是就强制自己每天走路，走上三四里，胃口稍微增加了一些，身子也舒服了。

我可做不到。

太后脸上的怒色少了一些。

朗读原文

左师公曰:"老臣贱息舒祺,最少,不肖;而臣窃爱怜之。愿令补黑衣之数,以卫王宫。没死以闻。"太后曰:"敬诺。年几何矣?"对曰:"十五岁矣。虽少,愿及未填沟壑而托之。"太后曰:"丈夫亦爱怜其少子乎?"对曰:"甚于妇人。"太后曰:"妇人异甚。"对曰:"老臣窃以为媪之爱燕后,贤于长安君。"曰:"君过矣!不若长安君之甚。"左师公曰:"父母之爱子,则为之计深远。媪之送燕后也,持其踵,为之泣,念悲其远也,亦哀之矣。已行,非弗思也,祭祀必祝之,祝曰:'必勿使反。'岂非计久长,有子孙相继为王也哉?"太后曰:"然。"

我那个儿子舒祺，年龄最小，不成才；但我心里最疼爱他。我冒死禀告太后，希望您能让他补上黑衣士卫的空缺，保卫王宫。

行啊。他多大了？

十五岁了。虽然他年龄还小，但希望能在我这把老骨头入土之前把他托付给您。

男人也疼爱小儿子吗？

比女人还疼爱呢。

还是女人更疼爱儿子。

我认为老太太您疼爱您的女儿燕后就胜过疼爱长安君啊。

这你就说错了！我疼爱她可没有疼爱长安君那么厉害。

父母要是真疼爱子女，就要为他们考虑得长远些。当初您送燕后出嫁的时候，拉着她的脚后跟哭泣，为她远嫁他国而伤心，也真够让人心疼的。燕后走了以后，您也不是不想她，可祭祀的时候您却总是为她祈愿，说："千万不要被赶回来啊。"这难道不是为她作长远打算，希望她儿孙满堂，一代接一代地做国君吗？

唉，是啊。

朗读原文

左师公曰："今三世以前，至于赵之为赵，赵王之子孙侯者，其继有在者乎？"曰："无有。"曰："微独赵，诸侯有在者乎？"曰："老妇不闻也。""此其近者祸及身，远者及其子孙。岂人主之子孙则必不善哉？位尊而无功，奉厚而无劳，而挟重器多也。今媪尊长安之位，而封以膏腴(yú)之地，多予之重器，而不及今令有功于国。一旦山陵崩，长安君何以自托于赵？老臣以媪为长安君计短也，故以为其爱不若燕后。"太后曰："诺。恣(zì)君之所使之。"

于是为长安君约车百乘质于齐，齐兵乃出。

从现在算起，往上推三代，一直到赵国建国的时候，赵王的那些被封侯的子孙的子孙们，还有能继承爵位的吗？

没有。

不仅赵国，其他诸侯国有这样的吗？

也没听说过。

他们这些人，祸患来得早的降临到自己身上，祸患来得晚的就落到了子孙头上。难道国君的子孙就一定不好吗？他们之所以遭受祸患，是因为没有功勋却身居高位，没有劳绩却俸禄丰厚，占有的珍宝太多了啊！

现在您给了长安君尊贵的地位，封给他肥沃的土地，送了他很多珍宝，却不愿趁现在这个机会让他为国立功，这样万一有朝一日您不在了，长安君拿什么在赵国立足存身呢？我觉得您为长安君打算得还不够长远，所以才说您疼爱他比不上疼爱燕后。

好吧，那就任凭您安排他吧。

触龙于是为长安君准备了一百辆车,把他送到齐国去当人质,然后齐国才派出了救兵。

朗读原文

子义闻之曰:"人主之子也,骨肉之亲也,犹不能恃无功之尊,无劳之奉,而守金玉之重也,而况人臣乎!"

实时翻译

赵国贤士子义听到这件事后说:"国君的儿子是国君的亲骨肉啊,尚且不能凭着没有功勋的尊贵和没有劳绩的优厚俸禄来守住自己的地位,何况臣子呢!"

思维导图

触龙言说赵太后　如何实现
- 寒暄请安,消除紧张气氛
- 同病相怜,获得心理认同
- 为子谋职,说明爱子心切
- 消除屏障,提出爱子原则
- 以史为鉴,指明爱子方法

多思考一点　触龙说赵太后是一个非常高明的劝谏案例。在整个劝谏过程中,他很好地运用了现代心理学所指的"自己人效应",即先找到自己和对方的共同点,拉近彼此心中的距离,再消除防备与隔阂,就能够让对方更容易接受自己的意见了。

唐雎不辱使命

◉ 以一人敌一国

出处 《战国策》
作者 不详
创作年代 战国时期
坐标 《古文观止》卷四

 助学小贴士

　　安陵国是附属于魏国的小国，方圆只有五十里。后来，秦国灭了魏国，认为安陵国从此没了靠山，就想欺负安陵国……

朗读原文

秦王使人谓安陵君曰:"寡人欲以五百里之地易安陵,安陵君其许寡人。"安陵君曰:"大王加惠,以大易小,甚善。虽然,受地于先王,愿终守之,弗敢易。"秦王不说。安陵君因使唐雎使于秦。

实时翻译

秦王派人给安陵君传话说:"我打算用方圆五百里的土地换你的安陵国,安陵君可要答应我啊。"安陵君说:"大王愿意施予恩惠,用那么大的地盘换我小小的安陵,真是太好了。虽然这是好事,但这块封地是我从先王那里继承来的,我想一直守着它,不敢拿来跟您交换。"秦王知道后很不高兴。安陵君派遣唐雎出使秦国斡旋。

朗读原文

秦王谓唐雎曰："寡人以五百里之地易安陵，安陵君不**听**寡人，何也？且秦灭韩亡魏，而君以五十里之地存者，以君为长者，故不错意也。今吾以十倍之地请**广**于君，而君**逆**寡人者，轻寡人与？"唐雎对曰："否，非若是也。安陵君受地于先王而守之，虽千里不敢易也，**岂**直五百里哉！"

秦王怫(fú)然怒，谓唐雎曰："公亦尝闻天子之怒乎？"唐雎对曰："臣未尝闻也。"秦王曰："天子之怒，伏尸百万，流血千里。"唐雎曰："大王尝闻**布衣**之怒乎？"秦王曰："布衣之怒，亦**免冠徒跣**(xiǎn)，以头**抢**地耳。"唐雎曰："此庸夫之怒也，非士之怒也。夫专诸之刺王僚也，彗星袭月；聂政之刺韩傀(kuǐ)也，白虹贯日；要离之刺庆忌也，苍鹰击于殿上。此三子者，皆布衣之士也，怀怒未发，**休祲**(jìn)降于天，与臣而将四矣。若士必怒，伏尸二人，流血五步，天下**缟素**(gǎo)，今日是也。"挺剑而起。

秦王

我用方圆五百里的土地换你们安陵，安陵君却不**听从**我的提议，这是为什么呢？我们秦国灭掉了韩国、魏国，但安陵君却仅凭方圆五十里的国土幸存了下来，就是因为我把他当长者，这才没打他的主意。现在我拿出比安陵大十倍的土地，让他**扩大**自己的领土，但他居然**违背**我的意愿，这是看不起我吗？

唐雎

不，并不是这样的。安陵君从先王那里继承了封地并且要守护它，即使您拿出方圆千里的土地，他也不敢交换，**何况**区区五百里呢！

先生可曾听说过天子发怒会怎样吗?

我没听说过。

天子一发怒,会让数百万人变成尸体倒下,鲜血流淌数千里。

那大王可曾经听说过百姓发怒会怎样吗?

百姓发怒,也不过就是甩了帽子,扔了鞋子,拿头往地上撞罢了。

您说的这是庸碌无为的人发怒,不是志士发怒。专诸刺杀吴王僚的时候,彗星的光尾扫过了月亮;聂政刺杀韩傀的时候,一道白色的长虹贯穿太阳;要离刺杀庆忌的时候,苍鹰在大殿上搏击。

他们三个人都是平民百姓里的志士,心里的怒气还没发作,上天就降示了征兆。连同我就是四个志士了。如果您一定要逼我发怒,那咱们两个人的尸体倒下、五步之内淌满鲜血、天下百姓都穿上丧服,今天就是这样!

说完,唐雎就拔剑站了起来。

朗读原文

秦王色挠，长跪而谢之曰："先生坐，何至于此！寡人谕(yù)矣。夫韩、魏灭亡，而安陵以五十里之地存者，徒以有先生也。"

实时翻译

秦王变了脸色，没有了刚才的气势，跪坐着直起身子向唐雎道歉："先生坐、坐，不至于到这种地步！我现在总算明白了，韩国、魏国灭亡，但安陵国却凭借方圆五十里的土地幸存下来了，正是因为有先生您在啊！"

思维导图

人物特点：
- 安陵君委婉、态度坚定
- 唐雎沉着勇敢
- 秦王骄横无理

唐雎不辱使命

斗争过程：
- 秦王提出易地，安陵君不同意
- 唐雎出使秦国，再次表明态度
- 秦王勃然大怒，抛出威胁言论
- 唐雎自比刺客，意图同归于尽
- 秦王见势不妙，主动缓和气氛

多思考一点

对抗强敌、维护国家主权和领土完整的正义力量是不可战胜的,这也正是支持唐雎敢于英勇献身的精神力量。在生活中,我们要有不畏强暴、坚守正义的信念,要有与邪恶势力抗争的勇气,更要有斗争的智慧。

讲个故事

刺客专诸

吴王僚违背先王定下的祖规,从父亲手中继承了王位。按照祖规,僚的堂兄弟公子姬光原本该继承王位,所以公子姬光心中不服,想刺杀吴王僚,伺机夺位。他找来了一个叫专诸的杀手。

专诸是一个狠角色,杀猪无数——他之前是个屠户。公子姬光厚待专诸和他的母亲,所以专诸很受感动,打算以死相报。专诸知道吴王僚爱吃烤鱼,就定下一条与此相关的刺杀计划,然后去太湖边学起了烤鱼之术。学成之后,公子姬光约来吴王僚一起吃饭。在饭局上,专诸进献烤鱼,行至吴王僚座前时,他突然从烤鱼肚子里抽出一把匕首,猛刺吴王僚。吴王僚当场毙命,而专诸也被侍从乱刀砍死。

乐毅报燕王书（节选）

> 善作者不必善成，善始者不必善终

出处 《战国策》
作者 不详
创作年代 战国
坐标 《古文观止》卷四

助学小贴士

　　乐毅的祖先是魏国人，后来他们攻占了中山国，留在那里生活，成了中山国人。再后来，赵国灭了中山国，这个时候乐毅应该已经出生了，所以他就成了赵国人……乐毅骨子里流着多"国籍"的血，先后在赵国、魏国、燕国谋生，终于在燕国攀爬到了人生的巅峰，但又很快跌落到人生的谷底……

乐毅替燕昭王拉拢了五国军队一起攻打齐国，接连拿下了七十多座城池。眼看着还差两座城池就能吞并齐国时，燕昭王去世了，燕惠王登基。燕惠王一上台就中了齐国人的反间计，派大将骑劫换下了乐毅。乐毅怕有杀身之祸，逃到赵国，被封为望诸君。没了乐毅，齐国在大将田单的带领下大败燕军，一举收复七十多座城池，收复了国土。

　　燕惠王这个时候才知道什么叫后悔。他怕赵国任用乐毅来燕国趁火打劫，就派人给乐毅传话，话里面既有道歉又有谴（qiǎn）责之意。使者是这么说的："先王把燕国托付给将军，您为燕国立下了汗马功劳，我是一刻也没有忘记啊！可惜先王走得早，我刚刚继位就被人给骗了。不过，我让骑劫接替将军，也是看您长期在野外作战太辛苦，想给您放个假，让您休息休息。您却误信流言，背弃燕国，投奔了赵国。您这么做对得起先王的恩情吗？"

　　乐毅的回信内容如下：

朗读原文

　　臣不佞（nìng），不能奉承先王之教，以顺左右之心，恐抵斧质之罪，以伤先王之明，而又害于足下之义，故遁（dùn）逃奔赵。自负以不肖之罪，故不敢为辞说。今王使使者数之罪，臣恐侍御者之不察先王之所以畜（xù）幸臣之理，而又不白于臣之所以事先王之心，故敢以书对。

> **实时翻译**

　　臣不才，没能奉行和秉承先王的教导，顺遂您手下大臣们的心意。臣害怕回国后会犯下死罪，这样不仅损及先王的知人之明，还会害您陷入杀害功臣的不义之地，所以只好逃走并投奔赵国。臣知道自己背负着忤逆（wǔ nì）的大罪，所以不敢为自己辩解。现在大王派人来列数臣的罪过，臣怕侍奉大王的人不清楚先王供养和厚爱臣的道理，也不明白臣侍奉先王的忠心，所以才斗胆写信答复您。

朗读原文

臣闻贤圣之君，不以禄私其亲，功多者授之；不以官随其爱，能当者处之。故察能而授官者，成功之君也；论行而结交者，立名之士也。臣以所学者观之，先王之举错，有高世之心，故假节于魏王，而以身得察于燕。先王过举，擢(zhuó)之乎宾客之中，而立之乎群臣之上，不谋于父兄，而使臣为亚卿。臣自以为奉令承教，可以幸无罪矣，故受命而不辞。

实时翻译

臣听说，贤圣的君主不会把爵禄赏赐赠给亲信之人，而是赏给那些功劳多的人；不会把官位随意授予偏爱之人，而是授予那些能胜任的人。所以，能考察人的才干并据此任用官员的君主，必然是能成就一番功业的君主；能根据德行而结交朋友的人，必然是能树立美名的贤士。以臣的学识来看，先王的举止措施，体现出高于世俗的理想，所以臣才借替魏王出使的机会，亲自来到燕国考察。先王破格提拔臣，从众宾客中选中了臣，给予高官厚禄，位置在群臣之上，没有和王室的长辈商量，便封臣为亚卿。臣自以为只要奉行先王命令、秉承先王教导，就可以侥幸不犯错了，所以接受了任命，没有推辞。

先王跟臣说："我跟齐国仇深似海，哪怕国小力微也要报仇。"臣进言先王："齐国曾经做过霸主，实力强大。如果想灭掉齐国，必须联合赵国、楚国等一起出兵。"先王听后便命臣出使各国共商大事。很快，我们得到了各路诸侯的支持。凭借先王的英明，我军很快占领了齐国黄河以北的土地，然后又长驱直入攻占了齐国都城。齐王狼狈逃到莒城，才勉强保住一条命。如山的齐国财宝，进入了燕国的国库；如云的燕国树苗，栽满了齐国的土地。先王大仇得报，意气风发。臣有功于燕，所以得到重赏，财富地位堪比小国的诸侯。臣自以为只要奉行先王命令、秉承先王教导，就可以侥幸免于犯错，所以也没有推辞。

朗读原文

臣闻贤明之君，功立而不废，故著于《春秋》；蚤知之士，名成而不毁，故称于后世。若先王之报怨雪耻，夷万乘之强国，收八百岁之蓄积，及至弃群臣之日，馀令诏后嗣之遗义，执政任事之臣，所以能循法令、顺庶孽者，施及萌隶，皆可以教于后世。

臣闻善作者不必善成，善始者不必善终。昔者伍子胥说听乎阖闾，故吴王远迹至于郢。夫差弗是也，赐之鸱夷而浮之江。故吴王夫差不悟先论之可以立功，故沉子胥而弗悔。子胥不蚤见主之不同量，故入江而不改。夫免身全功，以明先王之迹者，臣之上计也。离毁辱之非，堕先王之名者，臣之所大恐也。临不测之罪，以幸为利者，义之所不敢出也。

臣闻古之君子，交绝不出恶声；忠臣之去也，不洁其名。臣虽不佞，数奉教于君子矣。恐侍御者之亲左右之说，而不察疏远之行也。故敢以书报，唯君之留意焉。

乐毅伐齐

152

实时翻译

　　臣听说,贤明的君主建立功业后不让它废弃,所以才能被载入《春秋》这本史册;有远见的贤士树立美名后不让它败坏,所以才能被后世称颂。如先王这样报仇雪恨,征服了拥有万辆兵车的强国,把它八百年的积蓄收入囊中,直到逝世那天还留下叮嘱儿孙的遗训,这就是执政任事的官员能遵循法令、顺服百姓的原因,这都是能够用来教育后世的啊。

　　臣听说,辛勤耕作不一定有好收成,有好的开始不一定有好的结局。从前,伍子胥说服了吴王阖闾,所以阖闾才远征到了楚国的郢都。吴王夫差不相信伍子胥,将他赐死,装在皮袋子里投入江中。因为夫差不明白伍子胥的远见能为吴国建功立业,所以毫不后悔。伍子胥没能及早预见两位君主的气量、脾性不同,所以没有改变策略,最终身死。脱身免祸、保全伐齐的功名,以彰显先王知人善任的事迹,这是臣的上策。蒙受遭人诋毁和侮辱的冤屈,毁坏先王的英名,这是臣最害怕的事。担负着沉重的罪责,再以苟存的性命去攻打燕国谋取个人的私利,臣绝不敢做出这样不义的事。

　　臣听说,古代的君子即使和朋友断绝交往了也绝不说他的坏话;忠臣即使含冤离开本国也不为自己辩白。臣虽然不才,也曾多次受过君子的教诲。臣本不想辩白,只是怕大王听信左右亲信的谗言,却不仔细了解我这被疏远的人的品行,所以斗胆回信做出此番陈述,希望您能多加考虑。

思维导图

- 燕王传话（目的）
  - 不诚恳的道歉
  - 谴责乐毅出逃
  - 害怕乐毅攻燕
- 乐毅报燕王书
- 乐毅回信
  - 明线
    - 盛赞先王的识人善任
    - 称颂先王的伐齐功绩
    - 宣扬先王的名垂青史
  - 暗线
    - 说明自己是人才
    - 表明自己功劳大
    - 提醒自己不可杀

多思考一点

伍子胥事夫差入江而亡，乐毅事燕惠王奔赵而生。这一死一生的不同结局告诉我们，时局、环境是不断变化的，只有认清这种变化并适时改变，才有可能免于祸患，永远让自己立于不败之地。

讲个故事

乐毅：是谁造谣坑我？

燕惠王当太子时就跟乐毅气场不和，齐国的大将军田单也知道这件事。所以，燕惠王一即位，田单就觉得齐国有救了。这时乐毅距离灭掉齐国只差两座城池，久攻不下之后，打算采用围而不攻的计策困死齐军。田单就在这件事上做起了文章，他派人到燕国造谣说："燕军势如破竹，一转眼就拿下了齐国七十多座城池，现在只剩两座城池却久攻不下。你们知道是怎么回事吗？乐将军跟咱们惠王有矛盾，他回来，惠王能给好果子吃吗？他肯定是想留在齐国称王了。"这些虽然是谎话，却显得有理有据、合情合理，燕惠王想不信都难。最终，乐毅被夺了兵权，功亏一篑（kuì）。田单则凭此荣登千古用间高手排行榜。

155

谏逐客书

> 他山之石，可以攻玉

作者 李斯
创作年代 战国
坐标 《古文观止》卷四

助学小贴士

弱小的韩国紧邻强大的秦国，一直担心被秦国吞并。终于，到了韩桓王时，他想到了一个绝妙的主意来对付秦国：你不是钱多吗？那我就帮你花。他把韩国著名的水利工程专家送给了秦国，提议帮秦国开凿一条超大型的灌溉渠。表面上看，这是为了发展秦国的农业生产，其实是要耗费掉秦国的人力、物力、财力。恰巧秦王嬴政刚刚即位，正计划发展水利工程，所以这个诱人的提议很快就被秦国采纳了。但好景不长，韩国"疲秦"的阴谋败露，秦王大怒，下令驱逐所有非秦国国籍公务人员。李斯也在被驱逐之列，于是愤而上书……

朗读原文

臣闻吏议逐客，窃以为过矣。昔穆公求士，西取由余于戎，东得百里奚于宛，迎蹇叔于宋，求丕豹、公孙支于晋。此五子者，不产于秦，而穆公用之，并国二十，遂霸西戎。孝公用商鞅之法，移风易俗，民以殷盛，国以富强，百姓乐用，诸侯亲服，获楚、魏之师，举地千里，至今治强。惠王用张仪之计，拔三川之地，西并巴、蜀，北收上郡，南取汉中，包九夷，制鄢、郢，东据城皋之险，割膏腴之壤，遂散六国之众，使之西面事秦，功施到今。昭王得范雎，废穰侯，逐华阳，强公室，杜私门，蚕食诸侯，使秦成帝业。此四君者，皆以客之功。由此观之，客何负于秦哉？向使四君却客而不内，疏士而不用，是使国无富利之实，而秦无强大之名也。

实时翻译

我听说官吏们正在商议驱逐客卿的事，我认为这么做是错误的。以前秦穆公寻求贤士时，从西方的西戎请来了由余，从东方的宛请来了百里奚，从宋国迎来了蹇叔，从晋国招纳了丕豹、公孙支。这五位贤人都不是在秦国出生，但秦穆公重用他们，在他们的帮助下吞并了二十个国家，最终称霸西戎。秦孝公采用卫国人商鞅的新法，移风易俗，百姓因此而富裕，国家因此而富强，百姓乐于为国效力，诸侯投靠归服，最终打败了楚国、魏国的大军，攻取土地上千里，使秦国至今安定强盛。秦惠王采纳魏国人张仪的计策，攻下了三川地区，接着向西兼并巴、蜀两国，向北收得上郡，向南攻取汉中、吞并九夷各部、控制楚国的鄢地和郢地，向东占据城皋天险、得到了肥田沃土，最终拆散了六国的合纵联盟，使各国向西事奉秦国，功绩一直延续到今天。秦昭王得到了魏国贤士范雎，在他的辅佐下废黜了穰侯，驱逐了华阳君，强化了朝廷的权力，杜绝了王公权贵干政的现象，一点点吞并各诸侯国的土地，最终使秦国成就帝王的基业。这四位君王都依仗了客卿的功劳。由此看来，客卿有什么对不住秦国的地方呢？假如四位君王当初拒绝远来的客卿，不加任用，国家就不会有雄厚的实力，秦国也不会有强大的名声了。

由余　　百里奚　　蹇叔　　丕豹

公孙支　　商鞅　　张仪　　范雎

朗读原文

今陛下致昆山之玉，有随、和之宝，垂明月之珠，服太阿之剑，乘纤离之马，建翠凤之旗，树灵鼍之鼓。此数宝者，秦不生一焉，而陛下说之，何也？必秦国之所生然后可，则是夜光之璧，不饰朝廷；犀、象之器，不为玩好；郑、卫之女，不充后宫；而骏马駃騠，不实外厩；江南金锡不为用，西蜀丹青不为采。所以饰后宫、充下陈、娱心意、说耳目者，必出于秦然后可，则是宛珠之簪、傅玑之珥、阿缟之衣、锦绣之饰，不进于前；而随俗雅化、佳冶窈窕赵女，不立于侧也。夫击瓮叩缶，弹筝搏髀而歌呼呜呜，快耳目者，真秦之声也；郑、卫桑间，《昭虞》《武象》者，异国之乐也。今弃击瓮而就郑、卫，退弹筝而取昭、虞，若是者何也？快意当前，适观而已矣。今取人则不然。不问可否，不论曲直，非秦者去，为客者逐。然则是所重者，在乎色乐珠玉；而所轻者，在乎人民也。此非所以跨海内、制诸侯之术也。

实时翻译

如今，陛下收罗了昆仑山出产的美玉，拥有随侯之珠、和氏之璧这样的奇珍异宝，衣饰上悬挂着如明月的宝珠，佩带太阿宝剑，乘坐纤离名马，竖立翠凤羽毛为饰的旗子，陈设蒙着灵鼍皮的好鼓。这些宝贵之物，没有一样是秦国出产的，而陛下却很喜欢它们，为什么呢？如果一定要是秦国出产的才行，那么夜光宝玉不会成为朝廷的装饰，犀角和象牙雕成的器物不会被陛下把玩，郑卫两国的美女不会填满您的后宫，北方的宝马不会拴进您的马棚，江南的铜锡不会被拿来制成器物，西蜀的颜料也不会被拿来当作彩饰了。如果所有这些用来装饰后宫的珍宝、充满后宫的侍妾、娱乐身心的器物、悦人耳目的颜料都要是秦国出产的才可以用，那么镶嵌珠宝的簪子、玉珠的耳环、白绢制成的华服、锦丝绣成的装饰就都不会进献到陛下的面前，那些风情万种、娇媚窈窕的赵国美女，也不会立于陛下的身旁了。那些敲击瓦罐、弹着筝、拍着大腿、打着拍子呜呜地歌唱，是地道的秦国音乐；郑、卫一带民间的歌声和《韶虞》《武象》等乐曲都是外国的音乐。如今陛下却放着地道的秦国音乐不听，只听郑、卫两国的音乐，不用秦筝而听《韶虞》，这又是为什么呢？就是因为外国的音乐可以让人心情愉快，让人感官舒服罢了。可陛下在用人问题上却不是这样。不问是否可用，也不管是非曲直，只要不是秦国血脉的就得离开，只要是客卿的就都要驱逐。陛下所看重的只是女色、音乐、珠宝、美玉，对于百姓却看得很轻。这不是能用来统一天下、制服诸侯的方法啊！

随侯之珠　和氏璧　宝剑　宝马　象牙筷　犀角杯　玉珠耳环　簪子　华服

朗读原文

臣闻地广者粟(sù)多，国大者人众，兵强则士勇。是以泰山不让土壤，故能成其大；河海不择细流(shù)，故能就其深；王者不却众庶，故能明其德。是以地无四方，民无异国，四时充美，鬼神降福，此五帝、三王之所以无敌也。今乃弃黔(qián)首以资敌国，却宾客以业诸侯，使天下之士退而不敢西向，裹足不入秦，此所谓"藉(jiè)寇兵而赍(jī)盗粮"者也。

夫物不产于秦，可宝者多；士不产于秦，而愿忠者众。今逐客以资敌国，损民以益仇，内自虚而外树怨于诸侯，求国之无危，不可得也。

实时翻译

我听说，土地广阔则粮食丰足，国家广大则人口众多，军队强大则将士骁勇。泰山不拒绝任何微小的泥土，所以能成就它的高大；大海不挑剔任何细小的支流，所以能成就它的深广；帝王不抛弃任何民众，所以能彰显他的恩德。土地不分东西南北，百姓不论哪个国家，让他们一年四季都能富足美满，天地鬼神都愿赐福降运——这就是五帝三王无可匹敌的原因。如今抛弃百姓让他们去帮助敌国，拒绝宾客让他们去事奉其他诸侯，让天下贤士都不敢西进、不敢来秦国，这就叫作"借给敌寇武器，送给盗贼粮食"啊。

那些并非出自秦国的物品，有很多是十分宝贵的；那些并非出生于秦国的贤士，有很多是愿意效忠的。如今，驱逐宾客来助长敌国，排斥百姓来充实仇敌，对内造成国库空虚，对外招来诸侯怨恨，再希望国家没有危难，那是不可能的啊。

秦王于是收回了驱逐客卿的命令，恢复了李斯的官职。

思维导图

作者信息

姓　　名：李斯
生卒年：不详—前208年
籍　　贯：楚国上蔡，今河南省上蔡县

多思考一点

"他山之石,可以攻玉"的原意是别的山上的石头坚硬,可以用来琢磨玉器,后来引申为别国的人才可以为本国效力。选拔人才时,应该关注人的才能本身,而不是性别、国籍甚至人种这些外在标签。李斯旁征博引地撰文上书,想告诉秦王的正是这个道理。

讲个故事

李斯的高光时刻

提到秦始皇,很多人就会想到书同文、车同轨、度同制、统一货币这些对中国历史影响深远的举措。其实,这些举措都是李斯提出并推行的。

公元前221年,秦始皇接受了"书同文"的建议,李斯为此创制出小篆,又亲作《仓颉篇》作为识字课本。为了促进经济的交流和发展,李斯建议废除六国旧制,把度量衡从混乱中统一起来,得到了秦始皇的赞同。为了使政令畅通、便利物资交流,李斯又建议把全国的车轨统一,并在全国范围内修筑驰道。公元前210年,李斯向秦始皇上了最后一道重要的奏折:废除原来秦以外通行的六国货币,在全国范围内统一货币。秦始皇留下了李斯,李斯则为秦始皇留下了千古英名。

宋玉对楚王问

▢ 阳春白雪与下里巴人

出处	《楚辞》
作者	宋玉
创作年代	战国
坐标	《古文观止》卷四

助学小贴士

  宋玉是战国时期著名的辞赋作家，是楚国文学史上仅排在屈原之后，第二著名的大文豪。他不仅是赋体文学的开山祖师，而且文采出众、品貌非凡，相传是古代四大美男子之一。才貌双全的他难免引来一些人的妒忌……

朗读原文

楚襄王问于宋玉曰:"先生其有遗行与?何士民众庶不誉之甚也?"

宋玉对曰:"唯,然,有之。愿大王宽其罪,使得毕其辞。

客有歌于郢中者,其始曰《下里》《巴人》,国中属而和者数千人;其为《阳阿》《薤露》,国中属而和者数百人;其为《阳春》《白雪》,国中属而和者不过数十人。引商刻羽,杂以流徵,国中属而和者不过数人而已。是其曲弥高,其和弥寡。

难道先生做了什么不检点的事吗?为什么从士人到百姓都不说您的好话呢?

嗯,确实如此,我做过不检点的事。希望大王您能宽恕我的罪过,让我把话说完。

在郢都城有一位外地来的唱歌的人，一开始，他唱《下里》《巴人》这些楚国的通俗歌曲，国都里聚在一起跟着他唱的有好几千人；后来他唱《阳阿》《薤露》这些稍微高雅一点的歌曲，聚在一起跟着他唱的也还有好几百人；再后来等他唱《阳春》《白雪》这些高雅歌曲时，聚在一起来跟着唱的就剩下几十人了；最后他唱商音和羽声，还时不时加入宛转流畅的徵音，这时聚拢来跟着他唱的就只有几个人了。他唱的歌越是高雅，跟着唱的人就越少。

朗读原文

故鸟有凤而鱼有鲲(kūn)。凤凰上击九千里，绝云霓(ní)，负苍天，足乱浮云，翱翔乎杳冥(yǎo míng)之上；夫蕃篱之鷃(fán lí yàn)，岂能与之料天地之高哉？鲲鱼朝发昆仑之墟，暴鬐(pù qí)于碣(jié)石，暮宿(sù)于孟诸；夫尺泽之鲵(ní)，岂能与之量江海之大哉？

故非独鸟有凤而鱼有鲲也，士亦有之。夫圣人瑰意琦(qí)行，超然独处，夫世俗之民，又安知臣之所为哉？

实时翻译

所以鸟中有凤凰，鱼中有大鲲。凤凰高飞九千里，飞越云霓，背负青天，脚爪扰乱了天空漂浮的云朵，在高渺的天空里展翅翱翔。那些跳跃在篱笆之间的鷃雀，哪能像凤凰那样领会天地的高远呢？鲲鱼早上从昆仑山脚下出发，中午在碣石山晒背鳍，晚上在孟诸大泽里睡觉。那些生活在只有一尺来深水中的鱼儿，哪能像大鲲那样感知江海的广阔呢？

同理，不光鸟中有凤、鱼中有鲲，士人中也有出类拔萃的。圣人有美好的思想和品行，超脱世俗、卓尔不群，那些凡夫俗子又怎能理解我的作为呢？"

思维导图

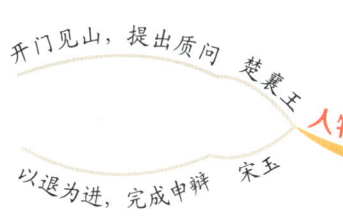

宋玉对楚王问

- 人物情节
  - 楚襄王 — 开门见山，提出质问
  - 宋玉 — 以退为进，完成申辩
- 申辩过程
  - 举例子
    - 曲中之雅
    - 鸟中之凤
    - 鱼中之鲲
  - 做推论
    - 人中之圣

作者信息

姓　　名：宋玉

字　　：子渊

生 卒 年：约前298—约前222年

籍　　贯：楚国鄢城

高光时刻：才华横溢，被誉为"赋圣"；品貌非凡，相传是古代四大美男子之一。

多思考一点 曲高则和寡。生活中我们难免被非议或中伤，这时要想清楚是因为自己做错了什么还是别人对自己产生了误解。如果是前者，那就闻过则改；如果是后者，那就坚持自己所追求的美好理想，不要因为别人的态度而轻易放弃。

讲个故事 宋玉被人污蔑诋毁可不止这一次。楚国大夫登徒子曾向楚王进谗言："宋玉这个人虽文采卓然、英俊帅气，但却是个好色之徒，大王您可千万不能让他进后宫啊。"楚王于是找来宋玉求证。宋玉说："文采卓然、英俊帅气自然是有的，好色一事绝对没有。住在我家东边的邻居家有个未出嫁的女儿，长得沉鱼落雁、闭月羞花。她对我芳心暗许，爬墙头偷看我已有三年了，我都没正眼看过她。您再看看登徒大夫，妻子长得都不敢出门见人了，登徒大夫还和她生了五个孩子。我们俩到底谁更热衷男女之事呢？"宋玉事后还就此事写了一篇文章，题目就叫《登徒子好色赋》。从此以后，"登徒子"可算是遗臭万年了。

项羽本纪赞

> 送给西楚霸王的挽歌

出处 《史记》
作者 司马迁
创作年代 西汉
坐标 《古文观止》卷五

助学小贴士

　　《史记》是汉代史学家司马迁撰写的一本史书,记载了从黄帝到汉初的重大事件。以往的史书都是就事记事的,《史记》却第一次采用了以人记事的方式,即通过重要人物身上发生的事件来呈现历史脉络,因此被称为"第一部纪传体史书"。《史记》中的"本纪"记载帝王事迹,"世家"记载诸侯及其后人的事迹,"列传"则记载其他影响历史的重要人物。不过也有例外,本纪中就混进了一个不是帝王的人——项羽。这也许是因为项羽有过号令天下的实权,也许是因为司马迁对他欣赏有加,这才抬举了他的地位。这篇赞就是司马迁对项羽一生的评论。

朗读原文

　　太史公曰：吾闻之周生，曰"舜目盖重瞳子。"又闻项羽亦重瞳子。羽岂其苗裔邪？何兴之暴也！夫秦失其政，陈涉首难，豪杰蜂起，相与并争，不可胜数。然羽非有尺寸，乘势起陇亩之中，三年，遂将五诸侯灭秦，分裂天下，而封王侯，政由羽出，号为"霸王"，位虽不终，近古以来未尝有也。及羽背关怀楚，放逐义帝而自立，怨王侯叛己，难矣。自矜功伐，奋其私智而不师古，谓霸王之业，欲以力征经营天下，五年卒亡其国，身死东城，尚不觉寤而不自责，过矣。乃引"天亡我，非用兵之罪也"，岂不谬哉！

实时翻译

太史公说：我从周生那里听说"舜的眼睛可能有两个瞳孔"，又听说项羽也是有两个瞳孔的人。项羽难道是舜的后代吗？他的崛起多么迅猛啊！秦王朝政局混乱，陈涉第一个起兵反秦，紧接着各地英雄豪杰纷纷起义，相互夺天下，人多得数也数不清。项羽并没有什么可凭借的根基和权力，只是趁着时势起兵于百姓中，但他仅用了三年的时间就作为统帅，带领五国诸侯大军灭了秦朝，然后瓜分天下，封赏王侯，政令也全部由他来制定和发布。他还给自己起了一个封号——"霸王"，虽然项羽的王位并没有坐太久，但历史上还没有出现过他这样的英雄人物。等到项羽先背信弃义——因怀恋故乡楚地而放弃了关中，流放了起义之初拥立的义帝而自立为王时，项羽又抱怨王侯们背叛自己了。他因战功卓著而变得自以为是、独断专行却不知道效法古人，认为建立霸王之业靠武力就行，凭借武力统治天下，结果仅仅过了五年，他的国家就灭亡了，自己也身死东城，即便这样，他还没有醒悟。不肯归咎于自身，这已经是过错了，而且他还找借口，说"是上天要灭亡我，并不是我用兵的过错"，这不是错得更离谱了吗？

思维导图

作者信息

姓　　名：司马迁
　　字　：子长
生 卒 年：前145年或前135年生，卒年不详
籍　　贯：西汉夏阳
成　　就：身受宫刑却创作出中国第一部纪传体通史《史记》

多思考一点

万丈高楼平地起，做任何事情都要先打好基础、扎实根基。假如项羽幼年时能够做到勤勉好学，那么不管他的品质德行、为人处世还是带兵打仗都将会是另一番风貌。我们从项羽身上可以得到什么教训呢？

讲个故事

　　力拔山兮气盖世！这是项羽自刎前对自己勇武一生的总结。项羽出生在一个军事世家，从小就拥有远大的理想，但是他不愿为了实现理想而努力，学什么都是浅尝辄止、半途而废，直接导致了他脑子不太够用。后来，他得到了谋士范增的智力支持，一步步建功立业，终于在反秦大军中异军突起。在巨鹿之战中，他率兵渡过一条大河后，命令士兵砸破铁锅、凿沉渡船，断绝了军队的退路，激励将士们拼死一战，取得了巨大胜利，也为他的霸王基业奠定了基础。可是灭秦之后，他开始骄傲自大、目中无人，多次不听范增等谋士的劝告，在鸿门宴上放走刘邦、放弃关中要地而定都楚地，最终身死东城。

孔子世家赞

司马迁致敬万世师表

出处 《史记》
作者 司马迁
创作年代 西汉
坐标 《古文观止》卷五

　　孔子是我国古代最著名的思想家、教育家，儒家学派创始人，被后世统治者尊为至圣先师、万世师表。他开创的儒家学派以"仁"为中心，崇尚礼乐、仁义，主张实行仁政、德治，对中国传统文化的影响巨大而深远，至今还影响着我们生活的方方面面。《史记》世家部分原本是记录诸侯和其家族的篇章，破例将孔子放入这一部分，正是出于作者对这位至圣先师的尊崇。

朗读原文

太史公曰：《诗》有之："高山仰止，景行(háng xíng)行止。"虽不能至，然心乡往之。余读孔氏书，想见其为人。适鲁，观仲尼庙堂、车服、礼器，诸生以时习礼其家，余祗回留之，不能去云。天下君王至于贤人众矣，当时则荣，没则已焉。孔子布衣，传十余世，学者宗之。自天子王侯，中国言六艺者，折中于夫子，可谓至圣矣！

实时翻译

　　太史公说：《诗经》里有这样一句话："高尚品德如巍巍高山让人仰慕，光明言行似通天大道使人遵循。"虽然我达不到这样的境界，但内心里仍然充满了对这一境界的向往。我读孔子的书籍，就可以了解他的为人。我到过鲁国故地，瞻仰了孔子的宗庙、车驾、服装和礼器，观赏了儒生们在孔子的家庙里按时演习礼仪后，流连徘徊以至无法离去。天下的君王和贤人有很多，他们大多生前荣耀风光，死后也就烟消云散了。孔子只是一个平民，他的学说却传承了十几代，所有读书人都尊他为宗师。上至天子王侯，中国凡是谈论六艺的人都要以他的学说为参考标准，可以说他是至高无上的圣人了！

思维导图

多思考一点

一个人的生命是否有价值，不仅看他生前为自己取得了哪些成就，还要看他对他人、对后世施与了什么福泽。如果一个人能够超越对自身的关注，为芸芸众生谋求更大的福利，那么他就可以超越生命的短暂，永世长存！

讲个故事

没有什么是孔子不知道的

孔子为了实现自己的政治理想，曾经到鲁国权臣季斯门下应聘。正巧季斯让家人挖水井时碰到了一件怪事，就想拿这个来考考孔子。季斯对孔子说："我命人挖一口井，可是却挖到了一只大陶罐，陶罐里居然还有一只狗！您知道这是怎么回事吗？"孔子回答说："这不可能，陶罐里肯定不是狗，而是羒（fén）羊。"季斯听了大吃一惊，忙问孔子是怎么知道的。孔子说："山中的怪叫夔（kuí）、蝄蜽（wǎng liǎng），水中的怪叫龙、罔（wǎng）象，土中的怪叫羒羊。您这是挖水井时挖出来的，必然是土中之怪羒羊。这怪物只是像羊而已，也没有雌雄之分。"季斯又连忙让人查看那只动物，果然如孔子所说。

屈原列传（节选）

> 路漫漫其修远兮，吾将上下而求索

出处 《史记》
作者 司马迁
创作年代 西汉
坐标 《古文观止》卷五

助学小贴士

即便有人不知道屈原是谁，也一定知道端午节和粽子。端午节吃粽子正是为了纪念这位中国历史上最伟大的爱国诗人。屈原是楚武王的宗室后人，幼年时酷爱读书，博闻强识。长大后，他得到了楚怀王的信任，先后担任左徒、三闾大夫等职，掌管楚国的内政外交大事。与治国理政相比，屈原在文学上取得的成就更加彪炳千秋，他开启了中国的浪漫主义文学之门，被誉为"楚辞之祖"。

朗读原文

屈原者，名平，楚之同姓也。为楚怀王左徒。博闻强志，明于治乱，娴(xián)于辞令。入则与王图议国事，以出号令；出则接遇宾客，应对诸侯，王甚任之。

上官大夫与之同列，争宠而心害其能。怀王使屈原造为宪令，屈平属(zhǔ)草稿未定。上官大夫见而欲夺之，屈平不与，因谗之曰："王使屈平为令，众莫不知，每一令出，平伐其功，曰：以为'非我莫能为'也。"王怒而疏屈平。

实时翻译

屈原姓芈（mǐ），名平，字原，是楚国王室的后世族人。楚怀王执政时，他担任左徒一职。屈原见闻广博，过目成诵，熟悉治国之道，擅长外交言辞。在内政上，他常常与楚怀王商议国家大事，发布政令；在外交上，他常常接待各国使臣甚至诸侯，楚怀王非常信任他。

上官大夫和屈原同朝为官，而且官阶相同，他想争得怀王的宠信，心里十分嫉妒屈原才华出众。有一次怀王让屈原制订法令，屈原刚起草完初稿，上官大夫看到了，非要强行让屈原修改，屈原不同意，他就跑到怀王面前诬陷屈原："大王叫屈原制订法令，大家都知道，他每发布一项法令，就夸耀他的功劳，说：'除了我没人能胜任这份工作。'"怀王听了很生气，从此疏远了屈原。

朗读原文

　　屈平疾王听之不聪也，谗谄之蔽明也，邪曲之害公也，方正之不容也，故忧愁幽思而作《离骚》。离骚者，犹离忧也。夫天者，人之始也；父母者，人之本也。人穷则反本，故劳苦倦极，未尝不呼天也；疾痛惨怛，未尝不呼父母也。屈平正道直行，竭忠尽智以事其君，谗人间之，可谓穷矣。信而见疑，忠而被谤，能无怨乎？屈平之作《离骚》，盖自怨生也。《国风》好色而不淫，《小雅》怨诽而不乱，若《离骚》者，可谓兼之矣。上称帝喾，下道齐桓，中述汤、武，以刺世事。明道德之广崇，治乱之条贯，靡不毕见。其文约，其辞微，其志洁，其行廉，其称文小而其指极大，举类迩而见义远。其志洁，故其称物芳。其行廉，故死而不容。自疏濯淖污泥之中，蝉蜕于浊秽，以浮游尘埃之外，不获世之滋垢，皭然泥而不滓者也。推此志也，虽与日月争光可也。

> **实时翻译**

屈原痛心楚怀王听信谗言、不辨是非，痛心谎言谄媚蒙蔽了君王的清明，痛心邪恶奸佞的小人妨害国家正途，痛心端方正直的君子不为朝廷所容，因此忧愁苦闷，写下了《离骚》这篇千古名文。离骚，就是遭遇忧愁的意思。上天创造了人类生存的环境，是人类最初的依靠；父母给了我们生命，是个人生命的本源。人处于走投无路的困境时就会想退回到本源，所以人到了劳苦疲倦的时候，没有不呼天喊地的；到了病痛哀伤的时候，没有不哭爹叫娘的。屈原办事公正，竭尽忠诚和智慧来辅佐君主，却遭到奸佞小人的诬陷，正是陷入了走投无路的困境。为人诚信却被怀疑，行事忠恕却被诽谤，他能没有怨恨吗？屈原之所以写《离骚》，大概就是由于怨愤而引起的吧。《国风》写男女爱情，但不过分失当；《小雅》多指责政事，但不宣扬作乱；《离骚》可以说是兼有二者的特点。它赞颂远古的帝喾（kù），褒扬近世的齐桓公，称述两者之间的商汤和周武王，都是为了讽刺当世时政，道德的广大和崇高、治乱的规则和道理，都被他毫无保留地表现出来。他的文笔简约，他的言辞含蓄，他的志趣高洁，他的行为廉正。他的文章中所写的不过微小琐事，但主旨却极其重大；他的文章中所论不过眼前事物，但寓意却十分深远。他志趣高洁，所以文章中所写的事物也散发着芬芳。他行为廉正，所以到死也不愿与奸佞小人同流合污。他选择了远离污泥浊水，就像蝉脱壳一样摆脱了肮脏的泥土，遨游在尘世之外，不受浊世的玷污。他是一个洁白干净、出淤泥而不染的人。屈原高洁的品格可以和日月争辉。

屈原被罢免后，秦国准备攻打齐国，齐国于是迅速和楚国结成了抗秦同盟。秦惠王派张仪带着厚礼去见楚怀王，说只要楚国和齐国绝交，秦国就献出商、於之间的六百里土地。楚怀王见利忘义，立马和齐国绝交，然后派使者去秦国交接领土。谁知这时张仪却耍起了无赖，说："我答应送楚王的土地是六里，可从没说过要送六百里啊。"楚怀王被当猴耍了一把，大怒，出兵讨伐秦国，结果被反杀了八万士兵，还丢了汉中一带的国土。楚怀王忍不下这口气，发动全国的兵力再战秦国。可这么一来，后方空虚，被魏国渔翁得利，一直攻到了楚国的邓地。后院着火，楚军不得不撤军回国。因为楚国见利忘义在先，齐国这时候心安理得地选择了幸灾乐祸、袖手旁观。楚国因此陷入了极大的困境。于是，楚怀王重新起用屈原，让他出使齐国，修复两国关系。

　　第二年，秦国想归还汉中之地和楚国讲和，被仇恨冲昏了头脑的楚王却说他不要土地，就要张仪这个骗子。张仪听了呵呵一笑，主动向秦王请缨（yīng）来到楚国。他贿赂了楚国的权臣上官大夫靳尚，讨好了楚怀王的宠姬郑袖，居然让楚怀王放过了自己。这时，屈原刚好从齐国回来，向怀王进言说不该放了张仪。楚怀王这时候才明白过来自己又被张仪耍了，再派人去追，张仪早就跑远了。

　　再后来，屈原被流放汉北，各诸侯国联合攻打楚国，楚国元气大伤。

朗读原文

　　时秦昭王与楚婚，欲与怀王会。怀王欲行，屈平曰："秦，虎狼之国，不可信，不如无行。"怀王稚子子兰劝王行："奈何绝秦欢！"怀王卒行。入武关，秦伏兵绝其后，因留怀王，以求割地。怀王怒，不听。亡走赵，赵不内。复之秦，竟死于秦而归葬。

实时翻译

到秦昭王在位的时候，秦国和楚国通婚，秦昭王想约楚怀王见面。怀王打算赴约，刚从汉北流放归来的屈原劝说道："秦国是虎狼一样的国家，不能信任，还是不去为好。"怀王的小儿子子兰却劝怀王出行，说："怎么能不给秦王面子，断送了和秦国的友好关系呢！"怀王最终还是去了。可他刚一进入武关，秦国的伏兵就截断了他的退路，秦国扣留了怀王，拿他当作人质，要求楚国割让土地。怀王很生气，没有同意。他找机会逃到了赵国，但赵国不敢收留他。他只好再回到秦国，最后死在了秦国，尸体被运回楚国安葬。

大王这一去不知吉凶啊！

怀王的长子顷襄王即位，任命他的弟弟子兰为令尹。因为当时就是子兰劝怀王入秦，才导致怀王没能活着回来的，所以楚国人都有些怪他。

司马迁评论道："虽然屈原也为此怨恨子兰，但他即便被流放在外，也仍然心系楚国，挂念怀王，念念不忘要返回朝廷为国尽忠。他希望国君有一天能醒悟，世道有一天能改变。他心怀君王、想振兴国家，彻底改变楚国的想法，在《离骚》这一篇作品中表现得淋漓尽致。然而无可奈何，屈原没能返回朝廷。由此可以看出，怀王始终没有醒悟。"接着，司马迁忍不住感慨道："国君无论贤明或昏庸，都想任用忠诚贤良的人辅助自己。然而楚国的衰败说明所谓的忠臣并不忠，所谓的贤臣并不贤。怀王被郑袖迷惑，被张仪欺骗，疏远屈原，重用子兰，最后死在秦国，被天下人耻笑，这就是不能知人善任带来的祸害啊。"

子兰得知屈原怨恨他，就让上官大夫又在顷襄王面前说他的坏话。顷襄王于是免去了屈原三闾大夫之职，将他流放到江南。

朗读原文

屈原至于江滨，被发行吟泽畔，颜色憔悴，形容枯槁。渔父见而问之曰："子非三闾大夫欤？何故而至此？"屈原曰："举世皆浊而我独清，众人皆醉而我独醒，是以见放。"渔父曰："夫圣人者，不凝滞于物而能与世推移。举世混浊，何不随其流而扬其波？众人皆醉，何不餔其糟而啜其醨？何故怀瑾握瑜而自令见放为？"屈原曰："吾闻之，新沐者必弹冠，新浴者必振衣。人又谁能以身之察察，受物之汶汶者乎！宁赴常流而葬乎江鱼腹中耳。又安能以皓皓之白，而蒙世之温蠖乎！"乃作《怀沙》之赋。……于是怀石遂自投汨罗以死。

实时翻译

屈原来到汨罗江边，披散着头发在水边行走，边走边吟咏着什么。他脸色憔悴，身体瘦弱，毫无生气。一位捕鱼的老人看见他，便问道："您不是三闾大夫吗？为什么到这儿来了？"屈原答道："全天下都污浊不堪，只有我一人清白；所有人都醉生梦死，只有我一个人清醒。所以我就被流放了。"渔父说："圣贤之人，能够不受外界事物的束缚而随世俗做出改变。既然全天下都污浊不堪，那你为什么不随波逐流并且推波助澜呢？既然所有人都醉生梦死，那你为什么不一起吃点酒糟再喝些淡酒呢？为什么要坚守着美玉一般的品质而宁愿让自己被流放呢？"屈原答道："我听说，刚洗过头的人一定要弹去帽上的灰，刚洗过澡的人一定要抖掉衣服上的土。有谁能让自己干净的身躯沾染外界的污垢呢？我宁可投入奔流的大江而葬身于江鱼的腹中，也不能让自己高洁的品质蒙受世俗的尘垢！"于是他写完《怀沙赋》，便抱起石头跳进汨罗江，自尽而亡。

屈原死了以后，楚国再没有敢进谏的贤臣，几十年后被秦国灭掉了。司马迁在评论表示，自己为屈原的志向不能实现而悲伤，为他的为人高洁而感怀。

思维导图

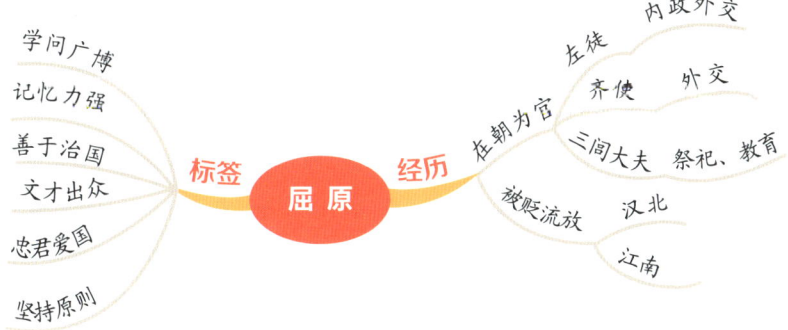

多思考一点

"举世皆浊我独清，众人皆醉我独醒。"在一个如此昏暗的国家里，屈原之所以艰难地斗争着，坚守着自己的道德底线，追求着自己的政治理想，归根结底是因为他对祖国有着深深的爱恋之情。是啊，谁又能不爱自己的祖国呢？

版权专有　侵权必究

图书在版编目（CIP）数据

孩子读得懂的《古文观止》. 先秦历史故事 /（清）吴楚材,（清）吴调侯编选；洋洋兔编绘. -- 北京：北京理工大学出版社, 2022.1（2024.2重印）
ISBN 978-7-5682-9987-9

Ⅰ. ①孩… Ⅱ. ①吴… ②吴… ③洋… Ⅲ. ①古典散文 - 散文集 - 中国②《古文观止》- 儿童读物 Ⅳ. ①H194.1-49

中国版本图书馆CIP数据核字(2021)第235449号

出版发行　/	北京理工大学出版社有限责任公司	
社　　址　/	北京市丰台区四合庄路6号	
邮　　编　/	100070	
电　　话　/	（010）82563891（童书出版中心）	
网　　址　/	http://www.bitpress.com.cn	
经　　销　/	全国各地新华书店	
印　　刷　/	朗翔印刷（天津）有限公司	
开　　本　/	880毫米×690毫米　1/16	
印　　张　/	37.5	责任编辑/户金爽
字　　数　/	780千字	文字编辑/户金爽
版　　次　/	2022年1月第1版　2024年2月第6次印刷	责任校对/刘亚男
定　　价　/	180.00元（共3册）	责任印制/王美丽

图书出现印装质量问题，请拨打售后服务热线，本社负责调换

孩子读得懂的《古文观止》

汉唐文人理想

(清) 吴楚材　(清) 吴调侯　编选

洋洋兔　编绘

北京理工大学出版社
BEIJING INSTITUTE OF TECHNOLOGY PRESS

听编书者讲什么是《古文观止》

大家好！我叫吴乘权，字子舆，号楚材，清代浙江人。你们可能不认识我，但一定在《古文观止》的封面上看到过我的名号。没错，我和我的侄子——吴调侯正是《古文观止》的编者。

小时候的我和你们一样，有远大的理想。在我们那个时代，书籍分为经、史、子、集四类。我希望自己能把史部的书籍完整读一遍，可惜的是我天资不高，甚至感觉有点儿笨拙，在阅读的过程中不能立刻理解，要揣摩好久，好不容易理解了当前的句子，前面的又忘记了。而且我识字不多，总要查阅工具书，经过考证才能知道其中的意义。

但我热爱历史，为此还想游历天下，搜集各种地方志、实录和史籍，并对其中记载的地方做实地考察。然而，这个梦想在我十六岁的时候破灭了，我患上了腿部疾病。我不会因此放弃自己的人生，病多久那就读多久的书！

几年后病愈的我去参加科举考试，很遗憾，没考中。既无显赫的家庭背景，又没有万贯家财，尽管有我族叔接济，但总得自力更生、艰苦创业。于是，我和吴调侯给人做过幕僚，又当过私塾先生。

康熙三十三年（1694年），我俩共同编成了《古文观止》一书。全书共12卷，收录了东周到明代的文章222篇。

"观止"是表示尽善尽美的意思。那延伸一下，"古文观止"指的就是书中所收录的文章代表文言文的最高水平，学习文言文看这本书足够了。这样说，我是不是太自信了？

有人说我编的这本书不是从文人的角度考虑，只注重文学性和艺术性，反而适合做教材。实际上，这本书是我和吴调侯一边教书，一边编写的，肯定会受到传道授业解惑的影响。这不，在我之后的三百多年，书里的多篇文章反复出现在你们的课本里，比如《曹刿论战》《捕蛇者说》《陋室铭》《师说》《桃花源记》《醉翁亭记》等。

古文琳琅满目，美不胜收，辑选文章的人每朝都有，而且选本越来越多，各有优劣。我和吴调侯不敢说辑选古文，只是收集古今选本，查漏补缺，有差错的及时订正。各选本都是编选者深思熟虑、探究古文的精妙之处而编定，读者读了这本错过那本，可能会遗漏一些美文；如果阅读全部选本，又会很疲劳。这就是我们俩进行再编选的原因。

你们的时代，也许会觉得我们的工作有不足之处，这是正常的。只要《古文观止》能让你们看到古文的精妙，体会到阅读的乐趣，感受到古人的情怀，我这一生足矣。

洋洋兔的小提示

我们摘录了清代吴楚材、吴调侯编选的《古文观止》中80多篇千古传诵的文章，配以富有时代韵味的漫画，专门为孩子们打造了一套《孩子读得懂〈古文观止〉》。全书分《先秦历史故事》《汉唐文人理想》《宋明时代风景》三册，让孩子们手不释卷，轻松阅读。

目录

- 6 　报任安书（节选）
- 15 　高帝求贤诏
- 19 　武帝求茂材异等诏
- 22 　过秦论（上）
- 32 　论贵粟疏
- 41 　前出师表
- 51 　后出师表
- 59 　陈情表
- 66 　兰亭集序
- 74 　归去来兮辞
- 80 　桃花源记
- 87 　五柳先生传
- 91 　谏太宗十思疏
- 97 　为徐敬业讨武曌檄

104	滕王阁序（节选）
114	阿房宫赋
123	陋室铭
127	杂说四——马说
131	师说
138	进学解
146	送董邵南序
151	祭十二郎文（节选）
161	捕蛇者说
167	种树郭橐驼传
173	愚溪诗序
180	钴鉧潭西小丘记
187	小石城山记

报任安书(节选)

○ 司马迁亲述宫刑经历

出处《汉书》
作者 司马迁
创作年代 西汉
坐标《古文观止》卷五

助学小贴士

　　《报任安书》是司马迁写给友人任安(字少卿)的一封信。他在信中以激愤的心情、饱满的感情陈述了自己身受宫刑的不幸遭遇,抒发了为著作《史记》而不得不含垢忍辱、苟且偷生的痛苦心情。

朗读原文

太史公牛马走司马迁再拜言。少卿足下：曩者辱赐书，教以慎于接物，推贤进士为务，意气勤勤恳恳，若望仆不相师，而用流俗人之言，仆非敢如此也。……

夫仆与李陵俱居门下，素非能相善也，趣舍异路，未尝衔杯酒、接殷勤之余欢。然仆观其为人自奇士，事亲孝，与士信，临财廉，取与义，分别有让，恭俭下人，常思奋不顾身以殉国家之急。其素所蓄积也，仆以为有国士之风。夫人臣出万死不顾一生之计，赴公家之难，斯已奇矣。今举事一不当，而全躯保妻子之臣随而媒孽其短，仆诚私心痛之。且李陵提步卒不满五千，深践戎马之地，足历王庭，垂饵虎口，横挑强胡，卬亿万之师，与单于连战十有余日，所杀过当，虏救死扶伤不给。旃裘之君长咸震怖，乃悉征其左、右贤王，举引弓之民，一国共攻而围之。转斗千里，矢尽道穷，救兵不至，士卒死伤如积。然陵一呼劳军，士无不起，躬自流涕，沫血饮泣，张空弮，冒白刃，北向争死敌者。

实时翻译

　　愿为您效犬马之劳的太史公司马迁向您行礼并陈言。少卿足下：前些日子承蒙您屈尊给我来信，教导我待人接物要谨慎，并鼓励我推举贤能，您的情意恳切诚挚，但似乎在埋怨我没有遵从您的教诲，而是听信了世俗之人的意见。我是不敢这么做的。……

我和李陵虽然都在朝廷做官，但是向来没有什么亲密往来，我们的兴趣和追求不同，从未在一起喝过一杯酒，也没有相互表示过交往的意愿。但是通过观察李陵的为人，我认为他是个能坚守节操的高士：侍奉父母讲孝道，结交朋友守信用，面对钱财能清正廉洁，索取、给予都合乎礼义，懂得长幼尊卑而行事礼让，待人恭敬谦卑而自甘人下，总想着奋不顾身去解救国家的急难。根据他长期以来的表现，我认为他具有国家杰出人才的风范。做人臣的能够做出万死而不惜一命的打算，奔赴国家的危难，这已经是很难能可贵的了。现在他行事一有不妥，那些只顾保全自己和妻子儿女性命的臣子们便落井下石，编造夸大他的过错，我实在是发自内心地感到悲痛。李陵带领的兵卒不到五千人，却孤军深入敌境，杀到了匈奴单于的王庭，他们虎口送食置身险境，向强大的胡兵挑战，面对着数倍于己的敌兵连续作战十多天，杀敌人数远远超过了自己军队的人数，让敌人连抢救伤兵都来不及。匈奴各部的头领都十分震惊害怕，单于于是把左、右贤王的军队都征调过来，出动了所有会拉弓放箭的人，以举国上下之力一起围攻李陵。李陵边战边退，又转战了千里之远，等到箭都射完、无路可退，救兵还没有来，将士死伤无数，尸体堆积如山。但即便这样，当李陵振臂高呼、率军再战的时候，兵士们没有不拼力而起的，他们流着眼泪、满脸是血，仍强忍悲泣，拉开没有箭的弓，迎着白光闪闪的刀锋，奋勇拼死杀敌。

朗读原文

陵未没(mò)时，使有来报，汉公卿王侯皆奉觞(shāng)上寿。后数日陵败，书闻，主上为之食不甘味，听朝不怡。大臣忧惧，不知所出。仆窃不自料其卑贱，见主上惨凄怛悼(dá dào)，诚欲效其款款之愚。以为李陵素与士大夫绝甘分少，能得人之死力，虽古名将不过也。身虽陷败，彼观其意，且欲得其当而报汉。事已无可奈何，其所摧败，功亦足以暴(pù)于天下。仆怀欲陈之，而未有路，适会召问，即以此指推言陵功，欲以广主上之意，塞睚眦(yá zì)之辞。未能尽明，明主不深晓，以为仆沮(jǔ)贰师，而为李陵游说，遂下于理。拳拳之忠，终不能自列，因为诬上，卒从吏议。家贫，财赂不足以自赎，交游莫救视，左右亲近不为壹言。身非木石，独与法吏为伍，深幽囹圄(líng yǔ)之中，谁可告诉者！此正少卿所亲见，仆行事岂不然乎？李陵既生降，颓(tuí)其家声，而仆又佴(èr)以蚕室，重(zhòng)为天下观笑。悲夫！悲夫！事未易一二为俗人言也。

……

实时翻译

　　李陵的军队还没战败覆没时，信使曾送来捷报，朝廷里的公卿王侯都举杯为皇上庆贺。过了一些日子，李陵兵败的奏书传回朝中，皇上因为这件事吃饭都觉得无味，上朝听政时也神情忧郁。大臣们都很担心害怕，不知道该怎么办。我心里并未顾及自己地位卑下，只是见到皇上如此悲伤痛心，就想尽一点我的愚忠为皇上分忧。我认为李陵向来与将士们同甘共苦，好吃的东西自己不吃留给将士，不多的东西也想着分给他人，所以能够得到士兵们拼死效命，即使是古代的名将在这一点上也比不过他。他虽然身陷重围、兵败投降，但我看他的意思是想暂且投降再寻找机会报效我大汉。兵败之事已无可奈何，但他重挫敌军的功绩也足以向天下人彰显朝廷的威仪了。我心里这么想着并打算向皇上当面奏报，但一直没有合适的机会；后来恰逢皇上召见，询问我对这件事的看法，我就按着这个思路来陈述李陵取得的功绩，想以此来宽慰皇上，并堵住那些恶毒的言论。因为我没表达清楚我的意思，所以皇上没能明白我的意图，认为我败坏贰师将军李广利的名声，为李陵做脱罪辩解，于是将我下狱交法官审问。我虽有诚挚的忠心，却始终没能为自己辩白，因而被判定了污蔑上级的罪名，皇上最后也认同了主审官员的判决。虽然法律规定拿钱就可以赎罪，但我家境贫寒，微薄的钱财不足以赎清自己的罪责，朋友之中没人出面营救，皇帝身边的近臣也不肯替我说一句好话。我不是没有思想感情的木头或石块，却只能一个人和执法的官吏为伴，被关在幽暗阴森的牢狱之中，我跟谁诉说呢？这些都是少卿你亲眼所见的，我的所作所为难道不是这样吗？李陵投降以后，败坏了他的家族名声，我也被安置到行宫刑之所，被天下人大大地看了笑话。可悲啊！可悲！这些事情是不便逐一向世人所说的。

　　……

朗读原文

仆窃不逊，近自托于无能之辞，网罗天下放失旧闻，略考其事，综其终始，稽(jī)其成败兴坏之纪，上计轩辕(xuān yuán)，下至于兹，为十表、本纪十二、书八章、世家三十、列传七十、凡百三十篇，亦欲以究天人之际，通古今之变，成一家之言。草创未就，会遭此祸，惜其不成，是以就极刑而无愠(yùn)色。仆诚已著此书，臧之名山，传之其人，通邑(yì)大都，则仆偿前辱之责，虽万被戮(lù)，岂有悔哉！然此可为智者道，难为俗人言也。

实时翻译

近些年来，我在私下里自不量力地凭着我那拙劣的文辞，收集并整理天下散失的历史传闻，粗略地加以考证修订后写了一本书，综述历史事实的来龙去脉，考察其成败盛衰的道理。这本书上始自轩辕黄帝、下至于当今之世，有十篇表，十二篇本纪，八篇书，三十篇世家，七十篇列传，一共一百三十篇。我也想通过探求天道与人事之间的关系、通晓古往今来的历史变化而形成有独特见解、自成体系的学说。这本书刚开始写草稿、还未完成的时候我正巧遭遇了这场灾祸，我痛惜如果自己死了那么这本书也将无法完成，所以选择接受这最残酷的宫刑而没有怨怒之色。我真的已经完成了这本书，如果将它暂时藏在名山之中，以后再传给恰当的人，让它广传于天下，那么以前我所受的全部侮辱就都能够得到补偿了。即使被杀一万次，又有什么可后悔的呢？但是这些事只能对有识之士说说，难以跟世人讲啊。

思维导图

多思考一点

司马迁为李陵上书，有人说是忠于本心、仗义执言，有人说是考虑不周、妄言引祸。我们暂且抛开这些，单看他为了写成《史记》一书而做出的勇敢选择、付出的巨大牺牲，从中我们能更真切地体会到什么叫作"自古英雄多磨难"。

高帝求贤诏

> 得人才者得天下

出处 《汉书》
作者 班固
创作年代 东汉
坐标 《古文观止》卷六

助学小贴士

　　高帝就是西汉的开国皇帝汉高祖刘邦。刘邦年轻时游手好闲、不务正业，后来做了秦朝的亭长——大致相当于现在的村主任，才算有了一份稳定的工作。秦朝末年，天下大乱，刘邦辞去公职，打算创立一番事业。他依靠着萧何、韩信和张良三个杰出合伙人的辅佐，在乱世中一步步闯出了一片天地，最终消灭了西楚霸王项羽，建立汉朝。他深知人才的价值，于是就发布了一道在全国范围内征求贤才的诏令……

朗读原文

盖闻王者莫高于周文，伯(bà)者莫高于齐桓：皆待贤人而成名。今天下贤者智能，岂特古之人乎？患在人主不交故也，士奚(xī)由进？今吾以天之灵、贤士大夫定有天下，以为一家，欲其长久，世世奉宗庙亡(wú)绝也。贤人已与我共平之矣，而不与我共安利之，可乎？贤士大夫，有肯从我游者，吾能尊显之。布告天下，使明知朕意。御史大夫昌下相国，相国酂(zàn)侯下诸侯王，御史中执法下郡守，其有意称明德者，必身劝，为之驾，遣诣(yì)相国府，署行、义、年。有而弗言，觉免。年老癃(lóng)病，勿遣。

实时翻译

我听说历代的王里周文王是最贤德的，春秋的霸主里齐桓公是最强大的：他们都是依靠人才而取得了成就，享誉了美名。现在天下有智慧有才能的贤人难道还不如古代人吗？我们应该担忧的是君主不肯去结交这些贤人，这样的话他们哪还有途径得到晋升任用呢？如今我靠上天神灵的庇佑和贤士大夫的辅佐平定了天下，统一了全国，自然希望国运能够长久，世世代代奉祀宗庙使香火永不断绝。贤士大夫们和我共同平定了天下，却不和我一起治理使其安定并发展，这怎么能行呢？愿意跟随、辅佐我的人，我一定能让他尊贵显赫。把这份诏令布告天下，就是让大家明白我的意思。由御史大夫周昌把诏令下达相国，相国酂侯（萧何）再下达给各诸侯王，御史中丞负责把诏令下达给各郡太守，如果有名声与德行相符的贤士，一定要亲自去动员，并给他准备车马，把他送到相国府，写下事迹、状貌和年龄。如果有贤人而不推举，一经发现则免除当地官员的官职。年老而体弱多病的，就不要送来了。

思维导图

作者信息

姓　　名：班固
字　　　：孟坚
生 卒 年：32—92 年
籍　　贯：扶风安陵
高光时刻：子承父业著《汉书》，与司马迁并称"班马"

讲个故事

秦灭后，刘邦被项羽分封到巴蜀为王，刘邦军中很多人思念故土，逃跑的士兵越来越多。有一天，有人禀告刘邦说丞相萧何也跑了。萧何一直跟随刘邦南征北战，是他最信任的人。刘邦急坏了，像突然被人斩掉了左右手。不过几天后萧何又回来了，说自己只是去追韩信，走得急没来得及打报告。刘邦又好气又好笑，说："那么多将军跑了也没见你去追谁，跑了个韩信你那么上心。"萧何说："除了韩信，没有第二个人能帮你完成一统天下的大业了。"刘邦见萧何如此看重韩信，说那就让他做个将军。萧何说："将军恐怕留不住他。"刘邦于是拜韩信做了大将！韩信后来为刘邦夺取天下立下了汗马功劳。

多思考一点　一个篱笆三个桩,一个好汉三个帮。要想成就一番事业,一个人单打独斗是很困难的。刘邦正是认识到了自己能力的不足和人才团队的重要价值,做到了知人善任,才开创了汉朝四百年的基业。团队意识可是一把打开成功之门的金钥匙哦。

武帝求茂材异等诏

> 不拘一格降人才

出处 《汉书》
作者 班固
创作年代 东汉
坐标 《古文观止》卷六

助学小贴士

　　汉武帝刘彻是西汉开国皇帝刘邦的曾孙子，汉景帝的亲儿子。汉景帝开创了汉朝"文景之治"的大好局面——国家的粮仓里粮食多得都烂掉了，铜钱多得数都数不过来，所以，汉武帝可以说是一位含着"超级金汤匙"出生的富二代皇帝了。但他没有沉迷享乐，而是励精图治，成为千古明君。《武帝求茂材异等诏》正是他为选拔人才而颁布的诏书，诏书简洁明了、重点突出，从侧面反映了他不拘一格降人才的用人思想。

朗读原文

盖有非常之功,必待非常之人。故马或奔踶而致千里,士或有负俗之累而立功名。夫泛驾之马,跅(tuò)驰之士,亦在御之而已。其令州郡察吏民有茂材异等可为将相及使绝国者。

实时翻译

要成就非同一般的功业,必须依靠非同一般的人才。有的烈马难以驯服却能行千里,有的人受世俗讥讽却能建立功名。那些不走寻常路的马和不受礼俗约束放纵不羁的人,就看如何驾驭了。现命令各州各郡寻找官吏和百姓中那些有突出才能、可担任将相及出使远方他国的人才。

思维导图

讲个故事

汉武帝不光爱人才，更爱钱财，而且还让这两者完美地统一在了一起。汉高祖刘邦统治时曾明文规定"商人不得衣丝乘车，重租税以困辱之"，汉惠帝时又规定"市井之子孙亦不得仕宦为吏"，可见商人在西汉前期的地位之悲惨。然而汉武帝却打破了这一惯例，重用了一名商人家庭走出来的富二代——桑弘羊。桑弘羊是一个名副其实的数学神童，十三岁的时候就因为心算能力突出而名满洛阳，被破格提拔陪那时候还是皇子的汉武帝读书。后来的五十多年里，他一直担任汉武帝的财务总监，并最早推行了西汉时期的国有经济体制改革。例如实行盐铁官营，由国有企业垄断盐业和冶金行业；推行均输法，成立国有贸易公司，规定郡国贡纳的物品均按照当地市价折合成土特产上交均输官，再由均输官运往其他地区高价出售。桑弘羊的很多政策为汉武帝带来了巨大的财政收入。

多思考一点

专业才能卓越！汉武帝充分认识到了术业有专攻的道理，所以他重用专业人才，并大胆起用被汉高祖限制参政的商人，真正做到了知人善任、不拘一格降人才。在学习中你是如何处理广而博和精而深的关系的呢？

过秦论（上）

> 以史为鉴，可以知兴替

出处　《新书》
作者　贾谊
创作年代　西汉
坐标　《古文观止》卷六；高中语文必修三

助学小贴士

　　汉高祖刘邦和他后来的皇帝都重视发展农业生产，按说经过了几代人的积累，江山传到汉文帝手里时怎么着也能让他和百姓们不愁吃穿了。然而残酷的现实是国家没钱，人民困顿。这是怎么回事呢？原来一人耕而十人食，统治阶级残酷剥削农民，忙着享受美好生活，根本不顾人民的死活。贾谊为此写了《过秦论》一文，文章题目的意思就是"谈一谈秦朝施政的过失"，目的就是警醒汉文帝吸取秦朝灭亡的教训、采取合理的治国政策。

朗读原文

秦孝公据殽(xiáo)、函(hán)之固，拥雍(yōng)州之地，君臣固守，以窥(kuī)周室，有席卷天下、包举宇内、囊括四海之意，并吞八荒之心。当是时也，商君佐之，内立法度，务耕织，修守战之具，外连衡而斗诸侯。于是秦人拱手而取西河之外。

孝公既没(mò)，惠文、武、昭蒙故业，因遗策，南取汉中，西举巴蜀，东割膏腴(yú)之地，收要害之郡。诸侯恐惧，会盟而谋弱秦，不爱珍器、重宝、肥饶之地，以致天下之士，合从(zòng)缔交，相与为一。当此之时，齐有孟尝，赵有平原，楚有春申，魏有信陵。此四君者，皆明智而忠信，宽厚而爱人，尊贤而重士，约从离衡，兼韩、魏、燕、赵、宋、卫、中山之众。于是六国之士，有宁越、徐尚、苏秦、杜赫之属为之谋，齐明、周最、陈轸(zhěn)、召滑、楼缓、翟(zhái)景、苏厉、乐毅之徒通其意，吴起、孙膑、带佗(tuó)、倪良、王廖、田忌、廉颇、赵奢之伦制其兵。尝以什倍之地，百万之众，叩关而攻秦。秦人开关而延敌，九国之师遁逃而不敢进。秦无亡矢遗镞(zú)之费，而天下诸侯已困矣。于是从散约解，争割地而赂秦。秦有余力而制其弊，追亡逐北，伏尸百万，流血漂橹(lǔ)。因利乘便，宰割天下，分裂河山。强国请服，弱国入朝。

实时翻译

秦孝公凭借着崤山、函谷关的易守难攻和雍州土地的丰饶，带领臣民牢牢守卫着国土，窥视着周王室的天下。他有横扫天下、一统各国、囊括四海的意图和并吞八方的雄心。在那时，商鞅辅佐他对内建立法规制度、发展农业和纺织业、制造武器，对外采用连横策略使诸侯相互争斗。就这样，秦人轻而易举地夺取了黄河以西的土地。

秦孝公死了以后，惠文王、武王、昭襄王承继前人的基业，沿袭既定的策略，向南夺取了汉中，向西攻取了巴蜀，向东占据了大片土地肥沃的地区和战略要地。诸侯恐慌害怕，开会共同商议如何削弱秦国，并不惜用珍宝、重金和肥沃富饶的土地来招揽天下的优秀人才献计献策，最终大家采用了合纵的策略，缔结盟约，要互相援助如同一个整体。在那个时候，齐国有孟尝君，赵国有平原君，楚国有春申君，魏国有信陵君。这四位都是贤明聪慧、忠义守信、宽宏厚道、爱惜人民、尊敬贤士的人，他们以合纵之约破坏了秦国的连横之策，联合起韩国、魏国、燕国、赵国、宋国、卫国、中山国的军队。那时六国中名士聚集，有宁越、徐尚、苏秦、杜赫等出谋划策，有齐明、周最、陈轸、召滑、楼缓、翟景、苏厉、乐毅等人往来沟通，有吴起、孙膑、带佗、倪良、王廖、田忌、廉颇、赵奢等人统率军队。合纵各国加起来拥有十倍于秦国的土地和上百万的军队。他们曾经出兵百万攻打秦国的函谷关，但秦军打开函谷关关口迎战时，九国的军队立刻四散奔逃，没有敢攻打冲关的。秦国还没用一箭一矢，仅凭气势压制就已经让天下的诸侯无法应付了。合纵就这么失败了，各诸侯国又都争着割地送给秦国来讨好秦王。秦国这下就有了更充足的力量，他们抓住六国的弱点，攻城略地，追击逃走的败兵，杀得他们尸横遍野，流淌的血水把盾牌都浮了起来。秦国凭借有利的形势，割取天下的土地，使各国山河破裂。于是，强国请求臣服，弱国入秦朝拜。

朗读原文

施及孝文王、庄襄王，享国之日浅，国家无事。及至始皇，奋六世之馀烈，振长策而御宇内，吞二周而亡诸侯，履至尊而制六合，执敲朴以鞭笞天下，威振四海。南取百越之地，以为桂林、象郡。百越之君，俯首系颈，委命下吏。乃使蒙恬北筑长城而守藩篱，却匈奴七百余里；胡人不敢南下而牧马，士不敢弯弓而报怨。

实时翻译

　　这种情况一直延续到孝文王、庄襄王执政时期，但他们的统治时间不长，没有发生什么大事。到秦始皇的时候，他极大地扩展了六代前人创建的功业，高举长鞭一统天下，吞并了周王朝，消灭了诸侯国，登上皇帝宝座而治理国家，拿着木棍来驱使、鞭打天下，那真是威震四海啊。他向南攻取百越统治的地方，把其划为秦国的桂林郡和象郡；百越的君主低着头捆着脖子投降，听命于秦朝的小吏。他命令蒙恬在北方修筑长城来守卫边境，把匈奴打退了七百多里；匈奴人不敢来南边放牧，匈奴士兵也不敢弯弓搭箭前来报仇。

朗读原文

于是废先王之道，燔(fán)百家之言，以愚黔(qián)首。隳(huī)名城，杀豪俊，收天下之兵，聚之咸阳，销锋镝(dí)，铸以为金人十二，以弱天下之民。然后践华为城，因河为池；据亿丈之城，临不测之溪以为固。良将劲弩，守要害之处，信臣精卒，陈利兵而谁何。天下已定，始皇之心，自以为关中之固，金城千里，子孙帝王万世之业也。始皇既没，余威震于殊俗。

然而陈涉,瓮牖绳枢之子,氓隶之人,而迁徙之徒也,材能不及中庸,非有仲尼、墨翟之贤,陶朱、猗顿之富,蹑足行伍之间,俛起阡陌之中,率罢弊之卒,将数百之众,转而攻秦。斩木为兵,揭竿为旗,天下云集而响应,赢粮而景从。山东豪俊,遂并起而亡秦族矣。

大泽乡起义

> **实时翻译**

接下来，秦始皇废除了古代帝王的治世之道，焚烧诸子百家的著作，想让百姓变得愚昧；他毁坏各国的名城，屠杀英雄豪杰，收缴天下兵器并集中在咸阳销毁，兵刃和箭头都被熔化，用来铸造了十二个铜人，意图削弱百姓反抗的力量。他以华山为城墙，把黄河当城池，仰仗着高耸的华山和深不可测的黄河，他认为长安城已经固若金汤。况且还有良将手持强弩站在高处守卫着要害的关卡，可靠的官员和精锐的士卒拿着锋利的兵器在关口盘问过往行人。天下既已平定，秦始皇便心想着：关中这样坚固，又有铜墙铁壁般的城防千里相连，能保我大秦子子孙孙称王称帝之万代基业啊。秦始皇去世之后，他的余威依然震慑着边远地区。

可是，陈涉不过是个用破瓮做窗户、用草绳系门轴的穷人家的子弟，一个地位卑贱、被征发去守卫边境的士兵，才能还不如普通人，既没有孔子、墨翟那样的贤德，也不像陶朱、猗顿那样富有；他混迹在军队底层，竟在田地里勉力发难，率领几百个疲惫无力的戍边兵卒，掉转头来攻打秦国。他们砍下树枝作武器，举起竹竿当旗帜，天下百姓竟像云一样聚集，像回声一样应和，背着干粮如影随形地跟着他们造反。崤山以东的英雄豪杰，于是一齐起事，最终灭了秦朝。

朗读原文

且夫天下非小弱也，雍州之地，殽函之固，自若也。陈涉之位，不尊于齐、楚、燕、赵、韩、魏、宋、卫、中山之君也；锄櫌棘矜(chú yōu jí qín)，不铦(xiān)于钩戟长铩(shā)也；谪戍(zhé shù)之众，非抗于九国之师也；深谋远虑，行军用兵之道，非及曩(nǎng)时之士也。然而成败异变，功业相反。试使山东之国，与陈涉度长絜大(duó xié)，比权量力，则不可同年而语矣。然秦以区区之地，致万乘之权，招八州而朝同列，百有余年矣。然后以六合为家，殽函为宫。一夫作难而七庙隳，身死人手，为天下笑者，何也？仁义不施，而攻守之势异也。

实时翻译

秦朝并没有变弱小，雍州土地的丰饶，崤山和函谷关的险固，也还是原来的样子。陈涉的地位没有齐、楚、燕、赵、韩、魏、宋、卫和中山的国君尊贵；种田的锄头和带刺的木棍没有钩、戟、长矛锋利；被责罚去守卫边关的人无法和九国的部队抗衡；要论制定计谋、行军打仗，更比不上过去九国的那些谋臣。可是与秦国征战的胜败却产生了变化，结果正好相反。如果再拿陈涉跟东方诸国的整体实力比较高低优劣、力量大小，那就更不能相提并论了。秦国凭借着它原来那么小小的一块国土，发展到兵车万乘的国势，招来八州的诸侯让他们在朝堂上做自己的臣子，已经一百多年了。然后以天下为家，用崤山、函谷关作为自己的宫城。但是陈涉一人起义，秦国百年基业就灭亡了，秦王子婴也死在项羽手里，被天下人耻笑。这是为什么呢？就因为不施行仁政而使进攻与防守的形势发生了变化啊。

思维导图

秦之功 — 陈述材料 — 论秦之过 — 对比论证 — 秦与六国 / 陈涉灭秦 / 陈涉与六国
秦之过

作者信息

姓　　名：贾谊
别　　称：贾长沙、贾太傅
生 卒 年：前200—前168年
籍　　贯：河南洛阳
高光时刻：学霸，21岁就被汉文帝聘为博士，是所有博士中年龄最小的人

多思考一点

　　用铜做镜子，可以整理自己的衣冠；把人当镜子，可以知道自己行为的得失；把历史当镜子，可以知道王朝兴盛衰亡的规律。历史中有很多生动有趣的小故事，更隐藏着让人警醒的大智慧。那些大智慧也许正等你去发现呢。

论贵粟疏

◨ 民以食为天

出处 《汉书》
作者 晁错
创作年代 西汉
坐标 《古文观止》卷六

助学小贴士

　　汉朝建立初期，几位皇帝都选择了"无为而治"的统治手段，也就是国家不过多干预人民从事各项生产活动。在这种情况下，商业自由发展，商人的实力不断壮大。到汉文帝时，商人对农民的盘剥已经严重打击了农民种田的积极性，加上文帝为防匈奴入侵大举用兵，耗粮巨万，国库粮食告急，晁错这才上了这篇《论贵粟疏》，目的就是让汉文帝采取有效措施鼓励农民生产。

朗读原文

圣王在上而民不冻饥者，非能耕而食(sì)之、织而衣(yì)之也，为开其资财之道也。故尧、禹有九年之水，汤有七年之旱，而国无捐瘠者，以畜积多而备先具也。今海内为一，土地人民之众不避禹、汤，加以亡天灾数年之水旱，而畜积未及者，何也？地有余利，民有余力，生谷之土未尽垦，山泽之利未尽出也，游食之民未尽归农也。民贫则奸邪生。贫生于不足，不足生于不农，不农则不地著，不地著则离乡轻家。民如鸟兽，虽有高城深池、严法重刑，犹不能禁也。

实时翻译

圣明的君主在位时百姓之所以能不挨饿受冻，并非是因为君主会亲自种粮食给他们吃、织布匹给他们穿，而是因为他走了国家积累财富的道路。所以，尽管唐尧、夏禹统治时有过九年的水灾，商汤统治时有过七年的旱灾，但在他们的国家里没有被遗弃的和瘦得不成样子的人，这正是因为国家贮藏积蓄的财物多，事先早已做好了准备。现在全国统一，土地面积和人口数量不比汤、禹统治时少，也没有连年的水旱灾害，然而国家的积蓄却不如汤、禹那时，这是怎么回事呢？这是因为土地还有开发潜力，百姓还有多余民力，能长谷物的土地还没全部开垦，山林湖沼的资源还没有完全开发，闯荡谋生的人还没有全都回乡务农。百姓一旦生活穷困，他们之中就会出现奸诈邪恶的人。穷困是由于物产不富足，物产不富足是由于人们不从事农业生产，人们不从事农业生产就不可能在一个地方定居下来，不在一个地方定居就不会有家乡的概念。国内的人民就像鸟兽一样，即使有高大的城墙、深险的护城河、严厉的法令、残酷的刑罚，还是无法杜绝他们流窜、出逃。

朗读原文

　　夫寒之于衣，不待轻暖；饥之于食，不待甘旨；饥寒至身，不顾廉耻。人情，一日不再食则饥，终岁不制衣则寒。夫腹饥不得食，肤寒不得衣，虽慈母不能保其子，君安能以有其民哉？明主知其然也，故务民于农桑，薄赋敛，广畜积，以实仓廪，备水旱，故民可得而有也。

实时翻译

　　受冻的人，对衣服不会奢求轻暖；挨饿的人，对吃的不会奢求香甜；一个人如果饥寒交迫，就顾不上什么廉耻了。人们都知道：一天不吃上两顿饭就会挨饿，一年不做衣服穿就会受冻。如果肚子饿了没饭吃，身上冷了无衣穿，即使是慈母也无法保全她的儿子，国君又怎能保住他的子民呢？贤明的君主懂得这个道理，所以鼓励人民从事农业生产，并减轻他们的赋税，然后大量储备粮食让国库保持充实，以备水旱灾荒时百姓衣食无忧，这样也就能够招引并保住子民了。

朗读原文

民者，在上所以牧之。趋利如水走下，四方无择也。夫珠玉金银，饥不可食，寒不可衣，然而众贵之者，以上用之故也。其为物轻微易藏，在于把握，可以周海内而亡饥寒之患。此令臣轻背其主，而民易去其乡，盗贼有所劝，亡逃者得轻资也。粟米布帛，生于地，长于时，聚于力，非可一日成也。数石(dàn)之重，中人弗胜，不为奸邪所利。一日弗得，而饥寒至。是故明君贵五谷而贱金玉。

实时翻译

百姓如何，要看君主怎么来管理他们。人追逐利益，就像水往低处流、不管东南西北一样自然。那些珠玉金银，饿了不能当饭吃，冷了不能当衣穿，然而人们还是把它们视为贵重的东西，就是因为君主看重它们啊。这些东西轻便小巧，容易保存，一只手就能拿着，凭它们能周游全国而无挨饿受冻的担忧。这样的话就会使臣子很容易就能背弃君主，百姓很容易就能离开家乡，还会让盗贼受到诱惑，让逃亡的人有便于携带的财物。粟米和制作布帛的原料，在土中萌芽，按时令生长，靠人力收获，这不是短时间内可以完成的。几石重的粮食，一般人都拿不动，也就不会被坏人贪图和惦记。人一天得不到粮食、布帛，就要挨饿受冻。因此贤明的君主都以五谷为贵，以金玉为贱。

朗读原文

　　今农夫五口之家，其服役者不下二人，其能耕者不过百亩，百亩之收不过百石。春耕，夏耘，秋获，冬藏，伐薪樵，治官府，给徭役。春不得避风尘，夏不得避暑热，秋不得避阴雨，冬不得避寒冻，四时之间，无日休息。又私自送往迎来，吊死问疾，养孤长幼在其中。勤苦如此，尚复被水旱之灾，急政暴虐，赋敛不时，朝令而暮改。当其有者，半贾而卖；亡者取倍称之息。于是有卖田宅、鬻子孙以偿债者矣。而商贾大者积贮倍息，小者坐列贩卖，操其奇赢，日游都市，乘上之急，所卖必倍。故其男不耕耘，女不蚕织，衣必文采，食必粱肉，亡农夫之苦，有阡陌之得。因其富厚，交通王侯，力过吏势，以利相倾，千里游敖，冠盖相望，乘坚策肥，履丝曳缟。此商人所以兼并农人，农人所以流亡者也。今法律贱商人，商人已富贵矣；尊农夫，农夫已贫贱矣。故俗之所贵，主之所贱也；吏之所卑，法之所尊也。上下相反，好恶乖迕，而欲国富法立，不可得也。

实时翻译

　　如今一般务农的五口之家里，需要为国家服兵役的不少于两个人，剩下的人能耕种的土地不超过百亩，百亩的收成也不会超过百石。他们春天耕地，夏天耘田，秋天收获，冬天储藏，还得砍柴采薪、修葺官府房舍、服其他杂役。他们劳作时，春天要冒着风沙，夏天要顶着酷暑，秋天要淋着阴雨，冬天要忍着严寒，一年四季，没有一天休息；一年中又要应酬交际往来，如吊唁死者、看望病人，又要赡养老人，养育孩子。农民们已经如此辛苦了，却还要遭受水旱灾害、官府的急征暴敛、随时摊派和朝令夕改。农民有粮食的时候，只能半价贱卖，没粮食的时候却要以加倍的利息借债，于是就出现了卖田卖屋、卖儿卖女来还债的情况。而那些商人们，大的囤积货物，赚取高额的利息；小的摆摊卖货，挑着货品每天在都市游逛，赶上朝廷急需货物的机会，就会成倍地抬高价格。所以商人家中，男的不用耕地种田，女的不用养蚕织布，但穿的都是华美的衣服，吃的都是上等的米肉，他们不受农夫的劳苦，却占有了田地的产出。商人们依仗着自己财力雄厚，攀附王侯，势力甚至超过一般的官吏，还依靠钱财争权夺利、互相排挤。他们乘着坚固的车、赶着壮实的马，脚穿丝鞋、身披绸衣周游于各地，往来不绝。这就是商人兼并农民土地，农民被迫流亡在外的原因。现如今虽然法律轻视商人，但商人实际上已经富贵了；虽然法律尊重农民，而农民事实上已贫贱了。世俗所看重的，正是君主所轻贱的；官吏所鄙视的，正是法律所尊重的。朝廷与世俗的想法完全相反，好恶颠倒。在这种情况下，要想使国家富裕、法令实施，那是不可能的。

朗读原文

方今之务，莫若使民务农而已矣。欲民务农，在于贵粟，贵粟之道，在于使民以粟为赏罚。今募天下入粟县官，得以拜爵，得以除罪。如此，富人有爵，农民有钱，粟有所渫(xiè)。夫能入粟以受爵，皆有余者也。取于有余以供上用，则贫民之赋可损，所谓损有余，补不足，令出而民利者也。

实时翻译

如今，没有比让百姓从事农业生产更重要的事了。要想让百姓务农，关键就在于提高粮食的价值；要想提高粮食价值，可以让百姓用粮食来获得奖赏或者免除责罚。现在应该昭告天下，只要给官府交粮食，就可以封爵或是免罪。这样的话，富人可以缴纳多余的粮食得到爵位，农民可以通过卖粮食给富人而得到钱财，粮食被收入国库也就能够在灾荒之时派上用场。那些能交纳粮食换取爵位的，都是富人。从富人那里获取财物供朝廷使用，贫苦百姓所担负的赋税就可以减轻，这就叫损有余而补不足。这项法令一颁布老百姓就能受益，民心则顺。

思维导图

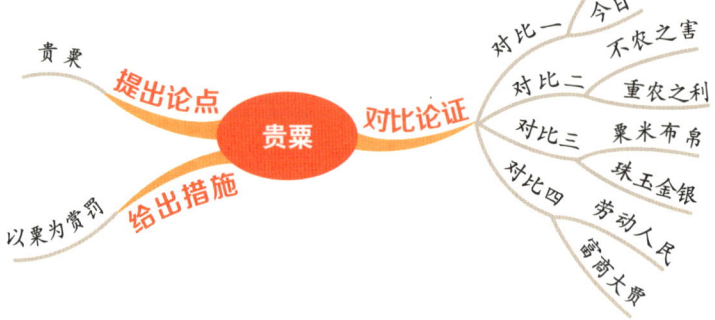

- 提出论点
  - 贵粟
- 对比论证
  - 对比一：古时 / 今日
  - 对比二：不农之害 / 重农之利
  - 对比三：粟米布帛 / 珠玉金银
  - 对比四：劳动人民 / 富商大贾
- 给出措施
  - 以粟为赏罚

作者信息

姓　　名：晁错
生 卒 年：前 200—前 154 年
籍　　贯：河南颍川
高光时刻：升任御史大夫，位列三公

多思考一点

民以食为天，粮食是一个国家生存发展的根本。晁错上书劝告君王要重视粮食生产，同时也告诉了我们农民种植粮食的艰辛与不易。我们自己在生活中有没有浪费粮食的现象呢？如果有的话，从今天起就改正吧。

前出师表

◌ 感人肺腑的千古名篇

出处 《三国志》
作者 诸葛亮
创作年代 三国
坐标 《古文观止》卷六；初中语文九年级下册

助学小贴士

三国时期，蜀国刚刚建立两年刘备就去世了。临终前刘备把太子刘禅和蜀汉大权托付给了丞相诸葛亮。诸葛亮忠心耿耿，勤勉为政，使蜀国和魏国、东吴形成了三国鼎立的局面。但是他时刻不敢忘记先帝刘备的知遇之恩和兴复汉室的嘱托，所以向后主刘禅上书请求出师北伐，于是就有了流传千古、感人肺腑的《出师表》。

朗读原文

　　先帝创业未半而中道崩殂(cú)，今天下三分，益州疲敝，此诚危急存亡之秋也。然侍卫之臣不懈于内，忠志之士忘身于外者，盖追先帝之殊遇，欲报之于陛下也。诚宜开张圣听，以光先帝遗德，恢弘(hóng)志士之气。不宜妄自菲薄，引喻失义，以塞忠谏之路也。

实时翻译

　　先帝开创大业还未完成一半，竟中途仙逝。如今天下一分为三，而我蜀汉国力困乏，真是到了生死存亡的危急关头啊。然而朝廷官员在内理政毫不懈怠、忠勇将士在外征战舍生忘死，都是他们追念先帝莫大的恩遇，想要把这份恩情报答给陛下您啊。陛下您应广开言路，择善而从，以发扬光大先帝传承下来的美德，鼓舞有志之士的士气，不要随随便便看轻自己，言语失当，以至于堵塞人们忠心规劝的言路。

朗读原文

宫中府中，俱为一体，陟罚臧否，不宜异同。若有作奸犯科及为忠善者，宜付有司论其刑赏，以昭陛下平明之治，不宜偏私，使内外异法也。

侍中、侍郎郭攸之、费祎、董允等，此皆良实，志虑忠纯，是以先帝简拔以遗陛下。愚以为宫中之事，事无大小，悉以咨之，然后施行，必能裨补阙漏，有所广益。

实时翻译

皇宫里和朝堂上，要有一样的赏罚标准，升赏惩罚，表扬批评，不应有所不同。如果有作恶违法的人或尽忠行善的人，应该交给主管部门，评定对他们的惩罚或奖赏，以彰显陛下治国处事的公正严明，而不能有偏袒，造成宫廷内外法令不同。

侍中、侍郎郭攸之、费祎、董允等，都是善良老实的人，他们思想纯洁、忠心耿耿，因此先帝才选拔了他们来辅佐陛下您。我认为宫中的事，无论大小，您都应该先征求他们的意见，然后再去实施，这样一定能够弥补缺漏之处，得到更好的效果。

朗读原文

将军向宠，性行淑均，晓畅军事，试用于昔日，先帝称之曰能，是以众议举宠为督。愚以为营中之事，悉以咨之，必能使行阵和睦，优劣得所也。

亲贤臣，远小人，此先汉所以兴隆也；亲小人，远贤臣，此后汉所以倾颓(tuí)也。先帝在时，每与臣论此事，未尝不叹息痛恨于桓、灵也。侍中、尚书、长史、参军，此悉贞亮死节之臣也，愿陛下亲之信之，则汉室之隆，可计日而待也。

实时翻译

将军向宠，性情温和，处事公正，精通军事，从前任用他时，先帝就称赞他能干，因此众人商议后推举他做中部督。我认为军中的事，无论大小，您都应该先征求他的意见，这样一定能使军队团结一心，让才能不同的人都得到合适的安排。

亲近贤臣，疏远小人，这是汉朝前期兴盛的原因；亲近小人，疏远贤臣，这是汉朝后期衰败的原因。先帝在世的时候，每次跟我谈到这些事，没有一次不哀叹惋惜并痛恨桓帝、灵帝。侍中、尚书、长史、参军，这些都是忠贞坦诚、以死效忠的大臣，希望陛下亲近他们、信任他们，如此一来汉朝的复兴就指日可待了。

朗读原文

臣本布衣，躬耕于南阳，苟(gǒu)全性命于乱世，不求闻达于诸侯。先帝不以臣卑鄙(wěi)，猥自枉屈，三顾臣于草庐之中，咨臣以当世之事，由是感激，遂许先帝以驱驰。后值倾覆，受任于败军之际，奉命于危难之间，尔来二十有一年矣。

先帝知臣谨慎，故临崩寄臣以大事也。受命以来，夙(sù)夜忧叹，恐托付不效，以伤先帝之明，故五月渡泸，深入不毛。今南方已定，兵甲已足，当奖帅三军，北定中原，庶竭驽(nú)钝，攘(rǎng)除奸凶，兴复汉室，还于旧都。此臣之所以报先帝而忠陛下之职分也。至于斟酌(zhēn zhuó)损益，进尽忠言，则攸之、祎、允之任也。

实时翻译

我本来是个平民，在南阳耕田劳作，于乱世之中苟且保住了性命，未曾奢求在诸侯之中扬威显名。但先帝不介意我身份低微、见识浅陋，三次屈尊到我的茅庐拜访，征询我对天下大事的看法。我十分感激，所以答应了先帝为他奔走效劳。后来遇到兵败，在作战失利、形势危急之时我接受了先帝任命，从那时到现在已经二十一年了。

三顾茅庐

白帝城托孤

先帝知道我做事小心谨慎，所以临终时把国家大事托付给我。自从接受托孤的遗命以来，我日夜发愁、叹息，生怕先帝的托付我无法完成，损伤了先帝的知人之明，所以我在五月率兵渡过泸水，向南深入人烟荒芜之地征战。如今南方既已平定，武器装备也已充足，自然应当激励三军将士，再率军北伐，平定中原，或许拼尽我愚钝的才智，能铲除掉曹操这个奸贼，兴复汉室，让我蜀汉朝廷返回故都洛阳。这是我报答先帝并且为陛下尽忠的职责所在啊。至于权衡利弊、比较得失，毫无保留地直言进谏，那是郭攸之、费祎、董允他们的责任。

朗读原文

愿陛下托臣以讨贼兴复之效；不效，则治臣之罪，以告先帝之灵。若无兴德之言，则责攸之、祎、允等之慢，以彰其咎。陛下亦宜自谋，以咨诹(zōu)善道，察纳雅言，深追先帝遗诏。臣不胜受恩感激。今当远离，临表涕泣，不知所云。

实时翻译

希望陛下能够把讨伐曹贼、兴复汉室的任务交给我；如果我没能完成，就请您治我的罪，来告慰先帝的在天之灵。如果没有让您发扬圣德的建议，那就是郭攸之、费祎、董允的失职，责罚他们，让所有人都知道他们的过错。陛下您也应该自己多谋划考虑，询问治理国家的良策，考察并采纳好的建议，谨遵先帝临终时留下的教诲，我当感激不尽。如今老臣就要离开您踏上远征的路途，对着这份奏表忍不住老泪纵横，也不知说了些什么。

思维导图

作者信息

姓　　名：诸葛亮
　字　　：孔明
生　卒　年：不详
籍　　贯：河南南阳
高光时刻：协助刘备白手起家，建立蜀汉王朝

讲个故事

诸葛亮出身官宦之家,早年随叔父闯荡江湖,但未得志,后来就在隆中盖了间茅屋隐居起来。那时候刘备正值背运,屡战屡败,总结失败的原因才发现,自己没有一个靠谱的谋士。他四处求贤,终于打听到诸葛亮有经世之才,就想请他出山辅佐自己。为了见诸葛亮,刘备从城里到乡下来来回回跑了好多次。他求贤若渴的诚意最终感动了诸葛亮,诸葛亮就在隆中草庐为刘备描绘了未来几十年的发展蓝图:东联孙权、北抗曹操、西进巴蜀,以图三国鼎立之势。谁能想到,历史真的沿着诸葛亮指明的方向前进了几十年,诸葛亮居然以一人之力,引领了整个历史的发展。

多思考一点

"亲贤臣,远小人"是诸葛亮根据历史经验总结得出的关于治国用人的一条有益结论。国家用人如此,个人交朋友也应如此。我们应该多和德行高尚的人亲近,学习他们的优秀品质,远离品德不良的人,免得被他们腐化。

后出师表

> 鞠躬尽力，死而后已

出处 《默记》
作者 诸葛亮
创作年代 三国
坐标 《古文观止》卷六

助学小贴士

　　诸葛亮上《出师表》后随即出兵北伐，然而第一次北伐以失败告终。一年后，曹魏与东吴发生战事，魏军主力被调离关中，诸葛亮希望趁此时机再入北伐，但因为第一次失败，朝廷中有人并不支持他的主张，后主刘禅也不知如何是好。这时，诸葛亮为表决心，再上一篇出师表，被称为《后出师表》。

朗读原文

先帝虑汉、贼不两立，王业不偏安，故托臣以讨贼也。以先帝之明，量臣之才，固知臣伐贼，才弱敌强也。然不伐贼，王业亦亡，惟坐而待亡，孰(shú)与伐之？是故托臣而弗疑也。臣受命之日，寝不安席，食不甘味，思惟北征，宜先入南。故五月渡泸，深入不毛，并日而食。臣非不自惜也，顾王业不可得偏安于蜀都，故冒危难，以奉先帝之遗意也，而议者谓为非计。今贼适疲于西，又务于东，兵法乘劳，此进趋之时也。谨陈其事如左：

实时翻译

先帝认为蜀汉和曹贼不能并存，汉室基业不能一直偷安在偏远的蜀地，所以委任臣讨伐曹魏逆贼。以先帝的英明和他对臣能力的了解，自然知道臣要是去征讨曹贼能力微弱，而敌人实力强大。但是，不征讨曹贼，汉室基业一样是要败亡的，只不过是坐着等待灭亡，坐以待毙怎么比得上主动出击呢？因此先帝托付臣北伐大业时一点也没有犹疑。臣接受托付的这些日子，睡也睡不好，吃也吃不香，就想着北伐这件事，臣觉得要想北伐就得先平定南方，所以臣在五月率兵渡过泸水，深入蛮荒之地征讨，常常挨饿，几天才能吃上一天的饭。臣不是不爱惜自己，只是一想到汉室基业不能偏安在蜀地，就想要冒着危险去完成先帝的遗愿，可是有的朝臣说这不是上策。如今曹贼在西面正疲于对付叛军，在东面又要应付东吴的进攻，兵法上说要趁敌方劳困时发动进攻，现在就正是进军北伐的时机啊！我恭敬地把这件事向您汇报，如下：

朗读原文

高帝明并日月，谋臣渊深，然涉险被创，危然后安。今陛下未及高帝，谋臣不如良、平，而欲以长策取胜，坐定天下，此臣之未解一也。

刘繇(yáo)、王朗，各据州郡，论安言计，动引圣人，群疑满腹，众难塞胸；今岁不战，明年不征，使孙策坐大，遂并江东，此臣之未解二也。

实时翻译

汉高祖刘邦的英明可以和日月相比，他手下的谋臣也个个深谋远虑，但他还是经历了艰险，受过创伤，先遭遇危难然后才得天下安定。如今陛下您比不上高祖皇帝，您的谋臣也不如张良、陈平，却想靠着长期相持的战略来取胜，坐等天下平定。有些人有这样的想法，这是老臣不能理解的第一点。

刘繇、王朗，各自占有州郡，在讨论安定州郡的政策时，动不动就引用古代圣贤的话，搞得大家满腹疑虑，心中充满非议；结果今年不去征战，明年不去讨伐，让孙策变得强大起来，终于吞并了江东。有些人打算走他们的老路，这是老臣不能理解的第二点。

朗读原文

曹操智计，**殊**绝于人，其用兵也，仿佛孙、吴。然困于南阳，险于乌巢，危于**祁**(qí)连，逼于黎阳，**几**败北山，**殆**(dài)死潼关，然后**伪定**一时耳。况臣才弱，而欲以不危而定之，此臣之未解三也。

实时翻译

曹操的智谋和心计**远远**超出常人，他带兵打仗就像孙膑、吴起那样神妙，但是也曾在南阳受困、在乌巢遇险、在祁山遭难、在黎阳被攻，**几乎**惨败在北山，还**差一点**死在潼关，然后才**僭称**国号于一时。老臣的才能比不上曹操，有些人却想让我不历战争、不经艰险就平定天下，这是老臣不能理解的第三点。

朗读原文

曹操五攻昌霸不下，四越巢湖不成，任用李服而李服图之，委任夏侯而夏侯败亡。先帝每称操为能，犹有此失，况臣驽下，何能必胜？此臣之未解四也。

自臣到汉中，中间期年耳，然丧赵云、阳群、马玉、阎芝、丁立、白寿、刘郃、邓铜等及曲长、屯将七十余人，突将、无前、賨叟、青羌、散骑、武骑一千余人。此皆数十年之内所纠合四方之精锐，非一州之所有；若复数年，则损三分之二也，当何以图敌？此臣之未解五也。

实时翻译

曹操曾五次攻打昌霸而没能攻下，四渡巢湖而未成功；他任用李服，李服却密谋杀害他；他任用夏侯渊，夏侯渊却战败而死。先帝常常称赞曹操才能出众，可他还是有这些过失，况且老臣才能低下，怎么能保证一定取胜呢？有些人因顾虑北伐成败而不赞同出兵，这是老臣不能理解的第四点。

自从老臣进驻汉中到现在已经一年了，然而这一年之中就损失了赵云、阳群、马玉、阎芝、丁立、白寿、刘郃、邓铜等将领及曲长、屯将七十多人，突将、无前这些先头部队和賨叟、青羌少数民族的散骑和武骑等士卒一千多人。这些都是几十年时间里我军从各地积集起来的精锐力量，不是我蜀地一州所能得到的；如果再过几年，损失掉三分之二，那还拿什么去对付敌人呢？有些人却看不到这些，这是老臣不能理解的第五点。

朗读原文

今民穷兵疲,而事不可息;事不可息,则住与行,劳费正等。而不及今图之,欲以一州之地,与贼持久,此臣之未解六也。

夫难平者,事也。昔先帝败军于楚,当此时,曹操拊(fǔ)手,谓天下已定。然后先帝东连吴、越,西取巴、蜀,举兵北征,夏侯授首;此操之失计,而汉事将成也。然后吴更违盟,关羽毁败,秭(zǐ)归蹉(cuō)跌,曹丕称帝;凡事如是,难可逆见。臣鞠躬尽力①,死而后已。至于成败利钝,非臣之明所能逆睹也。

---

①注:后作"尽瘁"。瘁(cuì)劳累。

> **实时翻译**

如今虽然百姓贫穷、兵士疲累，但战争不可能停息；既然战争不能停息，那么防御和出击所耗费的军力、军费就一样多。既然如此，有些人不想着尽早出击，却想凭益州一地来防御、打持久战，这是老臣不能理解的第六点。

战事的成败是难于评判预测的。当年先帝在楚地打了败仗，曹操当时拍着手说天下局势已定。但是，后来先帝与东边的东吴联合，又夺取了西边的巴蜀之地，再出兵北伐，把夏侯渊的脑袋都砍了下来，这是曹操没有预料到的，而且复兴汉室的大业眼看就要成功。但是，这之后东吴又改变战略违背了盟约，关羽战败身亡，先帝伐吴在秭归遭到挫败，而曹丕称帝。凡事都是这样，难以预料。老臣只能竭尽全力，到死方休罢了。至于究竟成功还是失败，顺利还是困难，那不是老臣所能预见的啊。

讲个故事

从公元228年到234年，六年时间里诸葛亮领导了五次北伐战争，虽然屡遭失败，但他从不敢忘记先帝的嘱托和兴复汉室的大业。最后一次北伐，诸葛亮积劳成疾，在秋风萧瑟中带着遗憾病逝五丈原。唐朝的杜甫被诸葛亮的忠贞爱国之心感动，为这位"蜀相"写了一首诗：

蜀相

丞相祠堂何处寻，锦官城外柏森森。

映阶碧草自春色，隔叶黄鹂空好音。

三顾频烦天下计，两朝开济老臣心。

出师未捷身先死，长使英雄泪满襟。

多思考一点

"鞠躬尽力，死而后已"是源自《后出师表》而被千古传唱的名句，体现出作者忠心履职、为国献身的宝贵精神，读来令人肃然起敬。诸葛亮对所托之事负责到底的态度、对所托之人诚实守信的品质，历经千年仍熠熠生辉。

陈情表

◻ 百善孝为先

出处 《昭明文选》
作者 李密
创作年代 西晋
坐标 《古文观止》卷七；高中语文必修五

 助学小贴士

　　李密原本是蜀汉官员，蜀汉灭亡后，晋武帝司马炎听说他有孝老敬亲的美名，就想让他做太子洗马——这是辅佐太子的官职，可不是让他去给太子的马洗澡。然而李密几番推辞，最终写了这篇著名的《陈情表》，以尽孝为由，再次回绝了晋武帝。

朗读原文

臣密言：臣以险衅(xìn)，夙遭闵(mǐn)凶(sù)。生孩六月，慈父见背。行年四岁，舅夺母志。祖母刘，愍(mǐn)臣孤弱，躬亲抚养。臣少(shào)多疾病，九岁不行，零丁孤苦，至于成立。既无伯叔，终鲜(xiǎn)兄弟。门衰祚(zuò)薄，晚有儿息。外无期功强近之亲，内无应门五尺之童，茕(qióng)茕孑(jié)立，形影相吊。而刘夙婴疾病，常在床蓐(rù)。臣侍汤药，未曾废离。

实时翻译

臣李密陈言：臣命运悲惨，很早的时候就遭逢了丧亲之痛。臣刚出生六个月，臣那慈爱的父亲就撒手人寰，弃臣而去。臣四岁的时候，臣的舅父又强迫母亲改变了守节的初衷而另嫁他人。臣的祖母刘氏，可怜臣孤苦无依、弱小无助，便亲自抚养臣长大。臣小的时候经常生病，九岁时还不能走路，就这么孤苦伶仃地一直到成年自立。臣既没有叔伯，也没有兄弟，门庭衰落，福分浅薄，很晚才有了自己的子嗣。臣在外没有亲近的亲戚，在家没有看门的童仆，孤孤单单一个人的时候，只能和自己的影子倾诉衷肠。臣的祖母刘氏早已疾病缠身，常年卧床不起。臣侍奉她服用汤药，从来就没有间断或离开过。

朗读原文

逮奉圣朝，沐浴清化。前太守臣逵，察臣孝廉；后刺史臣荣，举臣秀才。臣以供养无主，辞不赴命。诏书特下，拜臣郎中，寻蒙国恩，除臣洗马。猥以微贱，当侍东宫，非臣陨首所能上报。臣具以表闻，辞不就职，诏书峻切，责臣逋慢；郡县逼迫，催臣上道；州司临门，急于星火。臣欲奉诏奔驰，则以刘病日笃；欲苟顺私情，则告诉不许。臣之进退，实为狼狈。

实时翻译

至圣朝建立，臣有幸沐浴在清明政治的教化中。先是太守逵，察举臣为孝廉；后来刺史荣又推举臣为秀才。臣因为无人奉养祖母，所以辞谢了举荐而没有赴任。谁知朝廷特地颁下诏书，授予臣郎中一职，没多久又蒙受皇恩，任命我为太子洗马。以臣卑微低贱的出身而得以担当侍奉东宫太子的要务，臣即使肝脑涂地也不足以报答朝廷的恩典。臣上表向您倾诉这些苦衷，推辞任命，但是诏书言辞冷峻，责备臣逃避怠慢；郡县长官催逼，命臣即刻上路；州县长官登门，比流星的光从空中急闪而过还要急迫。臣想要奉旨为陛下奔走效劳，奈何祖母刘氏的疾病一天比一天沉重；想要暂且侍奉祖母，奈何虽已陈情但不被允许。臣实在是进退两难，十分狼狈。

朗读原文

　　伏惟圣朝以孝治天下，凡在故老，犹蒙矜育。况臣孤苦，特为尤甚。且臣少仕伪朝，历职郎署，本图宦达，不矜名节。今臣亡国贱俘，至微至陋，过蒙拔擢，宠命优渥，岂敢盘桓，有所希冀？但以刘日薄西山，气息奄奄，人命危浅，朝不虑夕。臣无祖母，无以至今日；祖母无臣，无以终余年。母孙二人，更相为命，是以区区不能废远。臣密今年四十有四，祖母刘今年九十有六，是臣尽节于陛下之日长，报养刘之日短也。乌鸟私情，愿乞终养。

实时翻译

　　臣念及圣朝用孝道来治理天下，凡是在世的故旧老臣，尚且都受到怜恤赡养，况且臣之孤单凄苦比他们更厉害呢。臣年轻的时候曾做过伪朝蜀汉的郎官，本来就追求高官厚禄，不在乎什么名声节操。如今臣只是一个低贱的亡国俘虏，再卑微浅陋不过了，蒙受朝廷隆恩破格提拔，给予优厚的待遇，怎敢辞官不赴甚至有其他非分的想法呢？臣之所以请辞，只是因为祖母刘氏时日无多，她呼吸微弱，生命垂危，早上醒来都不知道能不能熬到晚上。如果没有祖母的养育，臣不可能活到今天；如果没有臣的照料，祖母也无法安度余年。我们祖孙二人相依为命，因此臣实在不忍弃养祖母而远赴朝廷做官。臣今年四十四岁，祖母刘氏九十六岁，这样看来，臣在陛下那里效命的日子还很长，而奉养祖母的日子已经不多了。臣怀着乌鸦反哺的孝心，乞求陛下准许我为祖母养老送终。

朗读原文

臣之辛苦，非独蜀之人士及二州牧伯所见明知，皇天后土，实所共鉴。愿陛下矜愍愚诚，听臣微志。庶刘侥幸，保卒余年。臣生当陨首，死当结草。臣不胜犬马怖惧之情，谨拜表以闻。

实时翻译

臣的辛酸苦楚，不仅蜀地百姓和益州、梁州的长官知道，就是天地神明也都可以见证。希望陛下能怜悯臣的愚孝诚心，满足臣微不足道的心愿，让臣侍奉祖母刘氏侥幸度完余生。臣活着自当肝脑涂地报效朝廷，死了也要结草衔环以报陛下隆恩。臣怀着犬马一样恐惧的心情，恭敬地呈上此表，恳请陛下悉知。

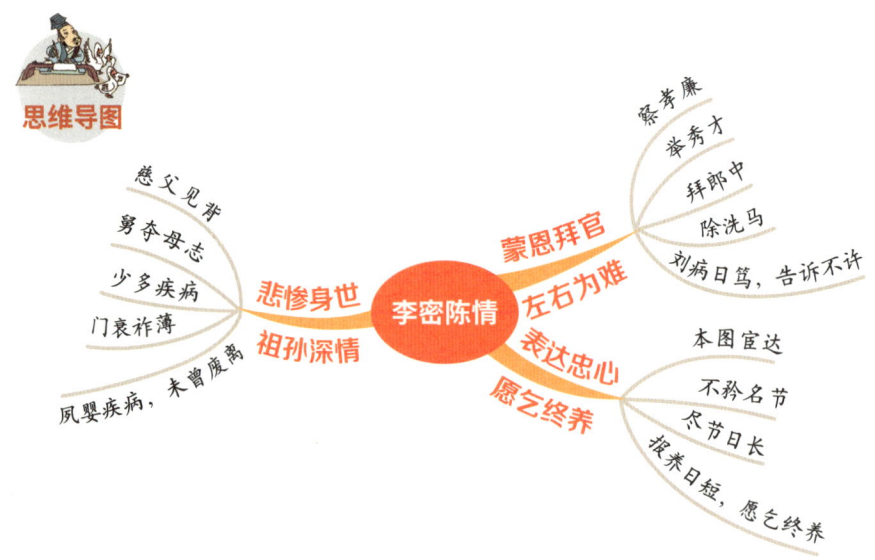

作者信息

姓　　名：李密（本名李虔）
字　　：令伯
生 卒 年：224—287 年
籍　　贯：犍为武阳
高光时刻：因孝老敬亲做《陈情表》名流千古

晋武帝为什么几次三番地非要重用李密呢？并不是因为李密有过人的才智和无双的才华，而只是晋武帝为了满足自己的政治需要。晋朝灭了蜀汉之后，东吴依然占据着江东。为了动摇并笼络东吴臣民之心，晋武帝必须对外做出胸怀宽广的样子，善待、重用蜀汉亡国之臣。而在对内方面，晋武帝采用以孝治天下的策略，他希望推行孝道来维持君臣关系，维护社会稳定。李密既是蜀汉的亡国之臣，又以孝闻名于世，同时满足了以上两个条件，自然就成了晋武帝眼中的香饽饽了。

古人常说"百善孝为先"，孝敬父母、孝老尊亲自古以来就是中华民族的传统美德。李密孝敬祖母的拳拳之心不仅感动了晋朝皇帝，更是流淌在历史和文学的长河里，感动了无数后人。

兰亭集序

> 是书法，也是文章

出处：《兰亭集》
作者：王羲之
创作年代：东晋
坐标：《古文观止》卷七；高中语文必修二

 助学小贴士

王羲之是中国古代著名的书法家，同时也是一个很会生活的人。他注重穿衣打扮，讲究膳食搭配，没事就喜欢写写毛笔字。小时候王羲之从老家山东搬到浙江，一下就爱上了江南美景，不愿离开。大概五十岁那年，他任会稽内史，呼朋引伴搞聚会，祓除疾病和霉运，与友人谢安、孙绰等四十一人会聚兰亭，饮酒赋诗，并把大家的作品编成了《兰亭集》。大家公推此次聚会的召集人、德高望重的王羲之写一序文，记录这次聚会，于是就有了著名的《兰亭集序》。

朗读原文

永和九年，岁在癸丑(guǐ)，暮春之初，会于会稽(kuài jī)山阴之兰亭，修禊(xì)事也。群贤毕至，少长咸集。此地有崇山峻岭，茂林修竹，又有清流激湍，映带左右。引以为流觞(shāng)曲水，列坐其次。虽无丝竹管弦之盛，一觞一咏，亦足以畅叙幽情。是日也，天朗气清，惠风和畅。仰观宇宙之大，俯察品类之盛，所以游目骋(chěng)怀，足以极视听之娱，信可乐也。

实时翻译

永和九年，正值癸丑，晚春时节的三月，我们在会稽郡山阴县的兰亭相聚，进行祈福驱邪的禊事。众多名流贤士都到齐了，老老少少欢聚一堂。这个地方山岭绵延，群峰高峻，林木茂盛，翠竹挺拔，又有清澈湍急的溪流相伴，将左右美景尽数倒映其中。我们将这淙淙溪水作为流觞的曲水，大家依次坐在曲水旁，有人在上游置酒杯于溪中，酒杯顺流而下，停在谁的面前谁就取杯饮酒作诗。虽然没有管乐齐鸣的盛况，但一杯酒一首诗，也足以让人们畅叙内心的情怀。那一天，天气晴朗，空气清新，柔和的微风吹得人既温暖又舒畅。抬头观览宇宙的浩大，低头俯瞰万物的众多，纵目四望之下顿感心胸无限开阔，这是视听所得欢娱的最高境界了吧，实在是令人愉快。

朗读原文

夫人之相与，俯仰一世，或取诸怀抱，晤(wù)言一室之内；或因寄所托，放浪形骸(hái)之外。虽取舍万殊，静躁不同，当其欣于所遇，暂得于己，快然自足，曾不知老之将至。及其所之既倦，情随事迁，感慨系之矣。向之所欣，俯仰之间，已为陈迹，犹不能不以之兴怀。况修短随化，终期于尽！古人云："死生亦大矣。"岂不痛哉！

实时翻译

人所拥有的，只是短暂的一生。有的人喜欢关注自己内心的想法，在斗室之中和朋友面对面地交流分享；有的人则喜欢寄情志于外物，自由自在地放荡生活。虽然人们的选择差异巨大，或沉静或活跃完全不同，但当他们遇到自己喜欢的事物或者有了一些心得时，都会感到高兴和满足，竟然连生死都会忘记。等到对喜爱的东西或心得感到厌倦，感情随着事物的变化而变化，感触和慨叹也随之产生。以前的欢欣转眼之间成为过去，尚且要引发心中的感触，况且寿命长短取决于命运且最后要归结于消亡呢。所以古人感慨说："死生是人生的大事啊。"想到这个问题，怎么能让人不心生悲痛？

朗读原文

每览（lǎn）昔人兴感之由，若合一契（qì），未尝不临文嗟悼（jiē dào），不能喻之于怀。固知一死生为虚诞，齐（shāng）彭殇为妄作。后之视今，亦犹今之视昔，悲夫！故列叙时人，录其所述。虽世殊事异，所以兴怀，其致一也。后之览者，亦将有感于斯文。

实时翻译

在读前人的文章时，每当他们所发的感慨和我的相符，我总难免要对着文章叹息，心里也不甚明白为什么。我现在读老庄知道把生和死同等看待是荒诞的、把长寿和短命同等看待是妄造的，我想后人看待今人，也像今人看待从前的人一样，会有不同的认识和理解！所以我记下与会的每个人，抄录下他们所作的诗篇，编成这本《兰亭集》。即便日后的时代和世事都会变得不同，但引发人们感触的情感是相通的。后世的读者，也将对这次集会的诗文有所感怀。

思维导图

兰亭集序

乐 · 因事而乐
- 永和九年,暮春之初 时间
- 会稽山阴之兰亭 地点
- 群贤毕至,少长咸集 人物
- 修禊事,曲水流觞 活动

悲 · 乐极而悲
- 乐而忘悲 不知老之将至
- 乐而生忧 感慨系之
- 乐终生悲 修短随化 终期于尽

和
- 把生命的价值寄托于千古文章之中
- 其致一也

作者信息

姓　　名：王羲之
字　　　：逸少
生 卒 年：321—379 年
籍　　贯：琅琊临沂
高光时刻：《兰亭集序》被誉为"天下第一行书",他则被称为"书圣"

讲个故事

　　王羲之被世人称为"书圣",谁都想要他的墨宝,可是一字难求,于是就有人动起了歪脑筋——偷他家的春联。这一年,王羲之在腊月二十九早早写好了春联贴在大门上,可是大年三十出门一看,春联早已不见了踪影。王羲之看春联如此抢手,知道即使自己再贴一份也还是会被偷,就想了一个主意,转身回家了。不一会儿新春联贴在了大门上,上联是"福无双至",下联是"祸不单行"。想偷春联的人一看这八个字太不吉利,便都乘兴而来、扫兴而归了。到了后半夜,王羲之悄悄出门在春联上补了几笔,结果第二天春联完全变了样,上联变成"福无双至今朝至",下联变成"祸不单行昨夜行"。看到的人无不拍手称赞。

多思考一点　　人生天地之间,若白驹之过隙,忽然而已。这句话的意思是说,人的寿命是极为短暂的,好像白马驰过狭窄的空隙,一闪即逝。既然生命如此短暂而宝贵,我们还有什么理由来浪费时间、浪费生命呢?奋斗吧,少年!

归去来兮辞

● 不为五斗米折腰

出处 《陶渊明集》
作者 陶渊明
创作年代 东晋
坐标 《古文观止》卷七；高中语文必修五

 助学小贴士

东晋安帝在位的时候，陶渊明为了养家糊口，到彭泽县当了县令。入冬后的一天，郡里派督邮到县里视察工作。督邮本是很低的官职，但视察结束回去汇报工作时，说好话还是坏话全凭他一张嘴，所以常常在基层作威作福。这次来的督邮，一到彭泽的旅舍就差县吏去叫陶渊明来参见他。陶渊明虽然看不上这种狐假虎威的人，但不得不去。他刚要动身，县吏又拦住他说："大人，参见督邮要穿正装！"陶渊明终于忍无可忍，说道："我不能为了五斗米向乡里小人折腰！"说完他就辞官回家，以后再未出仕。这篇《归去来兮辞》就是他这次辞官后所作。

朗读原文

归去来兮,田园将芜胡不归!既自以心为形役,奚惆怅而独悲!悟已往之不谏,知来者之可追,实迷途其未远,觉今是而昨非。舟摇摇以轻飏,风飘飘而吹衣。问征夫以前路,恨晨光之熹微。乃瞻衡宇,载欣载奔。僮仆欢迎,稚子候门。三径就荒,松菊犹存。携幼入室,有酒盈樽。引壶觞以自酌,眄庭柯以怡颜。倚南窗以寄傲,审容膝之易安。园日涉以成趣,门虽设而常关。策扶老以流憩,时矫首而遐观。云无心以出岫,鸟倦飞而知还。景翳翳以将入,抚孤松而盘桓。

实时翻译

回去吧,田园都快要荒芜了,为什么还不回去呢?既然是自己选择了让心灵被形体所奴役,为什么还要失意和伤悲?我知道过去的日子已经不可挽回,但未来的日子可以做出改变。我确实走入了迷途,还好走得不远,现在我终于想明白了今天的选择才是对的,而之前的决定是个错误。我踏上归途,船在水面上轻轻摇荡,微风阵阵,吹拂着我的衣裳。我问征夫前面还有多远,只恨幽暗的晨光照不清回家的路。终于远远地看到那简陋的家门,我忍不住欢欣一路奔跑过去。家僮欢快地迎接我,孩子们已在屋门口等候。院子里的小路淹没在一片荒草之中,松树和菊花还是原来的样子。我拥着孩子们走进屋里,看见桌上的酒杯已经盛满了香醇的美酒。我径自端起酒壶和酒杯,自斟自饮,欣赏着庭院中的树木,不觉露出笑容;我倚着南窗,不由想起当初治世的宏愿,现在才知道这狭小的院落更容易使我心安。回家后我每天在园中散步,成了一种乐趣,园子虽然有门却不常开,我就这么一个人拄着拐杖走走歇歇,不时抬头看看那悠远的蓝天。每到傍晚,丝丝缕缕的烟云悠然地从山间飘出,疲累的鸟儿也飞回了巢穴。夕阳即将落山,日光已然暗淡,我还手抚着孤松而徘徊不已。

朗读原文

归去来兮，请息交以绝游。世与我而相违，复驾言兮焉求？悦亲戚之情话，乐琴书以消忧。农人告余以春及，将有事于西畴。或命巾车，或棹孤舟，既窈窕以寻壑，亦崎岖而经丘。木欣欣以向荣，泉涓涓而始流。善万物之得时，感吾生之行休。

实时翻译

回去吧，就让我和这俗世断了一切往来。既然这浑浊的俗世与我不合，我再驾着车去追求又能求到什么？与亲友谈心使我轻松愉悦，以琴书为伴使我恬淡无忧。农人告诉我春天到了，我就去西边的田地里耕作。农闲时，我就乘着有篷的小车或者划着小船，去探索那幽深曲折的峡谷和高低不平的山丘，看到的总是欣欣向荣的树木和涓涓而淌的溪流。我羡慕万物能长久地享受这大好时光，不由想到自己的人生即将走向结束。

朗读原文

已矣乎！寓形宇内复几时，曷(hé)不委心任去留？胡为遑遑(huáng)欲何之？富贵非吾愿，帝乡不可期。怀良辰以孤往，或植杖而耘耔(yún zǐ)，登东皋(gāo)以舒啸，临清流而赋诗。聊乘化以归尽，乐夫天命复奚疑？

实时翻译

算了吧！我在这世上还能再活多久，为什么不顺从自己的内心选择去留？整日忙忙碌碌担惊受怕地想要得到什么呢？荣华富贵不是我想要的，得道成仙也不可能实现。我想要的只是一个人享受美好的时光，扶着拐杖在田地里除草培苗，登上东边的山坡放声长啸，傍着清清的溪流自在吟诗。接受天命的安排，顺应自然的变化走到生命的尽头，还有什么可犹疑的呢？

思维导图

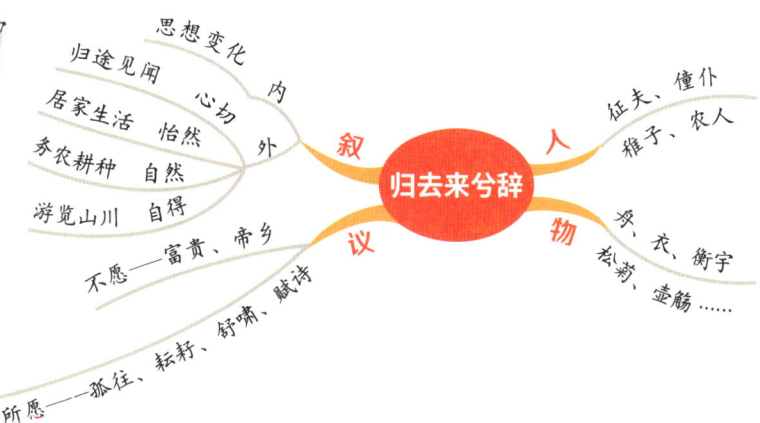

作者信息

姓　　名：陶渊明
字／号：字元亮，号五柳先生
生 卒 年：365—427年
籍　　贯：浔阳柴桑
代表名句：采菊东篱下，悠然见南山
高光时刻：作《归去来兮辞》，解印辞官，归隐田园，饮酒作诗，开创田园诗一派

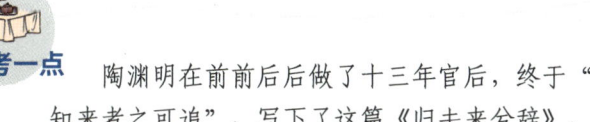

多思考一点

陶渊明在前前后后做了十三年官后，终于"悟已往之不谏，知来者之可追"，写下了这篇《归去来兮辞》，以表自己和过往决裂并开启美好生活新篇章的决心。有时候，只有放下了外在的羁绊，才能获得心灵的自由。

桃花源记

○ 失落的人间乐土

出处 《陶渊明集》
作者 陶渊明
创作年代
坐标 东晋
《古文观止》卷七；初中语文八年级上册

助学小贴士

　　东晋时期，军阀连年混战，赋税徭役繁重，人民生活苦不堪言。陶渊明虽然归隐田园，但良知让他无法真正做到对社会的黑暗视而不见。在刘裕杀死晋恭帝取而代之建立南朝宋政权后，他对社会的不满已经到了不吐不快的程度，只好借助创作来抒发胸臆，以寄托自己的政治理想与美好愿望。《桃花源记》大概就是因此而诞生的吧。

朗读原文

　　晋太元中，武陵人捕鱼为业。缘溪行，忘路之远近。忽逢桃花林，夹岸数百步，中无杂树，芳草鲜美，落英缤纷。渔人甚异之，复前行，欲穷其林。

实时翻译

　　东晋太元年间，武陵郡有个人以打鱼为生。有一天他沿着溪水行船，不知道走了多远，忽然看见一片桃花林生长在溪水的两岸，绵延有几百步那么远，桃林中没有一棵其他的树，散发着清香的小草鲜嫩美丽，粉艳的桃花一片片坠落在绿草之上。渔人看到在这僻野之外有这么大一片桃林，感到十分诧异，就继续往前行船，想寻到桃林的尽头。

朗读原文

林尽水源，便得一山，山有小口，仿佛若有光。便<u>舍船</u>，从口入。初极狭，才通人。复行数十步，豁然开朗。土地平旷，屋舍<u>俨然</u>(yǎn)，有良田、美池、桑竹<u>之属</u>。阡陌(qiān mò)<u>交通</u>，鸡犬相闻。其中往来种作，男女衣着，悉如外人。黄发垂髫(tiáo)，并怡然自乐。

见渔人，乃大惊，问所从来，<u>具</u>答之。便<u>要</u>(yāo)还家，设酒杀鸡作食。村中闻有此人，<u>咸</u>来问讯。自云先世避秦时乱，率妻子邑人来此<u>绝境</u>，不复出焉，遂与外人<u>间隔</u>。问今是何世，乃不知有汉，<u>无论</u>魏晋。此人一一为具言所闻，皆叹惋。余人各复<u>延</u>至其家，皆出酒食。停数日，辞去。此中人语云："不足为外人道也。

实时翻译

桃林绵延到溪水的源头就没有了，这里有一座山，山上有个小洞口，洞里好像还有光亮。于是渔人<u>离船</u>上岸，从洞口钻了进去。开始的时候洞里很窄，勉强可以让一个人通过；又走了几十步，渔人的眼前突然变得开阔明亮——一大片土地平坦广阔，一排排房屋<u>整齐有序</u>，还有肥沃的田地、美丽的池沼、桑树竹林<u>之类</u>，田间小路<u>交错相通</u>，鸡鸣狗叫此起彼伏。人们在田野里来来往往耕种劳作的样子和男男女女的衣着打扮，跟外面的世人完全一样。老人和小孩都高高兴兴，自得其乐。

村子里的人看见了渔人，非常惊讶，问他是哪里来的，渔人一一做了回答。那个人就邀请渔人到自己家里去做客，摆了酒、杀了鸡做饭来款待他。村里其他人听说来了一个外人，都来打听消息。他们说他们的祖先为了躲避秦时的战乱，领着妻子儿女和乡亲们来到了这个与世隔绝的地方，然后再没出去过，于是就跟外面的人断绝了往来。他们问渔人现在是秦朝第几代皇帝当政，竟然不知道有过汉朝，更不要说魏和晋了。渔人把自己知道的事都详细地告诉了他们，他们听了以后都感叹不已。其他人又各自把渔人请到自己家中，摆酒做饭款待他。渔人停留了几天，然后向村里人告辞离开。村里的人说："我们这个地方不值得跟外面的人说起啊。"

朗读原文

既出，得其船，便扶向路，处处志之。及郡下，诣太守，说如此。太守即遣人随其往，寻向所志，遂迷，不复得路。

南阳刘子骥，高尚士也，闻之，欣然规往。未果，寻病终。后遂无问津者。

实时翻译

渔人出来以后找到了他的船，就顺着来时的路往回走，沿途处处都做了标记。一回到武陵郡里，他就去拜见太守，说了这些情况。太守立即派人跟着他去查访，他们寻找之前所做的标记，却还是迷失了方向，再也找不到通往桃花源的路了。

南阳人刘子骥是个志向高洁的隐士，他听说了这件事，高兴地打算前往探访，但也没有找到，不久就因病去世了。此后再也没有去探寻桃花源的人了。

思维导图

多思考一点　陶渊明为我们描绘的亦幻亦真的桃花源，与当时战乱频繁的社会现实相比，可以说是人间一片宝贵的乐土。由对这片乐土的向往，很容易想见战争给人类带来的创伤有多么巨大。只有人人都珍惜和平，战争才能远离，和平才有希望。

五柳先生传

◘ 质朴而醇美的人生自传

出处	《陶渊明集》
作者	陶渊明
创作年代	东晋
坐标	《古文观止》卷七

助学小贴士

  陶渊明为生活所迫，二十岁时开始了他的游宦生涯，这之后他时而为官时而归田，断断续续为官十三载，终于不堪社会和吏治的黑暗，归隐田园。这篇《五柳先生传》其实是作者为自己写的自传，它所塑造的独立于世俗之外的隐士形象，它所赞美的不慕荣利、安贫乐道的精神，它所褒扬的不与世俗同流合污的高尚品德与节操，不正是陶渊明自己人生的写照吗？

朗读原文

先生不知何许人也，亦不详其姓字，宅边有五柳树，因以为号焉。闲静少言，不慕荣利。好读书，不求甚解，每有会意，便欣然忘食。性嗜酒（shì），家贫，不能常得。亲旧知其如此，或置酒而招之。造饮辄（zhé）尽，期在必醉；既醉而退，曾不吝情去留。环堵萧然，不蔽风日；短褐穿结，箪（dān）瓢屡空；晏如也。常著文章自娱，颇示己志。忘怀得失，以此自终。

赞曰：黔（qián）娄之妻有言："不戚戚于贫贱，不汲汲（jí）于富贵。"其言兹若人之俦（chóu）乎？衔觞（yú）赋诗，以乐其志，无怀氏之民欤？葛天氏之民欤？

实时翻译

　　有一位先生不知道他是哪里人，也不清楚他的姓氏和名字。因为他的住所旁边有五棵柳树，他就借此为号，自称"五柳先生"了。他悠闲沉静，很少讲话，不爱慕荣华富贵。他喜欢读书，但不愿在一字一句上过分深究；每当对书中所言有所感悟，就会高兴得连饭都忘了吃。他打骨子里爱喝酒，但因为家里穷经常没酒喝。亲戚朋友知道这一点，有时会摆了酒席叫他去喝。他去喝酒就喝个尽兴，总想要一醉方休；喝醉了就回家，竟也能毫不留恋，说走就走。他的家，家徒四壁，挡不住寒风和烈日；他的粗布短衣破了又缝缝补补，盛饭的篮子和装水的水瓢里也经常是空的，可他还是安然自得。他常写文章来自娱自乐，很能反映出他的志趣。他从不把得失放在心上，想就这样过完自己的一生。

　　评论：战国时期，齐国有名的隐士稷下先生的妻子曾说过这样的话："不因贫贱而忧愁，不为富贵而营求。"说的大概就是五柳先生这类人吧？一边喝酒一边作诗，为自己的志向感到无比快乐。不知道他是无怀氏时代的人呢，还是葛天氏时代的人呢？

思维导图

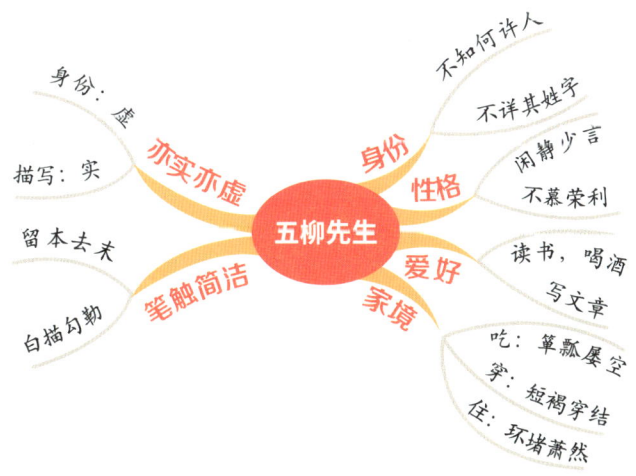

89

多知道一点

文人的雅号

号,是指中国古代人于名、字之外的自称,可用作文章、书籍、字画的署名。起号之风,大概在春秋战国时就有了。像"老聃""鬼谷子"等,可视为中国最早的号。东晋时陶渊明自号"五柳先生",南北朝时更多的人开始给自己起号,到了唐宋时期起号成风,元明清则达鼎盛——不但人人有号,而且一个人可以有许多号。常见的号有××先生、××居士、××翁、××山人、××散人等,如唐代诗人李白号青莲居士、陆游号放翁,写《西游记》的吴承恩号射阳山人,写《三国演义》的罗贯中号湖海散人。

多思考一点

一篇百余字的短文,只经简单地勾画,便生动刻画出超凡脱俗、豁达不羁的陶渊明,让"闲静少言、不慕荣利"变成后人内心不自觉的追寻。无论何时何地,保持一颗纯真的心,秉持一份安贫乐道的精神,都会是快乐的源泉。

谏太宗十思疏

○ 唐太宗的明镜

出处 《全唐文》
作者 魏徵
创作年代 唐
坐标 《古文观止》卷七

助学小贴士

唐太宗李世民算得上封建时代年轻有为的好皇帝。他打天下时作战英勇、屡建奇功；守天下时艰苦朴素、勤政爱民。经过他几十年的治理，唐王朝呈现出经济繁荣、百姓富裕的兴盛景象。但取得了一些成绩后，唐太宗开始有些飘飘然起来，他大修宫殿、广求珍宝，还挥金如土地花着公费到处旅游，把勤俭节约的美德都抛到了脑后。魏徵对此极为忧虑，于是呈上了这份《谏太宗十思疏》——"十思"即十条值得深思的情况——劝谏太宗居安思危，戒奢以俭。唐太宗看了这份奏章，猛然警醒，痛改前非，还把这篇文章置于案头，奉为座右铭。

朗读原文

臣闻：求木之长者，必固其根本；欲流之远者，必浚(jùn)其泉源；思国之安者，必积其德义。源不深而望流之远，根不固而求木之长，德不厚而思国之安：臣虽下愚，知其不可，而况于明哲乎！人君当神器之重，居域中之大，不念居安思危，戒奢以俭，斯亦伐根以求木茂，塞源而欲流长也。

凡昔元首，承天景命，善始者实繁，克终者盖寡。岂取之易，守之难乎？盖在殷忧，必竭诚以待下；既得志，则纵情以傲物。竭诚，则胡越为一体，傲物，则骨肉为行路。虽董之以严刑，振之以威怒，终苟免而不怀仁，貌恭而不心服。怨不在大，可畏惟人。载舟覆舟，所宜深慎。

实时翻译

臣听说：想要树木长得高大，一定要**稳固**它的根系；想要泉水流得长远，一定要**深挖**它的源头；想要国家长治久安，一定要厚积恩德仁义。源头不深却**希望**泉水流得长远，根系不牢却想要树木长得高大，恩德不深却想要国家长治久安：臣虽然卑下愚笨，也知道这是不可能的，更何况像您这样英明睿智的人呢！国君肩负着帝王之业的重任，处在天地间最尊贵的地位，如果不在安逸的时候想着可能来临的危难，用厉行节俭来戒除奢侈，也就如同挖断树根还想要树木长得茂盛、堵塞源头还想要泉水流得长远啊。

所有自古以来的帝王，都是听从上天的安排而被授予王权之位，他们之中，最初做得好的确实**很多**，但**能够**始终如一、坚持到底的大概就**很少**了。难道是因为打天下容易而守天下难吗？君主如果身处**深重的忧患**之中就一定会诚心诚意地对待臣民，而一旦取得成功、心满意足就会变得放纵任性、目中无人。如果诚心诚意对待臣民，那么即使是北方的胡人和南方的越人也能亲如一家；如果放纵任性、目中无人，那么即使是骨肉亲人也会变得形同陌路。在后一种情况下，即使用严酷的刑罚来**督责**人，用威严和盛怒来**震慑**人，人们最后也只会寻求一时免于刑罚而不会感念国君的仁德，虽然表面恭敬内心里却不悦服。不管对国君有没有怨恨，百姓都是需要敬畏的。他们像水一样能负载船只，也能颠覆船只，应当特别谨慎地对待。

朗读原文

　　诚能见可欲，则思知足以自戒；将有作，则思知止以安人；念高危，则思谦冲而自牧；惧满盈，则思江海下百川；乐盘游，则思三驱以为度；忧懈怠（xiè dài），则思慎始而敬终；虑壅（yōng）蔽，则思虚心以纳下；惧谗邪，则思正身以黜（chù）恶；恩所加，则思无因喜以谬（miù）赏；罚所及，则思无以怒而滥刑。总此十思，弘（hóng）兹九德，简能而任之，择善而从之，则智者尽其谋，勇者竭其力，仁者播其惠，信者效其忠。文武并用，垂拱而治。何必劳神苦思，代百司之职役哉！

实时翻译

　　见到渴求的东西时，就要想到用知足的念头来自我克制；将要大兴土木时，就要想到适可而止让百姓安定生活；念及帝位高高在上时，就要想到谦虚谨慎而加强自我约束；害怕骄傲自满时，就要想到应像江海那样容纳百川；享受狩猎游乐时，就要想到一年只能三次的法度；担心松懈懒惰时，就要想到做事情要慎始而有终；忧虑言路堵塞而受蒙蔽时，就要想到虚心采纳臣下的意见；害怕朝中有谗佞奸邪之人时，就要想到端正自身以罢免奸邪；施予恩泽时，就要想到不应因一时高兴而不当奖赏；动用刑罚时，就要想到不应因一时愤怒而滥用刑罚。如果能全面做到以上十个方面，弘扬圣贤所奉行的九种美德，选拔任用有才能的人，听从正确的意见，那么聪慧的人就会献出他所有的智谋，勇敢的人就会使出他全部的力量，仁爱的人就会广泛散播他的恩惠，诚信的人就会尽忠报效他的国家。像这样，文臣武将同时得到重用，国君垂衣拱手就能治理好天下了，哪里还用得着自己劳神费思地代替臣下管理职事呢！

思维导图

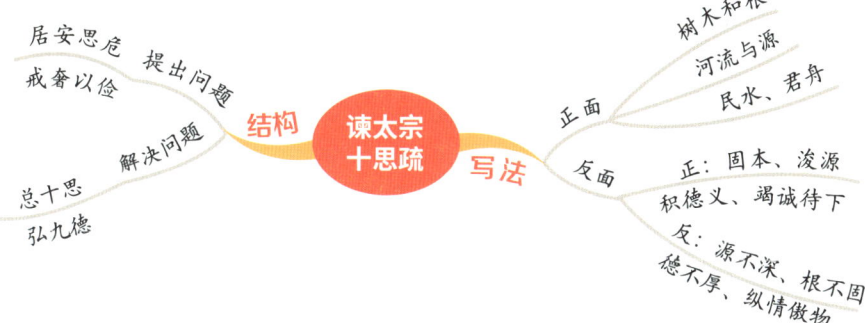

作者信息

姓　　名：魏徵
　字　　：玄成
生　卒　年：580—643年
籍　　贯：巨鹿曲阳
高光时刻：直言进谏，辅佐唐太宗共创"贞观之治"

多思考一点

唐太宗李世民在取得优异成绩之后逐渐骄傲自满，生活日趋奢靡，忠臣魏徵因此而提出居安思危、戒奢以俭的主张。圣贤英明的唐太宗尚且会犯这种错误，我们更应该引以为戒，戒骄戒躁，踏踏实实做好眼前的每一件事。

讲个故事

魏徵和唐太宗是一对铁杆搭档,他们一个是忠臣,一个是明主,一个敢说,一个肯听,在历史上留下了一段君臣佳话。魏徵开始时是太子李建成的部下,还曾多次劝谏李建成把二弟李世民安排到一个鸟不拉屎的地方去,结果李建成没有听,在玄武门之变中被杀身亡。李世民抓来魏徵问他为什么要这么做,魏徵直言:"他要是早听我的也不会有今天!"李世民见魏徵是个硬骨头,就赦免了他,还把他留在自己身边,和他成了好朋友。魏徵前前后后因两百多件事给李世民挑过毛病,李世民都一一接受。魏徵死后,李世民说:"把人作为镜子,可以看清自己的得失。现在魏徵去世,我少了一面镜子啊。"

为徐敬业讨武曌檄

○ 慷慨激昂的战争动员令

出处：《骆临海集》
作者：骆宾王
创作年代：唐
坐标：《古文观止》卷七

助学小贴士

自古以来皇帝都是由男子来做，但偏偏就有一位奇女子要打破这个潜规则，自己做皇帝，而且竟真的实现了！这个奇女子就是中国历史上唯一的女皇帝武则天。公元684年，武则天凭借皇太后的身份把刚登基的唐中宗李显降级处理贬为庐陵王，另立新帝，自己临朝称制，称帝的野心暴露无遗。面对这种局面，大臣徐敬业以勤王救国为名起兵讨伐武则天。为了获得舆论的支持，他命骆宾王写一篇声讨武则天的"通讯稿"，就是这篇《为徐敬业讨武曌檄》。

朗读原文

伪临朝武氏者，性非和顺，地实寒微。昔充太宗下陈，曾以更衣入侍。洎(jì)乎晚节，秽(huì)乱春宫。潜隐先帝之私，阴图后房之嬖(bì)。入门见嫉，蛾眉不肯让人；掩袖工谗(huì dí)，狐媚偏能惑主。践元后于翚翟(huī dí)，陷吾君于聚麀(yōu)。加以虺(huǐ)蜴为心，豺狼成性，近狎(xiá)邪僻，残害忠良，杀姊(zǐ)屠兄，弑(shì)君鸩(zhèn)母。人神之所同嫉，天地之所不容。犹复包藏祸心，窥窃(kuī)神器。君之爱子，幽之于别宫；贼之宗盟，委之以重任。呜呼！霍子孟之不作(zuò)，朱虚侯之已亡。燕啄皇孙，知汉祚(chí)之将尽；龙漦(chí)帝后，识夏庭之遽(jù)衰。

实时翻译

非法把持朝政的武氏，本性不善，门第出身更是贫寒卑贱。最初她只是太宗皇帝后宫里位份很低的妾婢，趁着为太宗换衣服的机会而得到宠幸。到后来，她不顾伦常又与太子李治有了暧昧关系。她对高宗李治悄悄隐瞒了先帝和她的那段私情，为的就是暗地谋取在宫中的专宠地位。凡是被选进宫里的妃嫔都遭到她的嫉恨，她凭着自己的美貌不让任何人分去皇帝的宠爱；她擅长说坏话，挑拨离间，可偏偏像狐狸精那样妖媚，把皇帝迷得晕头转向。终于有一天她穿着华丽的礼服登上了皇后的宝座，置高宗皇帝于背德乱伦的不义境地。她还蛇蝎心肠、凶残成性、宠信奸臣、残害忠良、杀姐害兄、弑君毒母，简直是人神共愤、天地不容！更可恨的是，她居然包藏祸心，企图夺取皇位。先皇的爱子被她幽禁在其他地方，而她的亲族和党羽却都在朝堂上被委以重任。唉！像霍光那样辅佐三朝国君的忠臣不再出现，像朱虚侯刘章那样诛杀外戚匡扶大统的宗室也不见踪影。

汉成帝时，赵飞燕入宫为后，疯狂残害皇子，人们就知道西汉的皇统将要结束；夏朝末年，两条神龙降落在朝廷留下龙涎，**标志**着夏王朝的**迅速**衰亡。大唐基业如今也危在旦夕啊！

朗读原文

敬业皇唐旧臣，公侯**冢(zhǒng)子**。**奉**先君之成业，**荷**本朝之厚恩。宋微子之兴悲，良有**以**也；袁君山之流涕，岂徒然哉！**是用**气愤风云，志安社稷(jì)。因天下之失望，顺宇内之**推(yuán)心**，爰举义旗，以清妖孽(niè)。南连百越，北尽三河，铁骑成群，玉轴相接。海陵红粟，仓储之积靡(mǐ)穷；江浦黄旗，匡复之功何远？**班声动**而北风起，剑气冲而南斗平。**喑(yīn)呜**则山岳崩颓，**叱咤(chì zhà)**则风云变色。以此制敌，何敌不**摧**？以此图功，何功不**克**？

实时翻译

本人徐敬业是大唐的老臣，英国公家里的**嫡长子**，**侍奉**高宗建立功业，**蒙受**着本朝厚重恩典。宋微子是商王帝乙的长子、商纣王的长兄，他路过殷墟为故国的覆灭而悲哀，确实是情有可原的；袁安一生力抗窦太后一族，辅佐幼帝时因为外戚专权每谈及国事而流泪，难道毫无作用吗？**因此**我愤然而起，搅动风云，立志要安定大唐江山。依随着天下百姓失望的情绪，顺应着举国民众的**人心所向**，我高举起正义的旗帜，要消灭武曌这个妖孽。南至百越之地，北到中原诸郡，我们的队伍战马成群、战车相接。我们的仓库里，海陵产的粟米堆放多年都变成了红色，军粮无穷无尽；大江两岸黄色的旗子高高飘扬，匡扶大唐正统的伟业还会远吗？**战马嘶鸣**掀起烈烈北风，剑气上冲直达南天星斗。将士**悲咽**让山岳崩塌，兵卒**怒吼**令风云变色。凭这些来对付敌人，有什么敌人不能**打垮**！凭这些来建功立业，有什么功业不能**实现**！

朗读原文

公等或居汉地，或叶(xié)周亲，或膺(yīng)重寄于话言，或受顾命于宣室。言犹在耳，忠岂忘心？一抔(póu)之土未干，六尺之孤何托！倘能转祸为福，送往事居，共立勤王之勋(xūn)，无废大君之命，凡诸爵赏，同指山河。若其眷(juàn)恋穷城，徘徊(pái huái)歧路，坐昧(mèi)先几(jǐ)之兆，必贻(yí)后至之诛(zhū)。请看今日之域中，竟是谁家之天下！

实时翻译

诸位或是世代封疆裂土的王侯，或是血浓于水的皇室至亲，或是负有嘱托、肩负重任的将领，或是领受遗命辅佐朝政的重臣。先帝说过的话还在耳边回响，怎能就忘却了自己的一片忠心？先帝坟头的土尚且没有干透，年幼的君主竟已不知托付给谁？如果能力挽狂澜，变祸为福，在辅佐先帝之后再助当今圣上重掌大权，一起建立匡救王室的功勋，不辜负先帝的遗命，那么一定会得到各种封爵赏赐，我可以指着山河发誓。如果有谁死守着孤立无援的城池对抗勤王大军，在该做出选择的关键时刻犹疑不决，看不清天下大势的走向，一定会在事后得到最严厉的惩罚。请诸位看清楚现在的天下到底是谁家（李家还是武家）的天下！

思维导图

作者信息

姓　　名：骆宾王
　字　　：观光
生　卒　年：约 640—约 684 年
籍　　贯：婺州义乌
高光时刻：七岁作千古名篇《咏鹅》，位列"初唐四杰"

讲个故事

骆宾王自幼就以文学神童而闻名于世，相传小学课本中的必背诗篇《咏鹅》就是他在七岁的时候所写。长大后的骆宾王一直是一个正义感爆棚的文学愤青，他曾因为看不惯好友卢照邻对一个女孩子始乱终弃而写长诗《艳情代郭氏答卢照邻》，痛斥男主朝三暮四、移情别恋，让卢照邻颜面扫地。这回赶上徐敬业请他撰写檄文讨伐想要篡唐自立的武则天，自然是感由心发、不遗余力，以至于武则天读到这篇痛骂自己的文章时都忍不住觉得这是一篇惊天地、泣鬼神的好文章，追问这是出自谁的手笔。有人告诉她说这是骆宾王所写后，武则天感叹道："这么好的人才，没能为我所用，这是宰相选贤任能的失职啊！"

多思考一点

曹操曾被陈琳所写的讨贼檄文痛骂，但他说这一篇文章抵得上十万大军；鲁迅先生当年留学日本，却最终选择弃医从文、以笔为刀。其实他们看重的，都是舆论导向的价值。善于营造有利的舆论导向，是获得成功的一大助力。

滕王阁序（节选）

> 千古第一骈文

出处 《王子安集》
作者 王勃
创作年代 唐
坐标 《古文观止》卷七；高中语文必修五

助学小贴士

王勃和骆宾王一样，也是神童级人物。他九岁时读古文献学大师的著作，竟然挑出了一大堆错误，写满了十卷"错题本"，还出版成了《指瑕》一书；十四岁就给"当朝总理"写信提出治国建议，被誉为神童；十六岁就走上了七品官员的领导岗位。不过大概因为走上领导岗位过早、心智还不成熟的缘故，王勃先后两次犯了错误：一次是看两个王爷斗鸡，一时兴起写了一篇"檄文"，被皇帝认为挑拨兄弟反目，把他逐出了长安。另一次更严重，他杀了一个官奴，这可是死罪，还连累他老爸被贬官贬到了南荒之地。幸而他又赶上了天下大赦，得以脱罪。受了这两次打击后，王勃不想当官了，他要找老爸去。就是在去往老爸任所的路上，他不早不晚地路过了滕王阁，于是就有了这篇千古第一骈文的横空出世！

朗读原文

南昌故郡，洪都新府。星分翼、轸(zhěn)，地接衡、庐。襟三江而带五湖，控蛮荆而引瓯(ōu)越。物华天宝，龙光射牛斗之墟；人杰地灵，徐孺(rú)下陈蕃之榻。雄州雾列，俊采星驰。台隍枕夷夏之交，宾主尽东南之美。都督阎公之雅望，棨(qǐ)戟遥临；宇文新州之懿(yì)范，襜帷(chān wéi)暂驻。十旬休暇，胜友如云；千里逢迎，高朋满座。腾蛟起凤，孟学士之词宗；紫电清霜，王将军之武库。家君作宰，路出名区；童子何知，躬逢胜饯(jiàn)。

实时翻译

南昌在汉代是豫章郡的首府，如今则是洪州都督府的所在。它在天上对应着翼、轸二星的分野，在地上连接着衡、庐两座名山，以三条大江作为衣襟，把五大湖泊当成衣带，向西控制着荆楚之地，向东连接着闽越之土。这里有物类的精华、天然的珍宝，丰城宝剑的光芒曾直冲牛、斗二星之间；这里人物杰出、大地灵秀，豫章太守陈蕃从不待客，却专为南昌名士徐孺设下榻几。洪州境内，雄伟的群山，如重重浓雾浮列在大地之上；杰出的人才，像繁星众多而层出不穷。在这蛮夷和华夏文明交界之地的南昌城里，今天来的主人和宾客可全都是东南地区享誉美名的人物。主人阎伯屿都督，素来享有崇高的声望，大排仪仗、不远千里来到洪州保境安民；我还知道曾经还有一位复姓宇文的新州刺史也是美德的楷模，赴任途中在此停留。今天正逢十日一次的休假，在主人的邀请下，好朋友们不远千里来到这里聚会，益友如云，高朋满座。来宾中既有像孟学士这样的文坛巨匠，他的文章，辞采有如蛟龙腾空、凤凰飞舞；又有像王将军这样的勇武将领，他的军营武库里藏有像紫电、青霜一样锋利的宝剑。只有我年少无知，只因要探望远在交趾做县令的父亲，偶经这座名城，想不到竟有幸能参加这次盛会。

朗读原文

时维九月,序属三秋。潦(liáo)水尽而寒潭清,烟光凝而暮山紫。俨骖(yǎn cān)騑(fēi)于上路,访风景于崇阿;临帝子之长洲,得仙人之旧馆。层峦耸翠,上出重霄;飞阁流丹,下临无地。鹤汀凫(tīng fú zhǔ)渚,穷岛屿之萦(yíng)回;桂殿兰宫,即冈峦之体势。披绣闼(tà),俯雕甍(méng),山原旷其盈视,川泽盱(xū)其骇瞩(hài zhǔ lǔ)。闾阎扑地,钟鸣鼎食之家;舸(gě)舰弥津,青雀黄龙之轴。虹销雨霁(jì),彩彻云衢(qú)。落霞与孤鹜(wù)齐飞,秋水共长天一色。渔舟唱晚,响穷彭蠡(lǐ)之滨;雁阵惊寒,声断衡阳之浦(pǔ)。

实时翻译

时当九月,已入深秋。雨季已经过去,冷冽的潭水沉淀得清澈明净,天空中如烟的云霞仿佛凝固一般,暮霭中连绵的山峦映现一片暗紫。我怀着恭敬之心,乘着马车行驶在上山的路上,一路上欣赏着山川如画的风景,来到了昔日滕王喜爱的长洲,登上了这为仙人而建的高楼。凭栏而望,层层叠叠的山峦一片青翠,耸入云霄;凌空的阁道,丹漆鲜艳欲流,犹如飞翔在天空,向下竟已看不到地面。白鹤停歇的浅滩、野鸭休憩的小洲,让岛岸的纡曲回环之势一览无余;华美的宫殿,依随着山峦的起伏点缀其中。推开彩饰的阁门,目光向下越过雕花的屋脊,只见峰原相映大地尽收眼底,湖川曲折美景令人震撼;遍地里巷宅舍,有许多富贵人家;满港楼船巨舰,尽画着青雀黄龙。雨停了,彩虹也慢慢消失,阳光从云间透射出来。渐渐地,晚霞映红了天空,如火的天空中只有一只孤雁飞翔的身影。浩淼的江水和辽阔的天空在地平线的尽头融成一体,浑然一色。渔舟中传出阵阵歌声,响彻彭蠡湖滨,雁群突然间惊觉秋夜的寒意,声声啼鸣,啼声终在衡阳山下消失于夜色之中。

朗读原文

遥吟俯畅，逸兴遄飞。爽籁发而清风生，纤歌凝而白云遏。睢园绿竹，气凌彭泽之樽；邺水朱华，光照临川之笔。四美具，二难并。穷睇眄于中天，极娱游于暇日。天高地迥，觉宇宙之无穷；兴尽悲来，识盈虚之有数。望长安于日下，目吴会于云间。地势极而南溟深，天柱高而北辰远。关山难越，谁悲失路之人？萍水相逢，尽是他乡之客。怀帝阍而不见，奉宣室以何年？

……

呜呼！胜地不常，盛筵难再。兰亭已矣，梓泽丘墟。临别赠言，幸承恩于伟饯；登高作赋，是所望于群公。敢竭鄙诚，恭疏短引。一言均赋，四韵俱成。

　　滕王高阁临江渚，佩玉鸣鸾罢歌舞。

　　画栋朝飞南浦云，朱帘暮卷西山雨。

　　闲云潭影日悠悠，物换星移几度秋。

　　阁中帝子今何在？槛外长江空自流。

实时翻译

　　远望咏歌、登高赏景，让人心情舒畅，逸致豪情翻滚在胸中。宴会开始，清脆爽朗的音乐响起，引来清风徐徐；轻柔美妙的歌声飘荡，听得白云停步。在座嘉宾，好似梁王睢园绿竹客，人人善饮，远超彭泽县令陶渊明；又如曹植赴邺咏荷花，个个能文，胜过临川内史谢灵运。难得啊！良辰、美景、赏心、乐事四件美事凑在一起，贤主和嘉宾难得聚齐！向天空极目远眺，在这闲暇的日子尽情欢娱。天地高远，让人体会到宇宙浩瀚无垠；乐极而悲，让人明白了盛衰自有定数。向西遥望落日之向的长安，向东指点云雾之中的吴会，向南大地已到尽头而大海深不可测，向北天柱高不可攀而北斗何其遥远。关山重重难以逾越，有谁同情失意之人？不期而遇，萍水相逢，大家都是异乡之客。我挂念着君王的宫殿，但却不被召见，我盼着像贾谊那样奉召在宣室，却不知要等到何年。

　　……

　　唉！名胜之地不能常存，如此盛宴难以再遇。王羲之与好友相聚的兰亭早已不在，石崇所建犹如天宫琼宇的金谷园也变成了废墟。承蒙阎都督邀请我来参加这盛大的宴会，就让我把这一篇序文作为临别的赠言吧；至于登高作赋，我实在才疏学浅，就只能指望在座诸公了。请允许我冒昧地倾吐我的心意，恭恭敬敬地写下这篇短序。在座诸位都按各自分到的韵字赋诗，我已写成了四韵八句。

巍峨高耸的滕王阁紧临着江心的沙洲，佩玉鸾铃的鸣响已随着华美歌舞的结束而停止。早晨，南浦烟云轻轻掠过阁中雕梁画栋；傍晚，西山夜雨微微卷起阁中玑珠帘幕。悠闲的白云把影子映在不息的江水中，时光就这样在不知不觉间偷偷溜走；世事更替、斗转星移，不知已经度过了多少春秋。昔日游赏于高阁之上的帝子滕王如今去了哪里？只剩下那栏杆之外的江水空自滔滔奔流。

思维导图

作者信息

姓　　名：	王勃
字　　：	子安
生 卒 年：	650—676年
籍　　贯：	绛州龙门
高光时刻：	作千古第一骈文《滕王阁序》

讲个故事

滕王阁在江西省南昌市，与湖北的黄鹤楼、湖南的岳阳楼并称为"江南三大名楼"。王勃路过南昌时，恰好赶上一件盛事——洪州都督阎伯屿新修滕王阁完工，要在重阳节时于滕王阁大宴宾客。阎伯屿知道文坛天才王勃正在南昌，自然邀请他也去参加，但是有一件事没好意思和他提前打招呼，差点儿闹出了误会。

原来，阎伯屿这次大宴宾客，除了庆贺滕王阁修缮竣工，还有一个目的——捧红自己的女婿！他要在宴席上让众多文人为滕王阁临场作序！考试时写的作文总没有平时冥思苦想写的好吧？所以，他已提前让女婿在事前憋出了一篇稿子，现场朗读即可。天下没有不透风的墙，被邀请的当地文人大都知道都督的心思，推脱说自己文采不足，不敢献丑；就算不知道的，看到现场这架势，也知道这件事是有问题的，都默不作声。就只有坐在末位的王勃一个人毫不客气地站起来说："我来！"

阎都督一看王勃要来，感到大事不妙，计划可能要泡汤，顿时脸色就由晴转阴，借故上厕所准备离席；可是他又很好奇这个文学天才到底能写出点什么，就躲到了内室，让下人一句句给他汇报。开头几句他还觉得很不以为然，水平一般般嘛，可是越听内心越复杂，等听到"落霞与孤鹜齐飞，秋水共长天一色"时，他早已经把自己女婿的事儿抛到了九霄云外，忍不住赞叹道："此真天才，当垂不朽矣！"唉，女儿嫁早了！

多思考一点

仓颉造字，夜有鬼哭。这则神话暗示着语言拥有强大的力量，连鬼神都会畏惧。而王勃则在这一篇《滕王阁序》中让我们充分领略了文字所能描绘出来的美，这种美有时候甚至能超越真实。赶快拿起笔，试着写写你心中的美景吧！

阿房宫赋
ē páng

> 假作真时真亦假

出处 《樊川文集》
作者 杜牧
创作年代 唐
坐标 《古文观止》卷七；高中语文必修二

助学小贴士

阿房宫是秦朝宫殿，杜牧是唐朝诗人，杜牧怎么给阿房宫写起文章了呢？他可没有穿越回秦朝，他写的这篇赋，全凭想象！阿房宫是秦始皇开始修建的华美宫殿，被誉为"天下第一宫"。为了修这座宫殿，秦朝动用了大量的人力、物力、财力，搞得民怨沸腾，百姓揭竿而起，终于招致了秦朝灭亡。阿房宫也成了当时最大的烂尾楼工程，最后被西楚霸王项羽一把大火烧了个精光。谁承想，唐穆宗和唐敬宗两朝皇帝都是记吃不记打的主儿，又想走秦王朝的老路，大建宫殿，以图享声色犬马之乐。杜牧担心大唐灭亡，就写了这篇《阿房宫赋》，借古讽今地来提醒皇帝。

朗读原文

六王毕，四海一，蜀山兀（wù），阿房出。覆压三百余里，隔离天日。骊（lí）山北构而西折，直走咸阳。二川溶溶，流入宫墙。五步一楼，十步一阁；廊腰缦回，檐牙高啄；各抱地势，钩心斗角。盘盘焉，囷囷（qūn）焉，蜂房水涡，矗不知其几千万落。长桥卧波，未云何龙？复道行空，不霁（jì）何虹？高低冥迷，不知西东。歌台暖响，春光融融；舞殿冷袖，风雨凄凄。一日之内，一宫之间，而气候不齐。

实时翻译

齐、楚、燕、韩、赵、魏六国被秦国灭亡，天下终得统一。统一之后，秦始皇命人砍光了蜀地山上的树木，用来营建阿房宫；蜀地的山变成了光秃秃的，而雄伟的阿房宫则矗立在了咸阳城。阿房宫占地三百多里，宫殿高耸，遮天蔽日。它从骊山的北面建起，折而向西，一直往咸阳的方向绵延。渭水和樊川两条河流水波浩荡，流进了宫墙里。宫墙里楼台遍布，简直可以说五步一幢楼，十步一座阁；连通楼阁的走廊萦回盘绕，突出的屋檐像鸟嘴在高空啄食。一座座楼阁依随着地势的高低而建，向中心攒聚，屋角相对，好像兵戈相斗。那盘结交错、曲折回转的样子既像一圈圈排列的蜂房，又像一环环套叠的旋涡，高耸的楼台不知道有几千万座。没有风起云涌，为什么会有龙？原来是一座长桥躺在荡漾的水波上。没有雨过天晴，为什么出彩虹？原来是楼台间的廊桥悬在高高的天空中。楼台殿宇高低错落、连廊曲径幽深错综，让人分辨不出东南西北。歌台上歌声嘹亮，呼出的热气让歌台充满春天的暖意；舞殿里长袖飘飘，扇动的清风让舞殿有如风雨的清凉，竟然使同一天里宫内各处的气候都不一样。

朗读原文

妃嫔媵嫱，王子皇孙，辞楼下殿，辇来于秦。朝歌夜弦，为秦宫人。明星荧荧，开妆镜也；绿云扰扰，梳晓鬟也；渭流涨腻，弃脂水也；烟斜雾横，焚椒兰也。雷霆乍惊，宫车过也；辘辘远听，杳不知其所之也。一肌一容，尽态极妍；缦立远视，而望幸焉。有不得见者三十六年。燕、赵之收藏，韩、魏之经营，齐、楚之精英，几世几年，取掠其人，倚叠如山。一旦不能有，输来其间。鼎铛玉石，金块珠砾，弃掷逦迤，秦人视之，亦不甚惜。

嗟乎！一人之心，千万人之心也。秦爱纷奢，人亦念其家。奈何取之尽锱铢，用之如泥沙？使负栋之柱，多于南亩之农夫；架梁之椽，多于机上之工女；钉头磷磷，多于在庾之粟粒；瓦缝参差，多于周身之帛缕；直栏横槛，多于九土之城郭；管弦呕哑，多于市人之言语。使天下之人，不敢言而敢怒。独夫之心，日益骄固。戍卒叫，函谷举；楚人一炬，可怜焦土。

> **实时翻译**

六国的宫妃、使女和王公贵族家的女孩子们，都离开了自己的家国，被用辇车拉到秦国，早上歌唱、晚上弹曲儿，成了秦始皇的后宫佳丽。怎么会有明亮的星星晶莹闪烁？原来是宫妃们打开了梳妆的匣子，妆镜放射出光芒。怎么会有乌青的云朵纷纷扰扰？原来是宫妃们在梳理晨妆的发髻。渭水怎么上涨了，还泛起了一层油腻？原来是宫妃们将弃用的胭脂水倒进了河里。楼阁里怎么到处升起了袅袅雾霭？原来是宫妃们在焚香熏体，云雾横绕空际。雷霆突然震响，这是宫车驶过的声音；辘辘的车声越来越远，消失无踪，不知道那车到底驶到了什么地方去。后宫佳丽们个个都美丽娇媚得无以复加，她们久久地站着，远远地眺望，盼着皇帝来宠幸自己，而有的宫女竟三十六年都没能见到皇帝。六国君王世世代代从他们的人民那里掠夺了堆积如山的财宝，可一旦国破家亡，便再也不能保有，都被运送到了阿房宫里。在这里，宝鼎被当作铁锅，美玉被当作顽石，黄金被当作土块，珍珠被当作沙砾，丢弃得到处都是，秦人看到了也不觉得丝毫可惜。

唉！秦始皇一个人想要的，也正是千万人都想要的啊。秦始皇喜欢繁华、奢侈，百姓们也想让自己的家过上幸福的生活。可是他却把百姓一锱一铢的财富都搜刮干净，而自己挥金如土。一座阿房宫，支撑大梁的柱子比田地里的农夫还多；架在梁上的椽子，比天下织机上的女工还多；椽子上突出的钉头比粮仓里的粟米还多；参差不齐的瓦缝，比一个人全身上下所穿布帛中的丝缕还多；或直或横的栏杆比九州的城郭还多；此起彼伏的嘈杂管弦声比集市中百姓的话语还多。天下的人民，心里愤怒，嘴上却不敢说，而尽失人心的秦始皇一天天地更加骄横。结果戍边的陈涉、吴广振臂一呼而天下响应，函谷关很快就被起义军攻下，再后来，西楚霸王项羽一把火把华丽的阿房宫化为了一片焦土。

朗读原文

呜呼！灭六国者，六国也，非秦也；族秦者，秦也，非天下也。嗟夫！使六国各爱其人，则足以拒秦。秦复爱六国之人，则递三世可至万世而为君，谁得而族灭也！秦人不暇自哀，而后人哀之；后人哀之而不鉴之，亦使后人而复哀后人也。

实时翻译

唉！灭亡六国的是六国自己，而不是秦国；灭亡秦王朝的是它本身，而不是天下百姓。唉！要是六国都能爱护自己的人民，就完全有可依靠的力量来对抗秦国；要是秦国在兼并六国后能爱护六国人民，那就完全能传到三世，甚至传到万世，永远做皇帝，谁又能灭了它呢？秦朝灭亡得太快了，秦国人连为自己哀叹都来不及，只好留给后世的人来哀叹；如果后世的人只是哀叹却不能以史为鉴吸取教训，那就只能让更后来的人再来哀叹我们这批后人了。

思维导图

作者信息

姓　　名：杜牧
字　　：牧之
生 卒 年：803—853 年
籍　　贯：唐京兆万年
千古名句：借问酒家何处有，牧童遥指杏花村

多思考一点

　　杜牧写壮美的阿房宫，全是靠自己丰富的想象，因为历史上并没有留下阿房宫的详细资料。但由于文章写得太好了，以致后来人再提到阿房宫，大都以这篇《阿房宫赋》为蓝本来描述了。这正如曹雪芹所说："假作真时真亦假，真作假时假亦真。"

陋室铭

> 被排挤出来的千古绝唱

出处：《刘禹锡集》
作者：刘禹锡
创作年代：唐
坐标：《古文观止》卷七；初中语文七年级下册

助学小贴士

  刘禹锡是唐朝著名诗人，与柳宗元同榜进士及第，同年登博学鸿词科，当然也是好朋友。他们曾一同参与"永贞革新"运动，一度成为革新集团的核心人物。后来革新运动失败，两个人都屡遭贬谪。《陋室铭》一文正是刘禹锡被贬和州时所作。你们知道吗？唐朝的刘禹锡和三国时的刘备还有些沾亲带故呢，因为他们都是西汉时中山靖王之后。

朗读原文

山不在高，有仙则名。水不在深，有龙则灵。斯是陋室，惟吾德馨。苔痕上阶绿，草色入帘青。谈笑有鸿儒，往来无白丁。可以调素琴，阅金经。无丝竹之乱耳，无案牍之劳形。南阳诸葛庐，西蜀子云亭，孔子云：何陋之有？

实时翻译

山不在于高，有仙人就有名气；水不在于深，有龙就神异。这是简陋的屋舍，只因我的品德好就不感到简陋了。苔痕蔓延到台阶上，使台阶都绿了；草色映入竹帘，使室内染上青色。屋子这样的简陋，但与我谈笑的都是博学的人，往来的没有知识浅薄的人。平时我可以弹弹古琴，研读精妙高深的佛经。没有世俗的乐曲扰乱心境，也没有官府公文劳神伤身。我深信，我所住的陋室，就像南阳诸葛亮的茅庐，西蜀扬雄的草亭，正如孔子说的，有什么简陋的呢？

思维导图

作者信息

姓　　名：刘禹锡
字　/　号：字梦得，号庐山人
生卒年月：772—842 年
籍　　贯：河南洛阳
高光时刻：连过三试的学霸！与韦应物、白居易合称"中唐三杰"

讲个故事

如果用三个字来形容刘禹锡的一生，那就是"贬贬贬"，被贬了二十多年。当他到安徽和州做刺史（相当于今天的市长）时，已经在几个地方做过刺史了。

按照当时规定，作为刺史的刘禹锡应该住三间三厢房，但是和州的策知县觉得刘禹锡被贬而来，有心刁难："把刘禹锡的住处安排到城南门外临江的地方，有个三间小房就行了。"

刘禹锡并不在意，还觉得面临大江，风景奇美，写了一副对联贴到门上。对联是这样写的："面对大江观白帆，身在和州思争辩。"策知县知道后非常生气："把刘禹锡给我安排到城北门，找个一间半的小房子，我看他再嘚瑟。"

刘禹锡来到城北门，依然没有计较，且怡然自得，又写了一副对联，贴到门上。这次的对联是："杨柳青青江水边，人在历阳心在京（和州别称为历阳）。"策知县知道后更加生气："这回我让他住只有一张床、一张桌子、一把椅子的房子！"

就这样，半年时间，刘禹锡搬了三次家，住房一次比一次小，最后写下了《陋室铭》。

杂说四——马说

> 千里马的悲哀

出处 《昌黎先生集》
作者 韩愈
创作年代 唐
坐标 《古文观止》卷七；初中语文八年级下册

  这篇文章是韩愈《杂说》一文中的第四篇，其他三篇分别谈龙、谈医生、谈《崔山君传》，这一篇谈马，就被后人加上了"马说"这个名称。全文短短一百多字，看似倾诉千里马的不幸遭遇，实则慨叹自己这匹千里马怀才不遇，表达了作者对朝廷不能识人、不能用人的不满。

> 朗读原文

　　世有伯乐，然后有千里马。千里马常有，而伯乐不常有，故虽有名马，只辱于奴隶人之手，骈(pián)死于槽枥(lì)之间，不以千里称也。

　　马之千里者，一食或尽粟一石。食马者不知其能千里而食也。是马也，虽有千里之能，食不饱，力不足，才美不外见，且欲与常马等不可得，安求其能千里也？

　　策之不以其道，食之不能尽其材，鸣之而不能通其意，执策而临之曰："天下无马。"呜呼！其真无马邪，其真不知马也？

> 实时翻译

　　世上先有能识别千里马的伯乐，然后千里马才被人们发现。可惜千里马总是会有，但是像伯乐这样的人太少了，所以即使有千里马，也只能辱没在养马的仆役手中，跟普通的马一起老死在马厩里，不能成就千里马的美名。

日行千里的好马，一顿饭有时就能吃完一石粮食，然而喂马的仆役却不知道它能日行千里，所以就像喂普通的马一样来喂它。这样一来，好马虽然有日行千里的能力，却因吃不饱、力气不足，没法把它的优异才能和品质表现出来，想让它和普通的马表现一样尚且做不到，还怎么要求它日行千里呢？

驾驭千里马不能用正确的方法鞭策，喂养千里马不能根据它的特点让它竭尽才能，听到千里马嘶鸣不明白它要表达的意思，却拿着鞭子站在它面前说："天下没有千里马啊！"唉！难道真的没有千里马吗？是人们不认识千里马啊！

思维导图

作者信息

姓　　名：韩愈
字　　：退之
生　卒　年：768—824 年
籍　　贯：河南河阳
高光时刻：位列"唐宋八大家"之首

多思考一点

同样面对怀才不遇的境况，韩愈选择抱怨，毛遂选择自荐。如果你是一个怀才不遇的人，你会做出怎样的选择呢？提示：既然千里马常有而伯乐不常有，那就抓住一切机会展现自己的才能，让平庸之人也能看到你身上的优点吧。

师说

◻ 尊师重道的楷模

出处：《昌黎先生集》
作者：韩愈
创作年代：唐
坐标：《古文观止》卷八；高中语文必修三

助学小贴士

　　韩愈早年参加科举考试不太顺利，不过好在他坚持不懈、努力上进，终于让自己这块金子发出了光芒。后来他调任国子监——相当于今天的教育部，决心大展拳脚，以实现自己的报国之志。他深入调研后很快就发现了一个重要问题：当时的上层社会看不起老师，既不愿求师又羞于为师，直接影响到了国子监的教学和管理工作。于是，他借着给自己的学生李蟠赠文的机会，把正确看待老师作用、努力提高老师地位的问题提了出来。

朗读原文

古之学者必有师。师者，所以传道受业解惑也。人非生而知之者，孰能无惑？惑而不从师，其为惑也，终不解矣。

实时翻译

古时候求学的人一定都有老师。老师，就是传承真理、教授学业、解答疑问的人。人不是一出生就懂道理、有知识的，谁能没有疑问呢？如果有了疑问又不向老师请教、不跟从老师学习，那些让人困惑的问题就始终得不到答案。

朗读原文

生乎吾前,其闻道也,固先乎吾,吾从而师之。生乎吾后,其闻道也,亦先乎吾,吾从而师之。吾师道也,夫庸知其年之先后生于吾乎?是故无贵无贱,无长无少,道之所存,师之所存也。

嗟乎!师道之不传也久矣,欲人之无惑也难矣。古之圣人,其出人也远矣,犹且从师而问焉;今之众人,其下圣人也亦远矣,而耻学于师。是故圣益圣,愚益愚。圣人之所以为圣,愚人之所以为愚,其皆出于此乎?爱其子,择师而教之;于其身也,则耻师焉,惑矣。彼童子之师,授之书而习其句读者也,非吾所谓传其道、解其惑者也。句读之不知,惑之不解,或师焉,或不焉,小学而大遗,吾未见其明也。

实时翻译

在我之前出生的人,学习真理和知识本来就比我早,我会跟从他们学习,把他们当老师;在我之后出生的人,如果学习这些也比我早,我也会跟从他们学习,把他们当老师。我跟从老师学习的是真理和知识,哪管他的年龄是比我大还是小呢?因此,不必在乎老师身份的贵贱,也不必在乎老师年长年少,真理和知识掌握在谁手里,谁就是老师。

唉！跟从老师学习的风气已经没落很久了！在这种情况下，想要让人们没有疑问，太难了！古代圣人的才智和学问比一般人出色多了，可他们尚且跟从老师学习、请教；现在的大多数人，才智学识都比古代的圣人差得很远，却把向老师学习、请教看作可耻的事。正因为这样，圣人越来越圣明，愚人越来越愚蠢。圣人之所以能成为圣人，愚人之所以变成了愚人，大概都是因为这个原因吧？有的人疼爱自己的孩子，希望他有出息，会挑选好的老师来教他读书，当自己有了疑问时，却以跟从老师学习为耻，真是糊涂啊。那些小孩子的老师主要负责教他们读书识字、学习文章的断句，并不是我所说的传授真理、解答疑问。不知道句子如何停顿，向老师学习，有了重大的疑问却不向老师请教，像这样学习细枝末节的内容、重大问题反倒丢在一旁，我看不出这种人有什么明智可言。

朗读原文

巫医乐师百工之人，不耻相师。士大夫之族，曰师曰弟子云者，则群聚而笑之。问之，则曰："彼与彼年相若也，道相似也。位卑则足羞，官盛则近谀。"呜呼！师道之不复可知矣。巫医乐师百工之人，君子不齿。今其智乃反不能及，其可怪也欤！

圣人无常师。孔子师郯子、苌弘、师襄、老聃。郯子之徒，其贤不及孔子。孔子曰："三人行，则必有我师。"是故弟子不必不如师，师不必贤于弟子。闻道有先后，术业有专攻，如是而已。

李氏子蟠，年十七，好古文，六艺经传皆通习之，不拘于时，学于余。余嘉其能行古道，作《师说》以贻之。

实时翻译

巫医、乐师和各种工匠都不以互相学习为耻。而士大夫之流，一听到别人称谁"老师""弟子"之类，就聚拢在一起笑话别人。问他们为什么，他们说："如果两个人年龄相仿，学问水平也差不多，那么拜一个比自己地位低的人为师就会让人感到羞耻，拜一个官职高的人为师就会被认为是谄媚。"唉！尊师重道的风气不能再现的原因，从这些话里就可以知道了。君子们向来看不起巫医、乐师和各种工匠，可现在他们的见识反而赶不上这些人，还有什么可奇怪的呢！

圣人没有固定的老师，可以以任何人为师。孔子就曾师从郯子、苌弘、师襄、老聃，这些人论贤能谁都比不上孔子。孔子还说过："几个人同行，其中一定有可以做我老师的人。"这样看来，学生不一定比老师差，老师也不一定比学生强，只不过掌握真理有早有晚，学问技艺各有专长罢了。

有个孩子叫李蟠，今年十七岁了，喜欢古文，把六经的经文和传文都学完了，而且不受时俗观念的约束，带着问题来向我请教、学习。我欣赏他能够遵行古人尊师重道的传统，特地写了这篇《师说》送给他。

思维导图

多思考一点

百年大计，教育为本。教育是什么样子，明天就是什么样子，重视教育才能赢得未来。在教育工作中，教师又是立教之本、兴教之源。学生要成长成才，离不开教师的引导和培育。所以，每个人都应尊重老师！

进学解

▢ 业精于勤，荒于嬉；行成于思，毁于随

出处 《昌黎先生集》
作者 韩愈
创作年代 唐
坐标 《古文观止》卷八

助学小贴士

  在《进学解》中，韩愈借学生之口，道出了自己空有一身学问而不被重用、境遇悲惨的人生，对人不能尽其才的不合理社会现象提出了批判。这篇文章中流露出的知识分子报国无门的苦闷心情，引起了历朝历代失意文人、学者、官员的感情共鸣，故而被传诵不绝。

朗读原文

国子先生晨入太学，招诸生立馆下，诲之曰："业精于勤，荒于嬉；行成于思，毁于随。方今圣贤相逢，治具毕张。拔去凶邪，登崇俊良。占小善者率以录，名一艺者无不庸。爬罗剔抉，刮垢(gòu)磨光。盖有幸而获选，孰云多而不扬？诸生业患不能精，无患有司之不明；行患不能成，无患有司之不公。"

实时翻译

早晨的时候，国子监的先生走进太学，把学生们召集起来，让大家站在学舍下面，训话道："学业靠勤奋学习而专精，因嬉戏玩乐而荒废；德行靠独立思考而有成，因随俗逐流而败坏。如今，皇上圣明，群臣贤良，法律健全，执法严明，凶恶奸邪之人尽除，优秀人才得以提拔。即使只有小小优点的人也全被录取，哪怕只有一种才艺的人也都被任用。朝廷正想方设法搜罗、选拔人才，加以培养造就。只有德行和才能不高的被侥幸擢用，绝无德才兼备者不蒙提举。大家只要担心学业能不能专精，不用担心主管部门官吏没有识人之明；只要担心德行能不能有成，不用担心主管部门官吏用人不公。"

朗读原文

言未既，有笑于列者曰："先生欺余哉！弟子事先生，于兹有年矣。先生口不绝吟于六艺之文，手不停披于百家之编，纪事者必提其要，纂言者必钩其玄。贪多务得，细大不捐。焚膏油以继晷，恒兀兀以穷年。先生之业，可谓勤矣。觝排异端，攘斥佛老，补苴罅漏，张皇幽眇。寻坠绪之茫茫，独旁搜而远绍，障百川而东之，回狂澜于既倒。先生之于儒，可谓劳矣。沉浸醲郁，含英咀华，作为文章，其书满家。上规姚姒，浑浑无涯，周《诰》、殷《盘》，佶屈聱牙，《春秋》谨严，《左氏》浮夸，《易》奇而法，《诗》正而葩，下逮《庄》《骚》，太史所录，子云、相如，同工异曲。先生之于文，可谓闳其中而肆其外矣。少始知学，勇于敢为。长通于方，左右具宜。先生之于为人，可谓成矣。然而公不见信于人，私不见助于友。跋前踬后，动辄得咎。暂为御史，遂窜南夷。三年博士，冗不见治。命与仇谋，取败几时。冬暖而儿号寒，年丰而妻啼饥。头童齿豁，竟死何裨。不知虑此，反教人为？"

实时翻译

先生的话还没有说完，队伍里就有人笑着说道："先生骗我们呢！弟子我跟随先生您学习，到现在也已经很多年了。您嘴里不停地诵读六经的文章，手里不停地翻阅着诸子百家的典籍，对记事的文章一定会总结提炼出主要内容，对议论的文章一定会探寻发掘出隐微之意。您要求自己务必广泛地学习、尽多地获得知识，不管学问大小都不漏缺，晚上点着灯烛、白天借着日光，夜以继日、年复一年坚持劳苦地学习。先生在学习上可以说是非常勤奋了吧。您一方面抵制儒家以外的异端学说，批驳佛教与道家理论，一方面弥补儒家学说的缺漏，阐发儒学精深微妙的义理，探寻儒家失传已久的古老传统，一个人广泛地收集资料、钻研继承。对待异端学说，就像防堵纵横奔流的河川，并引导它们东注大海；您对发扬儒家学说做出的贡献，就像拉回已经倾泻出去的滔天巨浪。先生对于儒学的发展，可以说是立下功劳了吧。您全身心地沉浸在如美酒醇香的典籍里，品尝咀嚼着书中的知识精华，把所感所想写成文章、著书立说，所写的书卷都堆满了家里的房间。上自博大而精深的虞夏时代的典章，艰涩拗口的殷代《盘庚》、周代《大诰》《康诰》，语言精练严谨的《春秋》，文辞铺张夸饰的《左传》，变化奇妙又有法可依的《易经》，思想纯正而语言华美的《诗经》，下至《庄子》《离骚》《史记》及扬雄、司马相如的作品，好像不同的乐曲同样动听。先生对于文章，可说是丰富了内容又发展了形式。您少年时就知道主动学习，敢于实践，长大之后知书达理，处理身边的各种事情也都合宜得体。先生在做人这方面可以说是通达成熟了吧。可是呢,您于公在朝廷上不被信任重用,于私在生活中得不到朋友的支持帮助,陷于困境,动不动就受到指责。好不容易当上了监察御史,可没多久就被贬到了南方的偏远之地;回来后做了三年博士,在这个闲职上也表现不出政治才干。您的命运就像和您有仇似的,让您时不时遭受失败和挫折。您的生活境遇也不怎么样,即使在冬天气候尚暖的日子里,您的儿女们也会冻得叫冷;即使在粮食丰收的年份里,您的夫人也会喊饿。您头顶秃了,牙齿也掉了,这样下去的话到死也不会得到什么好处。您不好好想想这些,怎么还来教训别人该怎么做呢?"

朗读原文

先生曰："吁，子来前！夫大木为杗，细木为桷，欂栌侏儒，椳闑扂楔，各得其宜，施以成室者，匠氏之工也。玉札丹砂，赤箭青芝，牛溲马勃，败鼓之皮，俱收并蓄，待用无遗者，医师之良也。登明选公，杂进巧拙，纡馀为妍，卓荦为杰，校短量长，惟器是适者，宰相之方也。昔者孟轲好辩，孔道以明，辙环天下，卒老于行。荀卿守正，大论是弘，逃谗于楚，废死兰陵。是二儒者，吐辞为经，举足为法，绝类离伦，优入圣域，其遇于世何如也？今先生学虽勤而不由其统，言虽多而不要其中，文虽奇而不济于用，行虽修而不显于众。犹且月费俸钱，岁縻廪粟。子不知耕，妇不知织。乘马从徒，安坐而食。踵常途之役役，窥陈编以盗窃，然而圣主不加诛，宰臣不见斥，兹非其幸欤？动而得谤，名亦随之，投闲置散，乃分之宜。若夫商财贿之有亡，计班资之崇庳，忘己量之所称，指前人之瑕疵，是所谓诘匠氏之不以杙为楹，而訾医师以昌阳引年，欲进其豨苓也。"

实时翻译

先生说："嘿，这个同学你到前面来！那些大的木材做屋梁，细的木材做瓦椽，小的做斗拱、短椽，做门臼、门橛、门闩、门柱，木材被合理使用而最终建成房屋，这是靠工匠的技巧。把贵重的地榆、朱砂、天麻、龙芝和常见的车前草、马屁菌、破了的鼓皮全都收集储藏起来，等需要用的时候就不会缺这少那，这是医师的高明。公正贤明地提拔任用人才，搭配引进灵活和拙诚的人，广泛吸纳厚重谦和、德行美好人才和旷达豪放的英雄豪杰，然后比较优劣、衡量各人才能分配给他们适当的职务,这是宰相的治术!从前的孟轲喜好辩论,孔子的儒家学说才得以为人所知,他游历各国时的车辙遍布天下,最后却在奔走中死去。荀况恪守正道,伟大的儒学理论在他手里得以发扬光大,他却因为谗言而被迫出逃楚国,最终被废黜,死在了兰陵。这两位先师大儒,说出来的话被世人当成传颂的经典,做出来的事被世人作为效法的准则,出类拔萃到足以超越凡人进入圣人的行列,他们在世上的境遇又是怎么样的呢?现在,先生我学习虽然勤奋,却没有形成系统;言论虽然不少,却没能切中要害;文章虽然出奇,却没有实用性;德行虽然有成,却并不出众;何况我还每月领着国家的俸钱,每年消耗着朝廷的粮食,儿子不会耕地,妻子不会织布,出门乘着车马,后面跟着仆人,安安稳稳地坐着就有饭吃。我这么畏首畏尾地按常规行事,偷看古人典籍里的内容东抄西凑地做着学问,圣明的君主却未加处罚,也没有宰相大臣斥逐,难道不是很幸运了吗?至于动不动就遭到指责,名誉也跟着受损,被安排在闲职上,实在是恰如其分的。如果再计较财物的有无、官职的高低,不知道自己有多大本事而指摘上司用人不公,就好比责问工匠为什么不用小木桩做柱子,批评医师为什么用菖蒲(可益寿延年)而不用豨苓(可利尿清便)来益寿延年!"

思维导图

老师训导学生
- 表面 — 老师训导
  - 业精于勤，行成于思
  - 不必担心朝廷用人不公
  - 处境堪忧 — 学生反驳
    - 业：勤于学业，作文出彩
    - 行：劳于儒学，做人有成
  - 老师解释
    - 人应各尽其才
    - 人应知足常乐
    - 圣人犹困，况己不才
- 深层
  - 陈述自己的业行兼优
  - 透露自己的悲惨境遇
  - 控诉自己的怀才不用

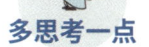

多思考一点

"业精于勤，荒于嬉；行成于思，毁于随。"这是韩愈在多年求学以及教学工作中总结出的宝贵经验，它强调了勤奋刻苦、独立思考在学习过程中的重要作用，并因其精辟和恰切而流传千古。记下它并在你们的学习生活中践行它，一定会让你获益匪浅！

送董邵南序

> 到底是送还是留?

出处　《昌黎先生集》
作者　韩愈
创作年代　唐
坐标　《古文观止》卷八

助学小贴士

　　董邵南和韩愈有些相似之处,他也是一个品德高尚、学识超群、孝敬父母、和睦乡邻的优秀人才,也是考进士屡试不第,考上后找工作又困难重重。不同的是,韩愈奉行儒家学派的"大一统"思想,反对藩镇割据,而董邵南为了实现自己的人生价值,最终选择了为藩镇效力。因此,韩愈特地写了这篇文章为他送行。聪明的你可能已经发现了一个问题:韩愈不是反对藩镇割据吗?怎么董邵南要去藩镇发展,他不劝阻,反而还写文章送行?读完这篇文章你就知道是怎么回事了。

朗读原文

　　燕、赵古称多感慨悲歌之士。董生举进士，连不得志于有司，怀抱利器，郁郁适兹土。吾知其必有合也。董生勉乎哉！

　　夫以子之不遇时，苟慕义强仁者，皆爱惜焉。矧燕、赵之士，出乎其性者哉！然吾尝闻风俗与化移易，吾恶知其今不异于古所云邪？聊以吾子之行卜之也。董生勉乎哉！

　　吾因之有所感矣。为我吊望诸君之墓，而观于其市，复有昔时屠狗者乎？为我谢曰："明天子在上，可以出而仕矣！"

实时翻译

　　燕赵之地自古以来有许多慷慨悲歌的豪杰人物。董先生参加进士科考试，连着几年都没被主考官赏识，只好身负优秀的学识才干，郁郁寡欢地到往这个地方去寻找建功立业的机会。我知道您此去一定会得到重用。您要努力争取啊。

　　像您这样怀才不遇的人才，如果遇到仰慕仁义、力行仁道的明主，都会对您赏识、珍惜，更何况燕赵之士的本性里就有慕义强仁的传统呢！不过，我听说风气会随着教化改变而改变，也不知道现在那里的风气跟古时候说的是不是已经不同了。姑且就借您这次前往替我考察一下吧。您一定要好好考察啊。

　　我因为您的远行还想到了一些事。请您替我去燕国名将乐毅的坟前凭吊一下，并且留心观察一下当地的集市里还有没有像高渐离那样的英雄人物。如果有的话，请替我向他们致意，告诉他们："当今圣上英明，赶快来朝廷做官为国效力吧。"

思维导图

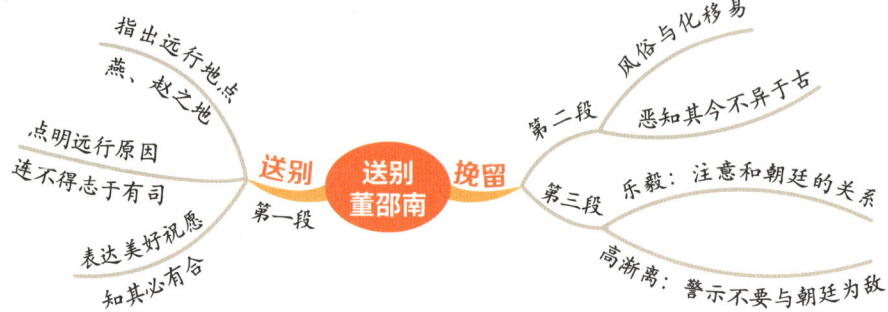

助学小贴士

董邵南要去藩镇发展，韩愈到底是要送别还是想挽留呢？现在你们心中一定有了答案。《送董邵南序》只有简简单单三个小段落，名为送别，实则只有第一段是假送别，而后两段都是真挽留。韩愈真正想告诉董邵南的是："跳槽"有风险，"离职"需谨慎；特别是不要误入贼窝、误上贼船。

多思考一点

和一个人做朋友，我们要学会像韩愈那样尊重朋友做出的选择，但更要像韩愈那样对朋友的前途肩负起道义上的责任。生活中如果遇到你的好朋友可能因为一时糊涂而做了自以为正确的选择时，你会怎样来善意提醒呢？

祭十二郎文 (节选)

◻ 祭文中的千年绝调

出处：《昌黎先生集》
作者：韩愈
创作年代：唐
坐标：《古文观止》卷八；高中语文选修《中国古代诗歌散文欣赏》

助学小贴士

　　韩愈和他的侄子十二郎虽然是两代人，但自幼相守，都靠韩愈的兄嫂抚养成人，他们历经磨难，感情特别深厚。韩愈成年后为了生计四处漂泊，与十二郎天各一方。正当他事业有了起色，打算接侄子前来团聚的时候，突然传来了十二郎去世的噩耗。得知这一消息，韩愈悲痛至极，七天后才强忍悲痛写下了这篇字字滴泪、句句泣血的千古绝调祭文。

朗读原文

呜呼！吾少孤，及长，不省所怙(hù)，惟兄嫂是依。中年，兄殁(mò)南方，吾与汝俱幼，从嫂归葬河阳，既又与汝就食江南，零丁孤苦，未尝一日相离也。吾上有三兄，皆不幸早世。承先人后者，在孙惟汝，在子惟吾。两世一身，形单影只。嫂尝抚汝指吾而言曰："韩氏两世，惟此而已！"汝时尤小，当不复记忆。吾时虽能记忆，亦未知其言之悲也！

实时翻译

　　唉！我很小的时候父亲就去世了，长大后连父亲是什么模样都不记得，全靠哥哥和嫂嫂抚养长大。哥哥正值壮年却死在了南方，我和你那时都还小，一起跟着嫂嫂把灵柩送回了河阳安葬，之后我又和你一起到江南宣州生活，从小孤苦伶仃的我们，一天也没有分开过。我本来有三个哥哥，可惜他们都不幸早夭。能继承韩氏的后代，在孙子辈里只有你，在儿子辈里就只剩我。子孙两代各只一人，身形孤单，影子也难成双。嫂嫂曾经爱怜地一手抚摸着你一手指着我说："韩氏两代，就只有你们两个了！"你那时候还很小，应该已经不记得了；我虽然能够记事，也还无法体会她那句话中的悲凉。

朗读原文

　　吾年十九，始来京城。其后四年，而归视汝。又四年，吾往河阳省坟墓，遇汝从嫂丧来葬。又二年，吾佐董丞相于汴州，汝来省吾，止一岁，请归取其孥。明年，丞相薨，吾去汴州，汝不果来。是年，吾佐戎徐州，使取汝者始行，吾又罢去，汝又不果来。吾念汝从于东，东亦客也，不可以久，图久远者，莫如西归，将成家而致汝。呜呼！孰谓汝遽去吾而殁乎？吾与汝俱少年，以为虽暂相别，终当久相与处，故舍汝而旅食京师，以求斗斛之禄。诚知其如此，虽万乘之公相，吾不以一日辍汝而就也！

实时翻译

　　为了谋生，我十九岁的时候第一次来到了京城。四年以后，我回去看了你一次。又过了四年，我到河阳祖先的坟墓祭祀，碰上你为嫂嫂服丧，护送灵柩来安葬。两年之后，我在汴州辅佐董丞相时，你来看望我，住了一年，然后就请求回去把妻子儿女一起接来。结果第二年董丞相去世，我也离开汴州，你最终没能再来。那一年，我在徐州任职安顿好后就派人去接你，可派去的人刚动身不久我就被免职，不得不离开，你又没能来团聚。我心里盘算着，你即便偕家人来东边投奔我，跟我在汴州、徐州团聚，那也是客居，不是长久之计；如果从长远考虑，还不如等我回到长安城安下家后再来接你们。唉！谁知你竟这么突然地就离我而去、与世长辞了呢！当初我和你都还年少，总以为虽然暂时别离，但终究还有大把时间能长久地生活在一起，所以我才为了那微薄的俸禄，狠心离开你而客居长安。如果早知道会这样，就算让我做公卿宰相，我也不愿意离开你一天而去赴任。

朗读原文

去年，孟东野往，吾书与汝曰："吾年未四十，而视茫茫，而发苍苍，而齿牙动摇。念诸父与诸兄，皆康强而早世；如吾之衰者，其能久存乎？吾不可去，汝不肯来，恐旦暮死，而汝抱无涯之戚也。"孰谓少者殁而长者存，强者夭而病者全乎？呜呼！其信然邪？其梦邪？其传之非其真邪？信也，吾兄之盛德而夭其嗣乎？汝之纯明而不克蒙其泽乎？少者强者而夭殁，长者衰者而存全乎？未可以为信也。梦也，传之非其真也，东野之书，耿兰之报，何为而在吾侧也？呜呼！其信然矣！吾兄之盛德而夭其嗣矣，汝之纯明宜业其家者，不克蒙其泽矣！所谓天者诚难测，而神者诚难明矣！所谓理者不可推，而寿者不可知矣！

实时翻译

　　我还记得，去年孟郊去你那里时，我让他捎信给你，信中曾说："我还没到四十岁，就已经眼睛发花，青丝发白，牙齿也都松动了。一想到各位叔伯与兄长都在健康强壮的盛年早早去世，我就忍不住感叹，像我这么衰弱的人，难道还能在世上活多久吗？我不能离开职守去找你，你又不肯来投奔我，只怕哪一天我死了，你会带着遗憾独自承受无尽的悲伤。"谁又能料到年轻强壮的你早早故去，而年老病弱的我仍苟活人间！唉！我总是在想，这是真的吗？是不是我在做梦？再或者，会不会是传来的消息有误呢？如果是真的，我哥哥有那么美好的品德就这么早早地失去后嗣了吗？十二郎你那么纯洁聪明，本来是要继承韩氏家业的，就这么早早死去而无法蒙受先人的恩泽了吗？就该是年轻强壮的早早死去，而年老衰弱的苟延残喘吗？实在是无法让人相信啊！如果只是梦，如果传来的噩耗不是真的，那为什么东野的来信、耿兰的丧报就在我手边？啊！这是真的了！我的哥哥有美好的品德却早早地失去了儿子，十二郎纯洁聪明却不能蒙受父亲的恩泽了。这就是所谓天意难测、神意难明吧，这就是所谓天命不可推求，人寿不可预知吧。

朗读原文

虽然，吾自今年来，苍苍者**或**化而为白矣，动摇者或脱而落矣。**毛血**日益衰，**志气**日益微，几何不从汝而死也。死而有知，其几何离；其无知，悲不几时，而不悲者无穷期矣！汝之子始十岁，吾之子始五岁，少而强者不可保，如此孩提者，又可**冀其成立**邪？呜呼哀哉！呜呼哀哉！

……

实时翻译

即便这都是真的，那也没什么了。自年初到现在，我那花白的头发**有的**已经变得全白，松动的牙齿有的已经脱落，**身体**越来越衰弱，**精神**也越来越差，我想过不了多久，我也会随你而去了。如果人死后还能有意识，我仍会认出你，那我们的分离就不会太久；如果人死后意识会消失，那我的悲痛也不会持续多长时间了。只是我死去之后，时间仍是无穷无尽的。你的儿子才十岁，我的儿子才五岁，我们这些年富力强的尚且保不住性命，像他们这么大的孩子，还怎么**奢望能长大成人**？唉！唉！

……

朗读原文

呜呼！汝病吾不知时，汝殁吾不知日，生不能相养于共居，殁不得抚汝以尽哀，敛不凭其棺，窆(biǎn)不临其穴。吾行负神明，而使汝夭，不孝不慈，而不能与汝相养以生，相守以死。一在天之涯，一在地之角，生而影不与吾形相依，死而魂不与吾梦相接，吾实为之，其又何尤？彼苍者天，曷(hé)其有极！

实时翻译

唉，你患病我不知道何时，你离世我不知道何日，你活着的时候我们没能住在一起互相照顾，你死时我这个做叔叔的没能见到你最后一面、没能抚着你的尸身致哀尽意。你入殓时我不在棺前，你下葬时我也未临墓地。是我的所作所为辜负了神明，才害你这么早死去；我对上不孝，对下不慈，因而不能和你相互扶养，相守到老。如今，我们一个在天涯，一个在地角，你活着的时候不能和我形影相依，你死后魂灵也不来我的梦中相见，这都是我一手造成的啊，我又能抱怨谁呢？老天啊，我的悲痛什么时候才能终结？

朗读原文

自今以往，吾其无意于人世矣！当求数顷之田于伊颍(yíng)之上，以待余年。教吾子与汝子，幸其成；长吾女与汝女，待其嫁，如此而已。呜呼！言有穷而情不可终，汝其知也邪？其不知也邪？呜呼哀哉！尚飨(xiǎng)。

实时翻译

从今以后，我大概没有心思在世上奔忙了，还是到伊水和颍水的河畔置办几顷田地，度过我的余年吧。我只是希望还有时间教养你的儿子和我的儿子，让他们成人，抚养你的女儿和我的女儿，到她们出嫁，如此而已。唉！写到这里该停笔，哀痛之情却仍不能终了，你能知道吗？你大概不知道吧？唉，享用祭品吧！

思维导图

哀悼十二郎

由事而哀
- 哀家族人丁凋落
- 哀死者英年早逝
- 哀自己未老先衰

由哀而疑
- 疑天理神明的公正
- 疑生死之数的不测
- 疑后嗣生活的前景

由悼见情
- 打动人心的骨肉之情
- 难以接受的意外之情
- 心灰意冷的悲苦之情

多思考一点

韩愈这篇《祭十二郎文》叙述平淡却饱含深情，言辞无华却打动人心，满纸文字下都浅藏着深深的悔意。无数发生过的人和事都告诉我们同一个道理：人总是在失去之后才后悔当初没有好好珍惜。所以，从现在起，请珍惜自己所拥有的一切吧。

捕蛇者说

▢ 苛政猛于蛇

出处　《柳河东集》
作者　柳宗元
创作年代　唐
坐标　《古文观止》卷九

助学小贴士

　　柳宗元的前半生和韩愈的比起来，简直就是一个天上一个地下。柳宗元出生在名门望族，妥妥的官二代。他自小就养尊处优，接受良好教育，在十三岁——相当于小学刚毕业时，所写奏章就得到皇帝的另眼相看，二十一岁一举拿下进士学位，二十五岁考过博学鸿词科，三十岁已经做到了"中央部委助理"的高位。而韩愈考了三次进士都不过，三十三岁还在考博学鸿词科。柳宗元原本可以就这么一帆风顺、平步青云下去，可是他的人生巅峰在他仅仅三十二岁时就早早到来。在唐顺宗时期，他参与了以王叔文为首的永贞革新运动，可革新运动只延续了一百多天就失败了，王叔文被杀，柳宗元也因为曾经得罪过当朝新皇帝而被贬为永州司马。在永州，柳宗元得知当地有一种奇特的蛇……

朗读原文

永州之野产异蛇，黑质而白章，触草木，尽死；以啮人，无御之者。然得而腊之以为饵，可以已大风、挛踠、瘘、疠，去死肌，杀三虫。其始，太医以王命聚之，岁赋其二；募有能捕之者，当其租入。永之人争奔走焉。

有蒋氏者，专其利三世矣。问之，则曰："吾祖死于是，吾父死于是，今吾嗣为之十二年，几死者数矣。"言之，貌若甚戚者。

实时翻译

　　永州的山野间出产一种奇特的毒蛇，它黑色的身体上有白色的花纹，碰着草木，草木就会全部枯死，如果咬了人，没有任何医治蛇毒的办法。然而，把这种蛇抓来晾干做成药引，却可以用来治愈麻风病、手脚拳曲、颈部脓肿、恶疮等多种疾病，还可以去除坏死的肌肉、杀死侵害人体的三尸虫。当初，太医奉皇帝之命征收这种蛇，每年两次，并招募有能力捕蛇的人，允许他们用蛇抵应交的赋税。自此之后，永州的人都争着去捕蛇。

　　有户姓蒋的人家专门以捕蛇为生，享有这种以蛇抵赋的优惠政策已有三代了。我问他家里的情况，他回答说："我的祖父死于捕蛇，我的父亲死于捕蛇，如今我继承祖业干这个差事也有十二年了，有好几次都险些丧命。"他说这番话时，神情好像很悲伤。

朗读原文

　　余悲之，且曰："若毒之乎？余将告于莅事者，更若役，复若赋，则何如？"蒋氏大戚，汪然出涕曰："君将哀而生之乎？则吾斯役之不幸，未若复吾赋不幸之甚也。向吾不为斯役，则久已病矣。自吾氏三世居是乡，积于今六十岁矣，而乡邻之生日蹙。殚其地之出，竭其庐之入，号呼而转徙，饥渴而顿踣，触风雨，犯寒暑，呼嘘毒疠，往往而死者相藉也。曩与吾祖居者，今其室十无一焉；与吾父居者，今其室十无二三焉；与吾居十二年者，今其室十无四五焉：非死则徙尔。而吾以捕蛇独存。悍吏之来吾乡，叫嚣乎东西，隳突乎南北，哗然而骇者，虽鸡狗不得宁焉。吾恂恂而起，视其缶，而吾蛇尚存，则弛然而卧。谨食之，时而献焉。退而甘食其土之有，以尽吾齿。盖一岁之犯死者二焉，其余则熙熙而乐，岂若吾乡邻之旦旦有是哉！今虽死乎此，比吾乡邻之死则已后矣，又安敢毒邪？"

　　余闻而愈悲。孔子曰："苛政猛于虎也。"吾尝疑乎是，今以蒋氏观之，犹信。呜呼！孰知赋敛之毒，有甚是蛇者乎！故为之说，以俟夫观人风者得焉。

实时翻译

　　我听了也为他难过，又问他："你怨恨这个差事吗？如果我去告诉管事的人，让他撤掉你捕蛇的差事，恢复你的赋税，你觉得怎么样？"蒋氏一听这话悲痛欲绝，满眼含泪地说："您能可怜可怜我，让我活下去吗？我这差事虽苦，但和恢复我的赋税后我要遭受的比起来，那也好太多了。如果以前我没干这差事，我早就困苦不堪了。我们家三代人在这个地方居住的时间加起来已经六十年了，眼看着乡邻们的生活一天天变得窘迫。他们把地里产的粮食和家里各项收入尽数拿去交赋税仍还不够，只得号啕痛哭着辗转逃亡，一路上忍饥挨饿，跌跌撞撞，栉风沐雨，忍受着严寒和酷暑的折磨，穿行于瘴毒弥漫的山野，沿途死去的人常常一个压着一个。从前和我祖父同住在这里的人家，到现在连十分之一都剩不下了；和我父亲同住在这里的，剩不到十之二三；和我一起住了十二年的人家，到现在也只有不到十之四五了。其他那些人家不是死光了就是逃走了，只有我们一家靠着捕蛇这个差事才活到现在。每当凶暴的催缴赋税的官吏来到我们这儿，就到处吵嚷叫骂，到处打砸搜掠，混乱的样子吓得人们心惊胆战，连鸡和狗也不得安宁！而我，只要小心翼翼地起来看看我的瓦罐，看到我的蛇还在，就能安心地躺回床上了。我只要小心地把蛇喂好，等到规定的日子把它交上去，就能回家有滋有味地享用田里的物产，度过我的余年。一年当中，我只要两次冒死捕蛇，其余时间就可以快快乐乐地过日子，哪像我那些乡邻们天天都生活在生死边缘！就算我今天死于这差事，那也比我的乡邻们死得晚多了，又怎么敢怨恨这件事呢？"

　　我听他说完这些，更觉得哀伤。孔子说："苛酷的统治比老虎还要凶暴啊！"我还曾怀疑过这句话的真实性，可现在从蒋氏的遭遇来看，的确是真的啊。唉！谁能想到赋税的毒害竟比毒蛇还厉害呢！因此我写下这篇文章，留待朝廷派来考察民情的人参考。

思维导图

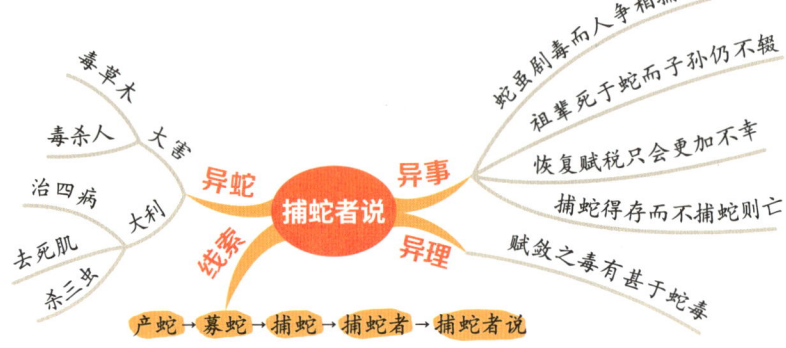

作者信息

姓　　名：柳宗元
字　　：子厚
生 卒 年：773—819 年
籍　　贯：山西运城
高光时刻：位列"唐宋八大家"

多思考一点

没有调查就没有发言权。《捕蛇者说》通过捕蛇者蒋氏一家的遭遇,揭露了永州百姓在横征暴敛下家破人亡的悲惨遭遇,从而得出了"赋敛之毒有甚于蛇毒"的惊人结论。我们在做任何一件事之前,都要进行认真的调研,这往往能让我们事半功倍。

种树郭橐(tuó)驼传

种树种出来的大道理

出处	《柳河东集》
作者	柳宗元
创作年代	唐
坐标	《古文观止》卷九；高中语文必修四

助学小贴士

　　中唐时期，经过几代人的财富积累，民间的贫富分化已经到了很严重的程度——"富者兼地数万亩，贫者无容足之居"。农民的土地不断被富人收购，流离失所；还能剩下一点土地的农民，日子也不好过——除了交纳国家规定的捐粟外，还要上缴地方长官摊派下来的各种杂役、杂税。柳宗元在任监察御史见习官员的时候，巡行乡里，发现了这一严重的问题，但又不便明言，便写了这篇具有寓言性质的《种树郭橐驼传》。

朗读原文

郭橐驼，不知始何名，病偻(lóu)，隆然伏行，有类橐驼者，故乡人号之"驼"。驼闻之，曰："甚善，名我固当。"因舍其名，亦自谓"橐驼"云。其乡曰丰乐乡，在长安西。驼业种树，凡长安豪家富人为观游及卖果者，皆争迎取养。视驼所种树，或迁徙，无不活，且硕茂，蚤(zǎo)实以蕃。他植者虽窥伺效慕，莫能如也。

实时翻译

有一个人外号叫郭橐驼，不知道他原来的名字叫什么。因为他患有佝偻病，走路的时候只能弯着腰，脊背突起就像骆驼一样，所以乡邻们就喊他"橐驼"。橐驼听到后说："这名字很好，和我很相配啊。"于是他就不再用自己原来的名字，也自称起"橐驼"来。他的家乡叫丰乐乡，就在长安城的西边。他以种树为业，凡是长安城里要营建游览园林的富豪人家和靠种植贩卖水果为生的人家，都争着上门去雇用他。他所种或是移植的树木，没有不能成活的，而且每一棵都长得高大茂盛，结果实又早又多。其他种树的人即使在暗中观察、模仿，也没有能比得上他的。

朗读原文

有问之，对曰："橐驼非能使木寿且孳(zī)也，能顺木之天，以致其性焉尔。凡植木之性，其本欲舒，其培欲平，其土欲故，其筑欲密。既然已，勿动勿虑，去不复顾。其莳(shì)也若子，其置也若弃，则其天者全而其性得矣。故吾不害其长而已，非有能硕茂之也；不抑耗其实而已，非有能蚤而蕃之也。他植者则不然，根拳而土易，其培之也，若不过焉则不及。苟有能反是者，则又爱之太殷，忧之太勤，旦视而暮抚，已去而复顾，甚者爪其肤以验其生枯，摇其本以观其疏密，而木之性日以离矣。虽曰爱之，其实害之；虽曰忧之，其实仇之。故不我若也。吾又何能为哉！"

实时翻译

  有人问他树木种得好的原因，他回答说："我也不能让树木活得长久、长得茂盛，只不过是顺应了树木生长的天性，让它们自然生长罢了。所有树木都有这样的天性：树根要舒展，培土要均匀，根要带旧土，筑土要压实。做好了这些，就不要再动它了，也不用担心，只管离开，不需要再照管它。种树的时候要像对待子女一样，悉心照料；种好后要像丢弃它一样，放在那里不管，这样的话，它的天性就得以保全，就能按本性自然生长。所以，我只不过做到了不妨碍它生长，并没有本事让它高大茂盛；只不过不让它的果实减少，并没有办法让它的果实又早又多。其他种树的人却不是这样，他们种树的时候，树根拳曲着，换掉了根上的旧土，培土不是过多就是太少。即使有不这么做的人，在后期管理中又会太过于爱惜、担心它们，早晨去看看，晚上去摸摸，刚走开没多久又回去查看，甚至还用指甲划破树皮来判断它是死是活，摇晃树根来看它是否栽种得结实，这样一来，就一天天背离了树木生长的天性。虽然嘴上说喜爱它，实际上是害了它，虽然嘴上说担心它，实际上是与它为敌，所以他们都不如我。我又有什么本事呢？"

朗读原文

问者曰:"以子之道,移之官理,可乎?"驼曰:"我知种树而已,官理非吾业也。然吾居乡,见长人者好烦其令,若甚怜焉,而卒以祸。旦暮吏来而呼曰:'官命促尔耕,勖(xù)尔植,督尔获,蚤缫而绪,蚤织而缕,字而幼孩,遂而鸡豚。'鸣鼓而聚之,击木而召之。吾小人辍飧饔(sūn yōng)以劳吏者,且不得暇,又何以蕃吾生而安吾性邪?故病且怠(dài)。若是,则与吾业者其亦有类乎?"

问者嘻曰:"不亦善夫!吾问养树,得养人术。"传其事以为官戒也。

实时翻译

问的人又说:"把你种树的道理转用到为官治民上,你觉得可行吗?"橐驼说:"我只知道种树,为官治民,不是我的本业,我不好说。但是我住在乡里,确实见过有些官吏喜欢不断地发号施令,貌似很怜爱百姓,却最终给他们带来了灾祸。不管早晨还是傍晚,小吏们都会跑来大喊:'长官有令:催促你们耕地啦,勉励你们种植啦,督促你们收获啦,早点儿煮茧抽丝啊,早点儿织布啊,养好你们的孩子,喂好你们的鸡和猪。'一会儿打鼓召集大家,一会儿又敲梆召集大家。我们这些小百姓就算连早晚饭也顾不上吃地去慰劳那些小吏尚且不得空暇,还怎么繁衍生息、自然生产呢?所以我们才困苦疲乏啊。像这样治民反而扰民,大概和我的同行们种树有些相似吧?"

问的人赞叹说:"这不是也很好吗!我问种树的方法,却额外收获了治民的道理。"所以我把这件事记下来,作为官吏们为官的鉴戒。

思维导图

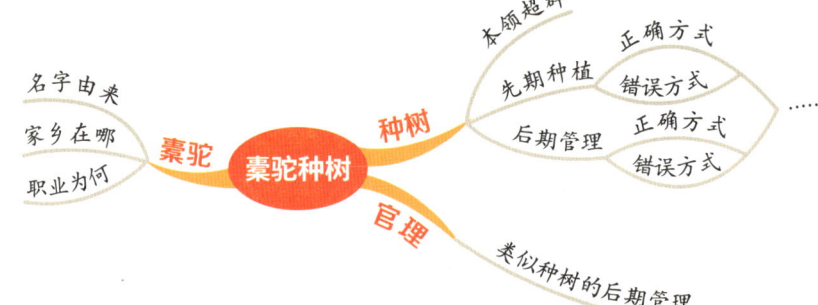

多思考一点　橐驼种树成功的秘诀是什么?"顺木之天,以致其性"。用今天的话简单来说,就是要尊重树木的生长规律,让它充分自然生长。其实不光是种树,世间的万事万物大都遵循一定的规律发展,我们只有尊重事物发展的客观规律,才能更好地理解自然、改造自然。

愚溪诗序

▢ 什么都是傻傻的

出处 《柳河东集》
作者 柳宗元
创作年代 唐
坐标 《古文观止》卷九；高中语文必修三

柳宗元被贬到柳州，从人生的巅峰一下子断崖式下跌，跌进了人生的谷底，心情怎么可能不郁闷呢？郁闷的时候，他就去游山玩水、纾解自己的苦闷。有一天，他发现了一条美丽的小溪，周围景色十分优美，就决定在这里建一套乡间别墅。他买下了周围的土地、山丘、溪流，建起了水池、小岛、房屋，并给它们都起了个傻傻的名字："愚丘""愚溪""愚池""愚岛""愚堂"……

朗读原文

灌水之阳，有溪焉，东流入于潇水。或曰："冉氏尝居也，故姓是溪为冉溪。"或曰："可以染也，名之以其能，故谓之染溪。"余以愚触罪，谪潇水上，爱是溪，入二三里，得其尤绝者家焉。古有愚公谷，今余家是溪，而名莫能定，土之居者犹龂龂然，不可以不更也，故更之为愚溪。

实时翻译

灌水的北面有条小溪，向东流入了潇水。有的人说："有户姓冉的人家曾经住在这里，所以人们就把这条溪叫作冉溪。"有的人说："这条溪的溪水可以用来染色，人们就用它的这个功用为它命名，叫它染溪。"我因为愚蠢而犯了大罪，被贬官来到潇水边。我喜欢上了这条小溪，沿着它往上游走了二三里，发现一个风景绝佳的地方，就在那里安了家。古代有个愚公谷，如今我把家安在这条小溪旁，也得有个名字才好，可它的名字还没确定下来，当地的居民还在为此争论不休，看来我只能给它换个名字了，所以我就把它更名为愚溪。

朗读原文

　　愚溪之上，买小丘，为愚丘。自愚丘东北行六十步，得泉焉，又买居之，为愚泉。愚泉凡六穴，皆出山下平地，盖上出也。合流屈曲而南，为愚沟。遂负土累石，塞其隘(sè ài)，为愚池。愚池之东为愚堂，其南为愚亭，池之中为愚岛。嘉木异石错置，皆山水之奇者，以余故，咸以愚辱焉。

实时翻译

　　我在愚溪的上游买了个小丘，叫它愚丘。从愚丘往东北方向走六十步，有一处泉源，我也买了下来，称它愚泉。愚泉一共有六个泉眼，都涌出在山下的平地上，泉水全是从地下向上涌出的。涌出的泉水汇流后弯弯曲曲地往南流去，我就把这条小水沟称作愚沟。我又运土垒石，把愚沟最狭窄的地方堵住，让泉水积成了愚池。愚池的东面是愚堂，南面是愚亭，池中央还建了一个愚岛。名贵的树木和珍奇的石头参差错落地点缀其间，怎么看都是瑰丽的山水奇景，然而因为我的缘故，它们都被一个"愚"字辱没了。

朗读原文

夫水，智者乐也。今是溪独见辱于愚，何哉？盖其流甚下，不可以溉灌；又峻急，多坻(chí)石，大舟不可入也；幽邃(suì)浅狭，蛟龙不屑，不能兴云雨。无以利世，而适类于余，然则虽辱而愚之，可也。

宁武子"邦无道则愚"，智而为愚者也；颜子"终日不违如愚"，睿(ruì)而为愚者也。皆不得为真愚。今余遭有道，而违于理，悖(bèi)于事，故凡为愚者，莫我若也。夫然，则天下莫能争是溪，余得专而名焉。

实时翻译

古人说：仁者乐山，智者乐水。水本是智者所喜爱的。为什么这条小溪却被我命名一个愚字呢？这是因为它的水位很低，不能用来灌溉农田；河道险峻，水流湍急，还有很多乱石浅滩，大船不能开进去；河道幽深、狭窄，水却很浅，蛟龙也看不上这里，不来兴云作雨。它对世人没有什么用处，这一点正好跟我很像。既然如此，用一个愚字来称呼，也不算是辱没了它。

宁武子"在国家盛世的时候就表现出自己的聪明才智，在国家混乱时就表现得很愚蠢"，这是聪明人在故意装糊涂。颜回在和孔子说话的时候"从来不反对老师的见解，像是个没主见的傻瓜"，这是睿智者在故意卖呆装傻。他们都不是真正的愚笨。如今，我生逢清明盛世，却做出了有违事理的糊涂事，全天下的愚人再也没有比我更愚蠢的了。愚蠢的我和这条无用的小溪真是绝配啊，所以，天下人谁也不能和我争这条小溪，我要独自占有它并给它命名。

朗读原文

　　溪虽莫利于世，而善鉴万类，清莹秀澈，锵鸣金石，能使愚者喜笑眷慕，乐而不能去也。余虽不合于俗，亦颇以文墨自慰，漱涤万物，牢笼百态，而无所避之。以愚辞歌愚溪，则茫然而不违，昏然而同归，超鸿蒙，混希夷，寂寥而莫我知也。于是作《八愚诗》，记于溪石上。

实时翻译

　　愚溪虽然对世人没什么用处，可它却能够映照万物，它的水流干净明澈，叮咚水声悦耳动听，能让我这个愚蠢的人喜笑颜开，对它喜欢眷恋，高兴得不舍离去。我虽然与世俗不合，但与世俗中人一样，也很爱写文作诗来抒发自己的情感，告慰自己的心灵，而且文笔出众，世间万象都逃不出我的笔墨形容。我用我的言辞赞颂愚溪，便觉得茫茫然与愚溪融为一体，昏昏然与愚溪一同走向了归宿，超越天地宇宙，融入虚空静寂，在寂静无声之中忘却了自己。于是作《八愚诗》，记在溪石上。

思维导图

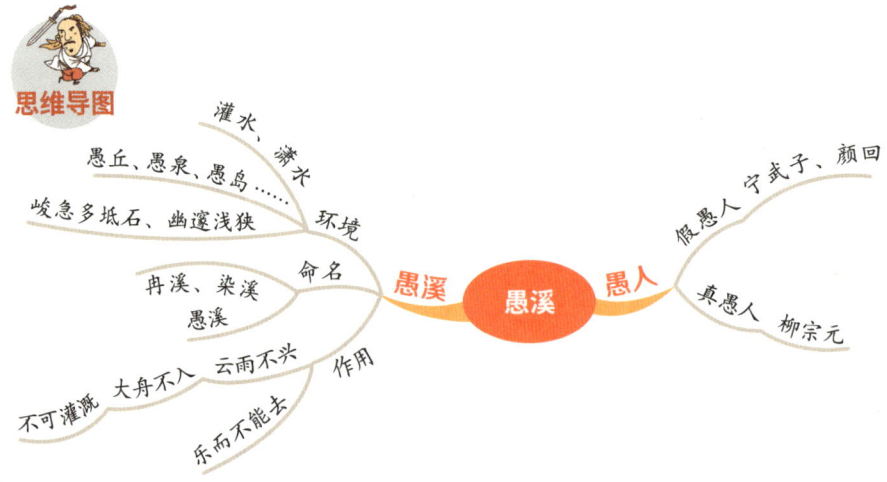

 **助学小贴士**

柳宗元为什么说自己愚呢？柳宗元在朝为官的时候，宦官干政，藩镇割据，政治昏暗，百姓疾苦。这时候，柳宗元的铁杆朋友王叔文站了出来，说要改变这个世界。王叔文棋艺高超，被作为"特长生"保送到了太子李诵府上，深得李诵信任。他虽然文化课成绩不太好，但很有号召力，和柳宗元、刘禹锡等一大批青年才俊官员结成了生死之交。李诵登基后，更是出现了"二王刘柳"（王叔文、王伾、刘禹锡、柳宗元）这样的政治明星团队。那时候，柳宗元可谓春风得意，甚至连皇帝立谁为太子都要发表意见，硬是写文章上书阻止李纯做太子。谁知，王叔文改变世界的"永贞革新"触动了宦官集团的利益，宦官们逼迫唐顺宗李诵退位，把皇位交给了李纯。李纯自然恨透了柳宗元，将他一贬再贬，最终贬到了永州。现在，你知道柳宗元愚在哪里了吗？除了参与结党、干涉皇家事务，你还能想到什么吗？

多思考一点 柳宗元在这篇文章中把自己被贬官永州的原因归结于自己的"愚"，这是他对自己境遇的深刻反省。我们要从他的身上吸取教训：凡事不能任意而为，而要做到"三思而后行"，在做事之前一定要反复认真考虑，直到考虑周全后再去行动。

钴鉧潭西小丘记
（gǔ mǔ）

▫ 买山日记

出处：《永州八记》
作者：柳宗元
创作年代：唐
坐标：《古文观止》卷九

助学小贴士

　　柳宗元想给自己所买的小丘写篇日记，可是小丘没有名字怎么办？有了，它东边有个钴鉧潭，那就叫它"钴鉧潭西的小丘"吧。钴鉧就是古代的熨斗，所以钴鉧潭在今天就可以叫作"熨斗潭"，后来柳宗元干脆给它起了个名字——"愚丘"……

朗读原文

得西山后八日,寻山口西北道二百步,又得钴鉧潭。西二十五步,当湍(tuān)而浚(jùn)者为鱼梁。梁之上有丘焉,生竹树。其石之突怒偃蹇(yǎn jiǎn),负土而出,争为奇状者,殆不可数。其嵚(qīn)然相累而下者,若牛马之饮于溪;其冲然角列而上者,若熊罴(pí)之登于山。

实时翻译

探索西山后的第八天,我沿着西山的山口向西北方走了两百步,又发现了一个叫钴鉧潭的深潭。钴鉧潭西面二十五步远的地方,在水流急深处有一道小坝。坝的上游有一座小丘,上面生长有竹子和树木。小丘上有许多从土里冒出来的或突起耸立或错综盘踞的奇形怪状的山石,多得几乎数不清。那些重重叠叠、倾斜向下的石头,好像是俯身在小溪边饮水的牛马;那些突出向上、状如兽角的石头,好像是伏身在山坡上攀登的棕熊。

朗读原文

　　丘之小不能一亩，可以笼而有之。问其主，曰："唐氏之弃地，货而不售。"问其价，曰："止四百。"余怜而售之。李深源、元克己时同游，皆大喜，出自意外。即更取器用，铲刈秽草，伐去恶木，烈火而焚之。嘉木立，美竹露，奇石显。由其中以望，则山之高，云之浮，溪之流，鸟兽之遨游，举熙熙然回巧献技，以效兹丘之下。枕席而卧，则清泠之状与目谋，瀯瀯之声与耳谋，悠然而虚者与神谋，渊然而静者与心谋。不匝旬而得异地者二，虽古好事之士，或未能至焉。

实时翻译

　　这个小丘很小，占地不到一亩，可以把它围起来当成私人的领地。我问它的主人是谁，有人告诉我："这是唐家不要的地方，想卖却一直没人买。"我问售价多少，那人说："只要四百金。"我很喜欢这里，就把它买了下来。李深源、元克己当时和我一起游览，他们也都很高兴，觉得这真是出乎意料的收获。买下它之后，我们几个立刻轮流拿起工具开始铲割杂草、砍伐杂树，然后点了一把大火把它们都烧了。于是，好看的树木、秀美的竹子和奇峭的石头显露了出来。站在林中眺望，入眼的是高峻的山岭、飘浮的白云、潺潺的溪流，还有往来穿梭的飞鸟走兽，这一切美景好像大自然在这个小丘前呈现的一场盛大表演。枕着石头席地而卧，眼睛看到的是清凉明净的景色，耳朵听到的是泠泠淙淙的水声，精神感受到的是悠远空旷的自在，心灵体会到的是远离尘世的宁静。不到十天我就得到了两处风景胜地，即便古代那些嗜好寻山觅水的人，也未必能有我这般幸运啊。

朗读原文

噫！以兹丘之胜，致之沣(fēng)、镐(hào)、鄠(hù)、杜，则贵游之士争买者，日增千金而愈不可得。今弃是州也，农夫渔父过而陋之，价四百，连岁不能售。而我与深源、克己独喜得之，是其果有遭乎？书于石，所以贺兹丘之遭也。

实时翻译

唉！凭着这个小丘的美景，如果把它放到长安附近的沣、镐、鄠、杜等地方，那么那些喜欢游山玩水、愿意争相购买的人，恐怕每天加价千金也买不到。可如今它置身这荒僻的永州，就连农民、渔夫路过这里也看不上它，只卖四百金，却一连几年卖不出去。只有我和李深源、元克己高高兴兴地得到了它，难道确实有所谓命运的安排吗？我把这篇文章写在石碑上，用来祝贺我和这小丘的相遇。

思维导图

多思考一点

生活中往往并不缺少美，只是缺少发现美的眼睛。小丘在农人和渔夫的眼中只是普通的小丘，在柳宗元一番修整后却成为极佳的胜景。因此，要发现美，有时候我们还需要透过表象，看到事物或人真实的样子。

小石城山记

◉ 游山玩水的哀伤

出处：《永州八记》
作者：柳宗元
创作年代：唐
坐标：《古文观止》卷九；高中语文必修二

助学小贴士

　　这篇文章是柳宗元《永州八记》的最后一篇，从表面来看，柳宗元在永州整日游山玩水，不亦乐乎，实际上他通过像小石城山这样绝美的胜景却埋没于荒僻之乡这一事实，抒发的是对美的事物被压抑、遭遗弃的郁愤之情，并借以抒发贤才遭贬逐的天涯沦落之感。回顾之前的《愚溪诗序》《钴鉧潭西小丘记》，你能发现这几篇文章中流露着共同的情感吗？

朗读原文

自西山道口径北，逾黄茅岭而下，有二道：其一西出，寻之无所得；其一少(shāo)北而东，不过四十丈，土断而川分，有积石横当其垠(yín)。其上为睥(pì)睨(nì)梁欐(lì)之形，其旁出堡坞(wù)，有若门焉。窥之正黑，投以小石，洞然有水声，其响之激越，良久乃已。环之可上，望甚远。无土壤而生嘉树美箭，益奇而坚，其疏数偃(cù)仰，类智者所施设也。

实时翻译

从西山路口一直向北走，翻过黄茅岭下山后有两条路：一条路向西，我沿着它走了走没有什么收获；另一条路是稍微北偏东方向，沿着这条路走不到四十丈，一条河川把大地一分为二，有积石堆积成石山横挡在河边。石山顶部天然生成如齿状的矮墙，还有石柱、石梁，旁边凸出一块好像小城堡，还有个洞就像门一样。往洞里探看，黑洞洞的看不见底，丢一块小石子进去，深处传来一声石块落水的响声，洪亮激越，过了好久才消失。盘绕着石山可以登到山顶，站在上面能看得很远。山上没有泥土却长着好看的树木和竹子，更显得造型奇特、生命顽强，竹木分布疏密有致、高低参差，就像是聪慧之人特意种植布置的。

朗读原文

噫！吾疑造物者之有无久矣。及是，愈以为诚有。又怪其不为之于中州，而列是夷狄，更千百年不得一售其伎，是固劳而无用，神者傥不宜如是。则其果无乎？或曰："以慰夫贤而辱于此者。"或曰："其气之灵，不为伟人，而独为是物，故楚之南少人而多石。"是二者，余未信之。

实时翻译

唉！我很早以前就开始怀疑到底有没有造物主，到了这儿，更加坚定了世界上确实有造物主这个想法。可我又不明白他为什么不把这奇美的小石城山安放到人烟稠密的中原地区，却把它摆在这荒僻遥远的蛮夷之地，让它经过千百年岁月更替也没有一次可以向人展示自己奇异景色的机会，这么做简直是白耗力气、毫无用处。造物主大概是不会这么安排的，那是不是造物主真的不存在呢？有人说："造物主是用这奇景来安慰那些被贬逐在此地的贤人。"也有人说："这里天地的灵气不孕育伟人，只孕育这奇山胜景，所以楚地南方少出人才而多产奇峰怪石。"这两种说法我都不信。

思维导图

多思考一点

人生中有顺境也会有逆境,身处顺境时不应骄傲自满、趾高气扬,身陷逆境时也不应妄自菲薄、自暴自弃。柳宗元虽然被贬永州,但他始终没有放弃为国尽忠的理想,没有放弃重回朝堂的希望,在贬谪生活中依然努力精进文学功力。亲爱的你,面对逆境时你会怎么做?

版权专有　侵权必究

图书在版编目（CIP）数据

孩子读得懂的《古文观止》. 汉唐文人理想 /(清)吴楚材,(清) 吴调侯编选 ; 洋洋兔编绘. -- 北京：北京理工大学出版社, 2022.1（2024.2重印）
ISBN 978-7-5682-9987-9

Ⅰ.①孩… Ⅱ.①吴… ②吴… ③洋… Ⅲ.①古典散文 – 散文集 – 中国②《古文观止》– 儿童读物 Ⅳ.①H194.1-49

中国版本图书馆CIP数据核字(2021)第235445号

出版发行 /	北京理工大学出版社有限责任公司	
社　　址 /	北京市丰台区四合庄路6号	
邮　　编 /	100070	
电　　话 /	（010）82563891（童书出版中心）	
网　　址 /	http://www.bitpress.com.cn	
经　　销 /	全国各地新华书店	
印　　刷 /	朗翔印刷（天津）有限公司	
开　　本 /	880毫米×690毫米　1/16	
印　　张 /	37.5	责任编辑/户金爽
字　　数 /	780千字	文字编辑/申玉琴
版　　次 /	2022年1月第1版　2024年2月第6次印刷	责任校对/刘亚男
定　　价 /	180.00元（共3册）	责任印制/王美丽

图书出现印装质量问题，请拨打售后服务热线，本社负责调换

孩子读得懂的
《古文观止》

宋明时代风景

(清) 吴楚材　(清) 吴调侯　编选
洋洋兔　编绘

北京理工大学出版社

听编书者讲什么是《古文观止》

大家好！我叫吴乘权，字子舆，号楚材，清代浙江人。你们可能不认识我，但一定在《古文观止》的封面上看到过我的名号。没错，我和我的侄子——吴调侯正是《古文观止》的编者。

小时候的我和你们一样，有远大的理想。在我们那个时代，书籍分为经、史、子、集四类。我希望自己能把史部的书籍完整读一遍，可惜的是我天资不高，甚至感觉有点儿笨拙，在阅读的过程中不能立刻理解，要揣摩好久，好不容易理解了当前的句子，前面的又忘记了。而且我识字不多，总要查阅工具书，经过考证才能知道其中的意义。

但我热爱历史，为此还想游历天下，搜集各种地方志、实录和史籍，并对其中记载的地方做实地考察。然而，这个梦想在我十六岁的时候破灭了，我患上了腿部疾病。我不会因此放弃自己的人生，病多久那就读多久的书！

几年后病愈的我去参加科举考试，很遗憾，没考中。既无显赫的家庭背景，又没有万贯家财，尽管有我族叔接济，但总得自力更生、艰苦创业。于是，我和吴调侯给人做过幕僚，又当过私塾先生。

康熙三十三年（1694年），我俩共同编成了《古文观止》一书。全书共12卷，收录了东周到明代的文章222篇。

"观止"是表示尽善尽美的意思。那延伸一下，"古文观止"指的就是书中所收录的文章代表文言文的最高水平，学习文言文看这本书足够了。这样说，我是不是太自信了？

有人说我编的这本书不是从文人的角度考虑，只注重文学性和艺术性，反而适合做教材。实际上，这本书是我和吴调侯一边教书，一边编写的，肯定会受到传道授业解惑的影响。这不，在我之后的三百多年，书里的多篇文章反复出现在你们的课本里，比如《曹刿论战》《捕蛇者说》《陋室铭》《师说》《桃花源记》《醉翁亭记》等。

古文琳琅满目，美不胜收，辑选文章的人每朝都有，而且选本越来越多，各有优劣。我和吴调侯不敢说辑选古文，只是收集古今选本，查漏补缺，有差错的及时订正。各选本都是编选者深思熟虑、探究古文的精妙之处而编定，读者读了这本错过那本，可能会遗漏一些美文；如果阅读全部选本，又会很疲劳。这就是我们俩进行再编选的原因。

你们的时代，也许会觉得我们的工作有不足之处，这是正常的。只要《古文观止》能让你们看到古文的精妙，体会到阅读的乐趣，感受到古人的情怀，我这一生足矣。

洋洋兔的小提示

我们摘录了清代吴楚材、吴调侯编选的《古文观止》中80多篇千古传诵的文章，配以富有时代韵味的漫画，专门为孩子们打造了一套《孩子读得懂的〈古文观止〉》。全书分《先秦历史故事》《汉唐文人理想》《宋明时代风景》三册，让孩子们手不释卷，轻松阅读。

目录

- 6   黄冈竹楼记
- 14   书洛阳名园记后
- 20   严先生祠堂记
- 25   岳阳楼记
- 33   朋党论
- 40   梅圣俞诗集序
- 46   五代史伶官传序
- 50   相州昼锦堂记
- 56   丰乐亭记
- 64   醉翁亭记
- 70   秋声赋(节选)
- 76   泷冈阡表(节选)
- 82   刑赏忠厚之至论
- 89   留侯论

147	阅江楼记
154	卖柑者言
160	报刘一丈书
96	超然台记
168	沧浪亭记
103	石钟山记
174	蔺相如完璧归赵论
109	前赤壁赋
179	徐文长传
118	后赤壁赋
186	五人墓碑记
124	方山子传
131	黄州快哉亭记
137	读孟尝君传
140	游褒禅山记

黄冈竹楼记

▢ 竹顶别墅里的悠闲生活

出处 《小畜集》
作者 王禹偁
创作年代 宋
坐标 《古文观止》卷九；高中语文必修三

助学小贴士

　　王禹偁是北宋初期有名的直臣。他虽然出身于磨面为生的贫苦农家，但天生聪颖又勤奋好学，终于凭着知识改变了命运——考中进士后，他历任北宋朝廷的右拾遗、左司谏、知制诰、翰林学士等官职。宋真宗即位后，命他参与撰修《太祖实录》，他却因犯了错误而被贬黄州……

朗读原文

黄冈之地多竹，大者如椽。竹工破之，刳(kū)去其节，用代陶瓦，比屋皆然，以其价廉而工省也。

子城西北隅(yú)，雉堞(zhì dié)圮(pǐ)毁，榛(zhēn)莽荒秽(huì)，因作小楼二间，与月波楼通。远吞山光，平挹(yì)江濑(lài)，幽阒(qù)辽夐(xiòng)，不可具状。夏宜急雨，有瀑布声；冬宜密雪，有碎玉声。宜鼓琴，琴调和畅；宜咏诗，诗韵清绝；宜围棋，子声丁丁然；宜投壶，矢声铮铮然。皆竹楼之所助也。

实时翻译

黄冈地区盛产竹子，大的有椽子那么粗。竹工会破开竹子、削去竹节，做成竹瓦来代替陶瓦，家家户户都用竹瓦做房顶，因为它价钱便宜又省工省力。

子城的西北角，城墙坍塌毁坏了，野草丛生，荒芜一片。于是我盖了两间小竹楼，与月波楼连为一体。登上竹楼，远山的风光尽收眼底，江中的流水一览无余，那清幽宁静、辽阔高远的景象，实在无法描绘出来。夏天在竹楼里适宜听骤雨，有瀑布落水的轰鸣声；冬天在竹楼里适宜听密雪，有玉碎落地般的沙沙声；在竹楼里适宜抚琴，琴声和谐流畅；适宜吟诗，诗韵清新绝俗；适宜下棋，棋子落盘叮当作响；适宜投壶，箭声铮铮入耳。这些美妙的声音都是竹楼带给我们的啊。

朗读原文

公退之暇，被鹤氅(chǎng)衣，戴华阳巾，手执《周易》一卷，焚香默坐，消遣世虑。江山之外，第见风帆沙鸟、烟云竹树而已。待其酒力醒，茶烟歇(zhé)，送夕阳，迎素月，亦谪居之胜概也。

彼齐云、落星，高则高矣；井幹(hán)、丽谯(qiáo)，华则华矣。止于贮妓女，藏歌舞，非骚人之事，吾所不取。

实时翻译

工作之余的闲暇时间里，我披着鹤氅衣、戴着华阳巾，手持一卷《周易》，安静地焚香而坐，排遣尘世的种种烦恼。除了山水之外，只见轻风扬帆、沙滩上的水鸟、烟云、竹树。等到酒意退去、煮茶的火也熄灭了，送走夕阳，迎来皓月，这也是我谪居生活的一大乐趣。

那齐云楼、落星楼，高是很高了；井幹楼、丽谯楼，华丽是很华丽了。可惜只是用来供养艺伎、表演歌舞罢了，这不是文人该做的事，我是不赞成这么做的。

朗读原文

吾闻竹工云:"竹之为瓦,仅十稔(rěn),若重覆之,得二十稔。"噫!吾以至道乙未岁,自翰林出滁上。丙申移广陵,丁酉又入西掖(yòu yè),戊戌(wù xū)岁除日,有齐安之命。己亥(hài)闰三月,到郡。四年之间,奔走不暇,未知明年又在何处,岂惧竹楼之易朽乎?幸后之人与我同志,嗣(sì)而葺(qì)之,庶斯楼之不朽也。咸平二年八月十五日记。

实时翻译

我听竹工说:"竹子做屋瓦,只能用十年;如果铺两层,就可以用二十年了。"唉,我在至道乙未那一年(至道元年,995年),由翰林学士被贬到滁州,丙申年(至道二年,996年)被调到扬州,丁酉年(至道三年,997年)又到中书省任职,戊戌年(咸平元年,998年)的除夕夜我接到贬往齐安的调令,己亥年(咸平二年,999年)闰三月来到了齐安的郡城。四年之中,我奔波不停,不知道明年又会去到何处,难道还担心竹楼容易朽坏?我希望之后来到这里的人能跟我志趣相投,接着修缮它,或许这座竹楼就可以永远不朽坏了。咸平二年八月十五日记录。

思维导图

黄冈竹楼

建造竹楼
- 原因：多竹、竹大
- 地点：子城西北隅
- 环境：雉堞圮毁，蓁莽荒秽
- 规模：二间

人在竹楼
- 视觉：幽阒辽夐
- 听觉：六宜
- 活动：焚香默坐
- 送夕阳 迎素月

借楼抒情
- 对比以明志 骚人不为
- 陈情以明怨 连年迁变

作者信息

姓　　名：王禹偁（chēng）
字　　：元之
生 卒 年：954—1001年
籍　　贯：济州巨野
高光时刻：北宋诗文革新运动的先驱

讲个故事

王禹偁出身寒门，通过刻苦学习参加科举考试改变了命运，实现了人生的飞跃。但是，他朴实耿直的性格却为他的仕途埋下了坎坷的伏笔。他曾在晚年感叹："一生几日？八年三黜。"短短八年时间，他就遭到了三次贬谪，都是因为他刚正不阿。

公元991年，庐州一个女僧道安状告修订了《说文解字》一书的徐铉非礼她，最后虽然查明这是诬告案，但徐铉还是被贬。王禹偁觉得不公平，替徐铉鸣不平，结果宋太宗袒护道安，把出头的王禹偁贬到了商州。

两年以后，宋太宗把王禹偁召了回来。可没过多久，太祖皇帝的宋皇后也就是宋太宗的大嫂去世，太宗办理丧事不合礼，王禹偁又看不下去了，上书提出反对意见。宋太宗一气之下又把王禹偁贬到了滁州。

公元997年，宋真宗即位，把王禹偁召了回来让他撰修《太祖实录》。宋真宗满以为吃了"两堑"的王禹偁该长点心了，谁知他写书完全实话实说，能说的不能说的都给写进了书稿里。宋真宗也受不了他，干脆把他贬到了黄州。王禹偁不久就在黄州去世，年仅48岁。虽然他英年早逝，但"王黄州"直臣的美名却自此流传千古。

多思考一点　坚持追求真理、坚守道德底线是王禹偁一生为官的最大特点，虽然因为坚守正义和公理而三次被贬，但他依然没有放弃自己的追求。所以，即使在贬谪生活中也能做到随遇而安、心安理得。他是我们学习的榜样！

书洛阳名园记后

▢ 园子还是别人家的好

出处 《洛阳名园记》
作者 李格非
创作年代 宋
坐标 《古文观止》卷九

助学小贴士

　　李格非自山东到开封入朝为官，要想安居乐业，第一件大事自然是安居——买房。虽然他身为公务员，也算高薪阶层，但是和王禹偁在《李氏园亭记》中所说开封府"寸土寸金"的房价比起来，那也是杯水车薪。最后，他咬牙买了一个大约十平方米的小房子，在京城安了家。虽然房子小，也没有园子，不过不要紧，他可以去白逛别人家的大园子，而且几乎逛遍了京城开封及西京洛阳有名的大园子。普通人逛完也就逛完了，李格非可不一样，他逛完还写出了一本书《洛阳名园记》，对所记诸园的总体布局以及山池、花木、建筑所构成的园林景观做了翔实的描写，成了有关北宋私家园林的一篇重要文献。这篇《书洛阳名园记后》就是这本书的后记。

朗读原文

　　洛阳处天下之中，挟崤、黾之阻，当秦、陇之襟喉，而赵、魏之走集，盖四方必争之地也。天下当无事则已，有事则洛阳必先受兵。予故尝曰："洛阳之盛衰，天下治乱之候也。"

　　唐贞观、开元之间，公卿贵戚开馆列第于东都者，号千有余邸。及其乱离，继以五季之酷，其池塘竹树，兵车蹂躏，废而为丘墟，高亭大榭，烟火焚燎，化而为灰烬，与唐共灭而俱亡，无余处矣。予故尝曰："园囿之兴废，洛阳盛衰之候也。"

实时翻译

　　洛阳地处全国的中部，拥有崤山、黾隘这样的险要地势保护，是西出三秦、陇地的咽喉要道，又是赵、魏争着向往之地，总的来说就是四方必争之地。天下太平无事也就罢了，一旦有战事，洛阳必然最先遭受战乱。因此我曾说："洛阳的兴盛或衰败，是天下太平或战乱的征兆。"

　　唐代贞观之治、开元盛世时，公卿贵族、皇亲国戚在东都洛阳建造府邸馆舍的，号称有一千多家。等到唐末遭受战乱，又经五代战火摧残，那些池塘、竹林树木已被兵车践踏成一片废墟，高大阔气的亭阁楼台也毁于战火，化成灰烬，与唐朝一起灰飞烟灭了，一处也没留下。因此我曾说："府邸园林的繁盛或毁灭，是洛阳兴盛或衰败的征兆。"

朗读原文

　　且天下之治乱，候于洛阳之盛衰而知；洛阳之盛衰，候于园囿之兴废而得，则《名园记》之作，予岂徒然哉？

　　呜呼！公卿大夫方进于朝，放乎一己之私，自为之，而忘天下之治忽，欲退享此，得乎？唐之末路是已。

实时翻译

　　既然天下的太平或战乱可以从洛阳的盛衰中看到征兆，洛阳的盛衰又可以从府邸园林的兴废中看到征兆，那么我写这部《洛阳名园记》怎么可能是徒劳无益、白费笔墨呢？

　　唉！现在公卿大夫们刚被朝廷提拔任用就只顾着放纵一己的私欲、只为自己打算，却忘掉了天下的治乱大事，想等退休了再来享受园林之乐，可能如愿吗？这样只能走唐朝覆灭的老路啊！

思维导图

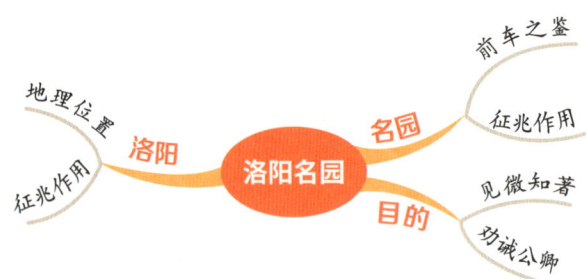

作者信息

姓　　名：李格非
字　　　：字文叔
生 卒 年：约 1045—约 1105 年
籍　　贯：齐州章丘
高光时刻：培养出了优秀的女儿、宋词名家李清照

这篇散文虽然是《洛阳名园记》的后记，但却饱含着心系天下的忧患意识。李格非看到北宋朝廷达官贵人日益腐化，到处营造园林供自己享乐而不顾天下安危，于是用前代的惨痛事实来告诫沉湎于享乐的公卿大夫。果然，二十多年后，北宋覆灭，洛阳陷落，繁盛的园林再次随战火灰飞烟灭。

多思考一点　见微知著，睹始知终。那些圣明之人，往往见到事情的细微迹象或萌芽状态，就能知道、预测到它的本质、发展趋势和结果；通过观察事情的开始状态，就能推测出它的结局。这是一种"预见"能力，能帮助我们趋吉避凶、逢凶化吉。

严先生祠堂记

> 有比较才更见精彩

出处 《范文正公集》
作者 范仲淹
创作年代 宋
坐标 《古文观止》卷九

 助学小贴士

　　严先生就是东汉名士严子陵。早年间，严子陵和刘秀是同学兼好友，后来刘秀通过艰苦奋斗，开创事业，最终成为东汉开国皇帝、天下至尊。这时候他想到了好朋友严子陵，希望他能帮自己治理国家，便派人去找他。可严子陵志不在做官，听说刘秀找他，干脆改了姓名，跑到杭州富春江边躲了起来。后来，刘秀终于找到了他，亲自出面做说服工作，晓之以理、动之以情，但严子陵还是选择回到富春江畔过自在的隐居生活。范仲淹贬居睦州后，仰慕严子陵不慕富贵、不图名利的思想品格，决定建一座祠堂纪念他，就写了这篇《严先生祠堂记》。

朗读原文

先生，光武之故人也，相尚以道。及帝握《赤符》，乘六龙，得圣人之时，臣妾亿兆，天下孰加焉？惟先生以节高之。既而动星象，归江湖，得圣人之清，泥涂轩冕，天下孰加焉？惟光武以礼下之。

在《蛊》之上九，众方有为，而独不事王侯，高尚其事。先生以之。在《屯》之初九，阳德方亨，而能以贵下贱，大得民也。光武以之。盖先生之心，出乎日月之上；光武之量，包乎天地之外。微先生不能成光武之大，微光武岂能遂先生之高哉？而使贪夫廉，懦夫立，是大有功于名教也。

仲淹来守是邦，始构堂而奠焉。乃复为其后者四家，以奉祠事。又从而歌曰："云山苍苍，江水泱泱。先生之风，山高水长！"

实时翻译

严子陵先生是东汉光武帝刘秀的老朋友,他们两人遵从道义而互相尊重。后来刘秀得到预言天命所归的《赤伏符》,凭借着乾卦六爻所象征的阳气登极称帝,统治了千千万万的人民,天下还有谁比他崇高?只有先生因为高尚的节操而高出其上。后来,先生与光武帝同床而卧惊动了上天星象,之后又归隐江湖,达到了圣人清静自然的境界,视高官厚禄为无物,天下又有谁比得了?只有光武帝能够用礼节对待他。

《易经》中《蛊》卦"上九"这一爻的爻辞说,大家都在讲求建功立业的时候,只有这一爻讲求不事奉王侯,使行事品德高尚。这是先生遵从的立身依据。《屯》卦的"初九"爻辞说,帝德正盛的时候能够以高贵的身份礼遇卑贱的人,会深得民心。这是光武帝恪守的行事原则。先生的品行,比日月还高;光武帝的度量,能包容天地万物。如果不是先生就不能成就光武帝度量的宏大;如果没有光武帝,又怎能彰显先生品行的崇高?先生的作为使贪婪的人变得清廉,使胆怯的人变得勇敢,对于教化有很大的功劳啊。

我范仲淹来到这里任职,先是建造祠堂祭奠先生,又为先生后裔之中的四家人免除徭役,让他们负责祠堂中祭祀的事情。还创作了一首歌来歌颂先生:云雾缭绕的高山郁郁苍苍,流淌不绝的江水浩浩荡荡,先生的品德,立世如山高,流传似水长。

思维导图

作者信息

姓　　名： 范仲淹
字 / 号： 字希文，谥号"文正"
生 卒 年： 989—1052 年
籍　　贯： 官邠州
高光时刻： 官拜参知政事，先儒论宋朝人物范仲淹为第一

助学小贴士

《严先生祠堂记》既然是为严子陵建祠堂以示纪念而作，自然对他不求显达、不慕名利的高洁品行不遗余力地夸赞，夸赞的同时也是在暗暗谴责当时社会钻营官场、贪图名利的不良现象。但文章中还埋藏着另一条线，那就是对光武帝以礼待人、礼贤下士的思慕，从这一点上也可以看出他的内心深处仍然怀抱着回归朝廷、效命国家的希望。

多思考一点

面对纷繁的诱惑，如何坚守自己的初心？光武帝对严子陵以礼相待，为劝说他做官可谓动之以情、晓之以理，然而严子陵面对种种诱惑，却做到了始终不为所动。如果我们遇到了可能动摇自己初心的诱惑时，那就不妨想想严子陵吧。

岳阳楼记

◉ 文不对题的传世名文

出处	《范文正公集》
作者	范仲淹
创作年代	宋
坐标	《古文观止》卷九；初中语文九年级上册

助学小贴士

　　《岳阳楼记》之所以流传千古，一是因为它写景字数精练却意境无限，二是因为它突破传统而新意十足，三是因为它感情丰沛且境界崇高——这一点是重中之重。范仲淹被贬"江湖之远"，本可以落得清闲，但他却提出正直的士大夫应将个人的荣辱置之度外，吃苦在前、享乐在后，无论何时都要心怀家国天下，不放弃自己的理想。

朗读原文

庆历四年春，滕子京谪守巴陵郡。越明年，政通人和，百废具兴，乃重修岳阳楼，增其旧制，刻唐贤今人诗赋于其上，属予作文以记之。

予观夫巴陵胜状，在洞庭一湖。衔远山，吞长江，浩浩汤汤，横无际涯，朝晖夕阴，气象万千，此则岳阳楼之大观也，前人之述备矣。然则北通巫峡，南极潇湘，迁客骚人，多会于此，览物之情，得无异乎？

实时翻译

庆历四年（1043年）的春天，滕子京被贬官到巴陵郡做太守，到了第二年，那里就政治清明，百姓安居和顺，各种荒废的事业也都发展起来了。于是滕子京重修岳阳楼，不仅扩大了它原有的规模，还让人在上面增刻了唐代名家和当代文人的诗赋作品，然后嘱托我写一篇文章来记录这件事。

在我看来，巴陵郡的美好景色全在洞庭湖。它与远山相接，吞没长江，水面浩浩荡荡、广阔无边，随着早晚、阴晴的变幻，会呈现出万千景象。这就是岳阳楼前的壮丽风景，前人已经记述得很详尽了。然而，还有前人未曾提及的，那就是洞庭湖北面连通巫峡，南面直到潇水和湘水，被降职的官吏和文人们，大多在这里聚会，他们观赏自然景象而触发的感情会有所不同吧？

朗读原文

若夫<u>淫雨</u>霏(fēi)霏，连月不开，阴风怒号，浊浪排空，日星隐曜(yào)，山岳潜形，商旅不行，樯(qiáng)倾楫(jí)摧，薄暮冥冥，虎啸猿啼。登斯楼也，则有去国怀乡，忧谗畏讥，满目萧然，感极而悲者矣。

实时翻译

如果遇上了接连几个月阴雨连绵、天无晴日，洞庭湖上常常会寒风怒吼，浊浪滔天；这种时候太阳和星星会隐藏起光辉，山岳隐没在阴云中；商人和旅客无法行船，船桅和船桨也会被风浪折断；傍晚昏暗时分，可听到老虎长啸、猿猴悲啼。这时登上这座楼，就会有一种因离开京城而想家、担心别人在朝中说自己坏话、惧怕人家批评指责的忧虑，看到满眼萧瑟的景象，心情会感到无限哀伤。

朗读原文

　　至若春和景明，波澜不惊，上下天光，一碧万顷，沙鸥翔集，锦鳞游泳，岸芷汀兰，郁郁青青。而或长烟一空，皓月千里，浮光跃金，静影沉璧，渔歌互答，此乐何极！登斯楼也，则有心旷神怡，宠辱偕忘，把酒临风，其喜洋洋者矣。

　　嗟夫！予尝求古仁人之心，或异二者之为，何哉？不以物喜，不以己悲，居庙堂之高则忧其民，处江湖之远则忧其君。是进亦忧，退亦忧。然则何时而乐耶？其必曰"先天下之忧而忧，后天下之乐而乐"乎！噫！微斯人，吾谁与归？

> **实时翻译**

　　到了春风和煦、阳光明媚的日子，洞庭湖就会风平浪静，没有惊涛骇浪，湖光与天色相接，一片碧绿，广阔无际，沙洲上的鸥鸟时而飞翔时而归群，湖水中的鱼儿时而上浮时而沉底，湖岸上的白芷和小洲上的兰花香气浓郁、青翠茂盛。有时云消雾散，皎洁的月光会一泻千里，给水波撒上碎金般的幽光，静静的月影映入水中，就像一块无瑕的璧玉，渔夫的歌声你唱我和地响起，这是多么大的乐趣！登上这座楼就会感到心胸开阔、精神愉悦，忘掉所有的荣耀和耻辱，和着春风饮着美酒，感到无限欢娱。

　　唉！我曾探求过古代仁人的心境，或者和这些人的行为完全不同。有什么不同？他们不因外物的好坏和自己的得失而欢喜悲哀；他们在朝廷做官担心百姓不富足，被贬僻远之地又担心国君不圣明。可以说进也忧，退也忧。那他们什么时候才会感到快乐呢？他们一定会回答说"先于天下人的忧去忧，晚于天下人的乐去乐"！唉！如果没有这种人，我又与谁为伍呢？

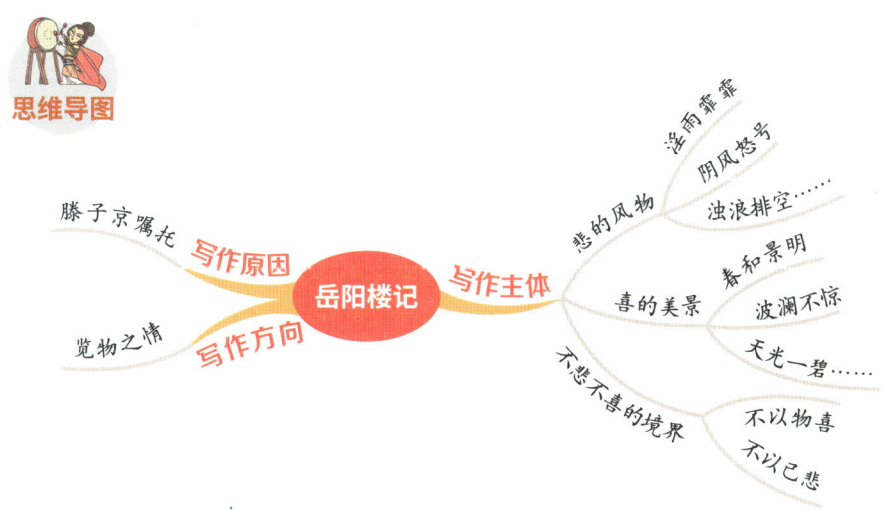

思维导图

岳阳楼记
- 写作原因
  - 滕子京嘱托
- 写作方向
  - 览物之情
- 写作主体
  - 悲的风物
    - 淫雨霏霏
    - 阴风怒号
    - 浊浪排空……
  - 喜的美景
    - 春和景明
    - 波澜不惊
    - 天光一碧……
  - 不悲不喜的境界
    - 不以物喜
    - 不以己悲

讲个故事

范仲淹是中国封建社会中文人的典范,对于文人学士来说,他就是一个神一样的存在。"文正"这个谥号就是一个证明,古代皇帝是从不轻易用这个谥号给人嘉奖的。范仲淹之所以被后世推崇,并不仅仅因为他文笔好,更因为他的精神品质——刚正不阿、宽厚仁爱、文武兼备、智谋过人、心怀天下……

有一年,范仲淹所任职的吴州遭遇了大饥荒。他却大规模举行当地人热衷的划船比赛,自己日日在湖上宴饮,还号召各大寺院充分利用饥岁荒年工钱低廉时大兴土木,自己也趁机募工建官家谷仓及吏卒官舍。面对粮价猛涨,他不仅不管,还放出消息要再加价50%进行收购!范仲淹难道是个不管百姓死活的大昏官吗?错,恰恰相反,他这么做正是为了百姓:举办划船比赛、修缮寺庙和官署是为了增加就业机会,让有钱的人和政府拿出钱来提高百姓收入;放出加价收购粮食的消息,各地粮商都纷至沓来卖粮,结果当地粮食获得了补给,粮食充足粮价自然就降了下来。老百姓有了收入,粮价又降了下来,就没人挨饿了!从这件事中就能看出范仲淹的心怀天下,更能看出他的智谋过人啊!

多思考一点

一个具有天才禀赋的人,绝不遵循常人的思维途径。范仲淹面对岳阳楼之大观前人已经说尽的难题,以文不对题的方式,巧妙地避开写楼,而写登楼的迁客骚人观景时的不同感情,可谓另辟蹊径而让人过目难忘。面对问题时,如果能以创新的方式去解决,往往会有意想不到的收获!

朋党论

▢ 君子周而不比　小人比而不周

出处　《欧阳文忠公文集》
作者　欧阳修
创作年代　宋
坐标　《古文观止》卷九

助学小贴士

　　中国古代封建官场中有一种不良现象被称为"朋党"，是指一些官员为压制、打击政敌，获取利益，利用同门、同乡、同年等拉关系套交情，结成利益集团。两个或多个朋党发生矛盾冲突时，常常会置国家利益于不顾，导致政权出现混乱。因此，结朋党是皇帝的大忌。庆历三年（1042年），范仲淹出任参知政事（宰相），推行"庆历新政"改革，触动了保守派官员的利益。他们不直接反对改革，而是用了一招釜底抽薪，诬告范仲淹、欧阳修等人结朋党。面对污蔑，欧阳修愤而上书了这篇《朋党论》，也回敬一招釜底抽薪作为对敌人的回击。

朗读原文

臣闻朋党之说,自古有之,惟幸人君辨其君子小人而已。大凡君子与君子,以同道为朋;小人与小人,以同利为朋。此自然之理也。

然臣谓小人无朋,惟君子则有之。其故何哉?小人所好者利禄也,所贪者货财也,当其同利之时,暂相党引以为朋者,伪也;及其见利而争先,或利尽而交疏,则反相贼害,虽其兄弟亲戚,不能相保。故臣谓小人无朋,其暂为朋者,伪也。君子则不然:所守者道义,所行者忠信,所惜者名节。以之修身,则同道而相益;以之事国,则同心而共济。终始如一,此君子之朋也。

故为人君者,但当退小人之伪朋,用君子之真朋,则天下治矣。

实时翻译

　　臣听说关于"朋党"的言论是自古就有的，只希望君主您能分清结朋党的是君子还是小人。君子大多因为品德相似、志趣相投而结为朋党，小人则是为了谋求利益而结为朋党。这是很自然的规律。

　　然而臣以为，小人之间是没有朋党的，只有君子才会形成朋党。为什么这么说呢？小人想要的是金钱，贪求的是财物。当他们谋求共同的利益时，虽然会暂时勾结形成朋党，但这种朋党不是真正的朋党。等他们看到了利益争先恐后地抢夺时，或利益已经瓜分完变得交情淡漠后，就会反目成仇互相残害，即使是兄弟、亲戚，也不会互相保全。所以臣说小人之间并无朋党，他们暂时结成的朋党也不是真正的朋党。君子却不这样。他们坚守的是道义，秉行的是忠信，珍爱的是名节。用这些来修养品性，因为志趣相投，所以能相互促进；用这些来效命国家，因为观点相同，所以能做到团结一心、共同努力。始终如一，这是君子的朋党。

　　所以君主只要能远离小人的假朋党、重用君子的真朋党，那么天下就可以大治了。

朗读原文

尧之时,小人共工、驩(huān)兜等四人为一朋,君子八元、八恺(kǎi)十六人为一朋。舜佐尧,退四凶小人之朋,而进元、恺君子之朋,尧之天下大治。及舜自为天子,而皋(gāo)、夔(kuí)、稷(jì)、契(xiè)等二十二人并列于朝,更相称美,更相推让,凡二十二人为一朋,而舜皆用之,天下亦大治。《书》曰:"纣(zhòu)有臣亿万,惟亿万心;周有臣三千,惟一心。"纣之时,亿万人各异心,可谓不为朋矣,然纣以亡国。周武王之臣三千人为一大朋,而周用以兴。后汉献帝时,尽取天下名士囚禁之,目为党人。及黄巾贼起,汉室大乱,后方悔悟,尽解党人而释之,然已无救矣。唐之晚年,渐起朋党之论。及昭(zhāo)宗时,尽杀朝之名士,或投之黄河,曰:"此辈清流,可投浊流。"而唐遂亡矣。

夫前世之主,能使人人异心不为朋,莫如纣;能禁绝善人为朋,莫如汉献帝;能诛戮(lù)清流之朋,莫如唐昭宗之世;然皆乱亡其国。更相称美、推让而不自疑,莫如舜之二十二臣,舜亦不疑而皆用之。然而后世不诮(qiào)舜为二十二人朋党所欺,而称舜为聪明之圣者,以能辨君子与小人也。周武之世,**举**其国之臣三千人共为一朋,自古为朋之多且大莫如周,然周用此以兴者,善人虽多而不**厌**也。

嗟呼!治乱兴亡之迹,为人君者可以鉴矣!

实时翻译

尧统治天下的时候，小人共工、驩兜等四人结成一个朋党，君子八元、八恺共十六人结成了一个朋党。舜辅佐尧帝，不用号称"四凶"的小人朋党，而重用八元、八恺的君子朋党，结果天下太平。等舜自己做了天子，皋陶（yáo）、夔、稷、契等二十二人同时效命于朝廷。他们彼此称赞、互相谦让，二十二个人结成了朋党，而舜全部重用他们，国家也得太平。《尚书》中说："商纣有亿万臣民，但亿万臣民有亿万条心；周朝只有大臣三千，三千人却是同一条心。"商纣王统治的时候，亿万人各存异心，可以说没有朋党，但商朝却因此亡国。周武王的三千大臣结成了一个大朋党，但周朝却因此兴盛。汉末献帝统治的时候，把天下所有名士都关押起来，视为"党人"。等到黄巾起义、天下大乱，汉献帝才幡然悔悟，释放了所谓"党人"，可是已无法挽回汉朝覆灭的命运。唐朝末期，又逐渐生出了朋党的议论，到唐昭宗时，他杀光了朝中的名臣，有的还被投进了黄河，还说："这些人自命为清流，把他们投到黄河的浊流中，让他们永远洗不清。"不久唐朝也灭亡了。

在历代的君主中，能使人人各怀异心而不结为朋党的，谁也比不上商纣王；能杜绝好人结党的，谁也比不上汉献帝；论残杀清流朋党最严重的，莫过于唐昭宗的年代。但他们都因此使国家招致混乱而亡国。要说能互相举荐、谦让而不自相疑忌的，谁也比不上舜的二十二位大臣，舜也毫不怀疑地重用他们。但后世并没有人讥笑舜被这二十二人的朋党所欺骗，却赞美他是一位聪明的圣主，原因就在于他正确区分了谁是君子谁是小人。周武王时，全国三千大臣结成一个朋党，从古至今，没有哪个朋党比周朝这个更大、成员更多了，然而周朝重用这个朋党得以兴盛，原因就在于善良之士再多也不嫌多啊。

唉！古代治乱兴亡的史迹，做君主的可以引以为鉴啊！

思维导图

作者信息

姓　　名：欧阳修
字 / 号：永叔，号醉翁，晚号六一居士
生 卒 年：1007—1072 年
籍　　贯：吉州永丰
高光时刻：官居宰相，文坛领袖，名列"千古文章四大家""唐宋八大家"

 助学小贴士

　　反对派是如何釜底抽薪的呢？釜底抽薪的字面意思是把柴火从锅底抽掉以便让锅里的水不再沸腾。范仲淹的改革措施就好比沸腾的水，这锅沸水眼看要烫着反对派了，但他们不能直接把水倒掉，因为这是给皇帝烧的热水。那怎么办？范仲淹等改革派官员就好比锅底下的柴火，赶走了他们，改革自然就进行不下去了。所以反对派决定诬陷范仲淹一派结党，想让皇帝把他们赶出朝廷。

　　那欧阳修又是如何釜底抽薪的呢？这一回，"朋党"这个概念好比沸腾的水，这锅水眼看就要烫着改革派了，但他们不能直接把水倒掉，因为皇帝很在意这锅热水。那怎么办？"朋党"存在的基础"小人"就比锅底下的柴火，否定了"小人"能结成"朋党"，"朋党"就没有了恶劣的性质，他们即便结党也不用被赶出朝廷了。

多思考一点　　东汉哲学家桓谭曾说："举网以纲，千日皆张。"大意是提网时如果提起大绳子，一个个网眼就都张开了。这句话意在告诉我们，解决问题时只有抓住事物的关键，才能让问题迎刃而解，甚至取得事半功倍的效果。欧阳修《朋党论》就很好地抓住了"朋党"概念的关键，成功破解了被污朋党的难题。

梅圣俞(yú)诗集序

> 诗人少达而多穷?

出处　《欧阳文忠公文集》
作者　欧阳修
创作年代　宋
坐标　《古文观止》卷十

助学小贴士

　　梅圣俞就是北宋著名诗人梅尧臣,他也是北宋诗文革新运动的领袖,被誉为宋诗的"开山祖师"。欧阳修和梅尧臣在诗文革新运动中结下深厚友谊,成了至交好友。但与欧阳修后来的官运亨通不同,梅尧臣一生困顿。他死后,欧阳修为了表达对他的怀念,将他的诗编撰成《梅圣俞诗集》,并写下了这篇序文。

朗读原文

予闻世谓诗人少达而多穷，夫岂然哉？盖世所传诗者，多出于古穷人之辞也。凡士之蕴其所有而不得施于世者，多喜自放于山巅水涯之外，见虫鱼草木、风云鸟兽之状类，往往探其奇怪；内有忧思感愤之郁积，其兴于怨刺，以道羁jī臣寡妇之所叹，而写人情之难言；盖愈穷则愈工。然则非诗之能穷人，殆dài穷者而后工也。

实时翻译

我听世人说，诗人大多穷困，能显达的很少，难道真是这样吗？这大概是因为流传于世的诗歌多出自古代困厄之士的笔下吧。大概那些有才能而又没有机会施展的士人，多数都喜爱到山水之间去放浪形骸，看见虫鱼草木、风云鸟兽等事物，往往深入探究了解它们的奥妙，所以写起来生动传神；同时他们内心又积郁着怀才不遇的忧愁、愤慨，这些怨恨、责备的情感化为诗兴，所以才能道出那些被贬斥到边远地区的官员和独守空房的妇女们的哀叹，写出人们难以言说的情怀。大概诗人越困厄，他的诗就写得越工巧吧。如此看来，恐怕并非写诗使人穷困，大概是穷困后才能写出好诗来。

朗读原文

予友梅圣俞,少以荫补为吏,累举进士,辄抑于有司,困于州县,凡十余年。年今五十,犹从辟书,为人之佐,郁其所蓄,不得奋见于事业。其家宛陵,幼习于诗,自为童子,出语已惊其长老。既长,学乎六经仁义之说,其为文章,简古纯粹,不求苟说于世。世之人徒知其诗而已。然时无贤愚,语诗者必求之圣俞;圣俞亦自以其不得志者,乐于诗而发之,故其平生所作,于诗尤多。世既知之矣,而未有荐于上者。昔王文康公尝见而叹曰:"二百年无此作矣!"虽知之深,亦不果荐也。若使其幸得用于朝廷,作为《雅》《颂》,以歌咏大宋之功德,荐之清庙,而追商、周、鲁《颂》之作者,岂不伟欤!奈何使其老不得志,而为穷者之诗,乃徒发于虫鱼物类、羁愁感叹之言?世徒喜其工,不知其穷之久而将老也!可不惜哉!

实时翻译

我的挚友梅圣俞,年轻时靠着祖先的恩荫补授为低级的官吏,虽然很多次被推举去考取进士,却总是遭到主考官员压制,被困厄于州县基层已经十多年。今年他已经五十岁了,还要靠着别人聘用,去给人家做文书、当助理,因为自己的才能没有机会在事业上充分展现而抑郁积怀。他的家乡在宛陵,年少时就学习诗歌,从孩提时代起,他写的诗就已使父老长辈惊异。长大后,他又学习了六经中的仁义学说,写出的文章简朴纯正,有古人之风,并不希求取悦于世人,因此世人只知道他的诗,不了解他的文。当时的士人不论贤能还是愚笨,只要谈论起诗歌,必然会向圣俞请教。圣俞也乐于把自己不得志的情怀通过写诗来发泄,所以他平生的作品中诗歌就特别多。世人都知道他,却没有人向朝廷推荐他。以前时任宰相王文康曾看过他的诗作,并赞叹说:"二百年都没有出过这么好的诗了啊!"虽然王文康可以说对他的诗很了解,但最终还是没有推荐他入朝为官。假如他能有幸得到朝廷的重用,写出像《诗经》中雅诗、颂诗那样的作品,歌颂大宋的功德,献给皇家宗庙,成为比肩于《商颂》《周颂》《鲁颂》作者的名家,岂不是很伟大?无奈他到老也不得施展抱负,只能作为一个困厄的人写写诗歌,徒劳地为虫鱼等物和苦闷情感而抒发下感慨。大家只喜爱他诗歌工巧,却不知道他困厄已久,行将老去,可惜啊可惜!

朗读原文

圣俞诗既多，不自收拾。其妻之兄子谢景初，惧其多而易失也，取其自洛阳至于吴兴以来所作，次(shì)为十卷。予尝嗜圣俞诗，而患不能尽得之，遽(jù)喜谢氏之能类次也，辄序而藏之。

其后十五年，圣俞以疾卒于京师，余既哭而铭(míng)之，因索于其家，得其遗稿千余篇，并旧所藏，掇(duō)其尤者六百七十七篇，为一十五卷。呜呼！吾于圣俞诗论之详矣，故不复云。庐陵欧阳修序。

实时翻译

圣俞的诗有很多，自己却不整理。他妻子的侄儿谢景初担心诗作太多容易散失，就选取了他从洛阳到吴兴这段时间内所写的作品，编为十卷诗集。我过去很喜欢圣俞的诗作，还担心无法把它们收集完全，很高兴谢氏这次能为这些诗分类编排，于是欣然为之作序并收藏了一部。

从那之后又过了十五年，圣俞因病在京师去世，我痛哭着为他写了墓志铭，趁机向他家索求圣俞后来所作的诗稿，又得到遗稿一千多篇，连同先前所存留的一起，从中选出了特别好的诗作共计六百七十七篇，编成了十五卷的诗集。唉，我对圣俞的诗歌评论得很多了，所以不再赘述。庐陵欧阳修序。

思维导图

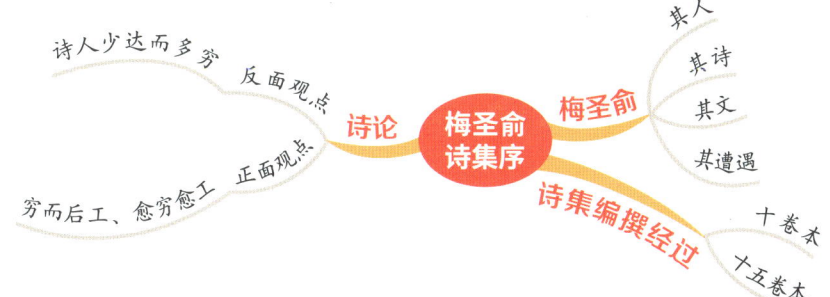

多思考一点

问渠那得清如许，为有源头活水来。欧阳修收集整理梅圣俞的诗作、回顾他的悲苦人生，继而得出了不同于世人的观点，在这个过程中就贯穿着继承与创新的关系。没有继承，就没有创新的基础；没有创新，继承来的东西也只能止步不前。找一找你身边继承与创新的例子吧！

五代史伶官传序

> 不想回到过去

出处　《新五代史》
作者　欧阳修
创作年代　宋
坐标　《古文观止》卷十

助学小贴士

　　五代十国时期（902—979年）是中国历史上一段大混乱时期。这短短几十年内，中原地区依次出现了后梁、后唐、后晋、后汉和后周五个超短命政权，被称为"五代"；中原地区之外存在过前蜀、后蜀、南吴、南唐、吴越等十个割据微政权，被称为"十国"。宋朝就脱胎于这段大动乱时期、诞生于后周政权之中。欧阳修很怕好不容易建立起来的大宋王朝又陷入五代十国那种动乱之中，就本着以史为鉴的原则，编写了七十四卷本的《新五代史》。《五代史伶官传序》就是这部史书中《伶官传》的序。

朗读原文

呜呼！盛衰之理，虽曰天命，岂非人事哉？原庄宗之所以得天下，与其所以失之者，可以知之矣。世言晋王之将终也，以三矢赐庄宗，而告之曰："梁，吾仇也；燕王，吾所立；契丹，与吾约为兄弟，而皆背晋以归梁。此三者吾遗恨也。与尔三矢，尔其无忘乃父之志！"庄宗受而藏之于庙。其后用兵，则遣从事以一少牢告庙，请其矢，盛以锦囊，负而前驱，及凯旋而纳之。

方其系燕父子以组，函梁君臣之首，入于太庙，还矢先王，而告以成功，其意气之盛，可谓壮哉！及仇雠已灭，天下已定，一夫夜呼，乱者四应，仓皇东出，未及见贼，而士卒离散，君臣相顾不知所归，至于誓天断发，泣下沾襟，何其衰也！岂得之难而失之易欤？抑本其成败之迹，而皆自于人欤？

《书》曰："满招损，谦得益。"忧劳可以兴国，逸豫可以亡身，自然之理也。故方其盛也，举天下之豪杰莫能与之争；及其衰也，数十伶人困之而身死国灭，为天下笑。夫祸患常积于忽微，而智勇多困于所溺，岂独伶人也哉！作《伶官传》。

实时翻译

唉！国家的盛衰，虽然说是天意，难道不是受人的因素所影响吗？考察后唐庄宗李存勖得天下和失天下的原因，就可以明白了。世人传说，晋王李克用临死前把三支箭赐给了儿子李存勖，并告诫他说："梁王朱温是我的仇敌，燕王刘守光是我封立的，契丹首领耶律阿保机和我立约结为兄弟，可他们都背叛我而投靠了梁国。这三件事大仇未报，我死而有憾。赐给你三支箭，是让你不要忘了你父亲我未了的心愿。"李存勖收下了箭，收藏在祖庙里。以后每逢出兵打仗，他就派手下官员用猪羊去祭告祖先，从宗庙里恭敬地取出箭来，装在锦帛做的口袋里，背着它冲杀在军队最前面，等到胜利归来再把箭放回宗庙。

当他用绳子绑着燕王父子、用小木匣装着梁国君臣的头颅走进祖庙，把三支箭交还到晋王的灵前，告诉父亲大仇已报时，他意气之盛可以说很豪壮了！等到仇敌被消灭、天下已安定，皇甫晖一人在夜里呼喊几声，叛乱者就四面响应，他慌乱中带兵向东逃跑，可还没遇上叛贼，他带领的将士就已经溃散，君臣面面相觑，不知道该去哪里；到了大臣割下自己的头发对天发誓要为他以死尽忠，无奈的眼泪沾湿衣襟，他又是怎样的孱弱啊！落得这一结局，难道只是因为得天下难而失天下容易吗？还是说，推究他成功失败的原因，其实都是缘于人的原因呢？

《尚书》说："自满会招来损害，谦虚能让人受益。"忧思劳苦可以让国家兴盛，安逸享乐足以毁灭自身，这是自然而然的道理。因此，当他强大时，全天下的英雄豪杰没有谁能和他抗争；等他衰败时，几十个乐官就把他困住了，导致杀身亡国，被天下人耻笑。祸患常常是由小事积累而来的，聪明勇敢的英雄往往被自己沉迷的事物所困。让人沉迷其中的，难道只有乐官吗？所以我写下了《伶官传》。

思维导图

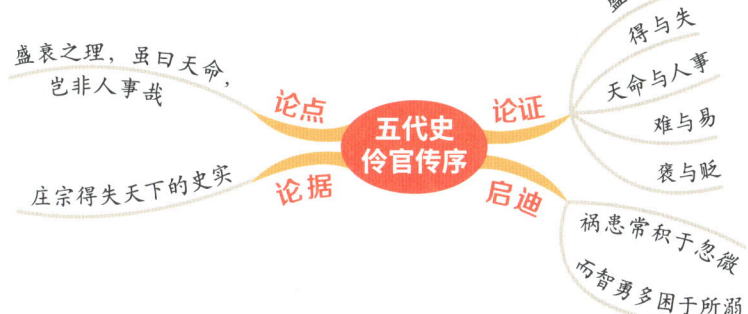

多思考一点　历史是由帝王将相和英雄人物随心所欲创造出来的吗?每个帝王都希望江山永固,历史中有这样的事例吗?其实,社会中的每个人都参与历史的形成,无数个人的作用融合为一个总的合力,推动历史的发展,帝王将相和英雄人物只是对于历史的影响更大一些而已。

相州昼锦堂记

> 富贵不归故乡，如衣绣夜行

出处 《欧阳文忠公集》
作者 欧阳修
创作年代 宋
坐标 《古文观止》卷十

助学小贴士

　　西楚霸王项羽曾说："富贵不归故乡，如衣绣夜行，谁知之者？"大致意思就是，富贵之后如果不回家乡显摆一番，就像穿着名牌且限量版的衣服在黑灯瞎火的夜里行走，谁也看不见，没有一点成就感。自此之后，很多人就把"衣锦还乡"作为一种世俗追求。魏国公韩琦回老家任职，可以说是富贵而归故乡，虽然他也未能免俗修建了"昼锦堂"来显摆——大白天穿着锦衣招摇，但同时又在堂中刻诗言志，不以昼锦为荣，而以德被生民、功施社稷、名耀后世为荣。

朗读原文

仕宦而至将相，富贵而归故乡，此人情之所荣，而今昔之所同也。盖士方穷时，困厄闾里，庸人孺子，皆得易而侮之。若季子不礼于其嫂，买臣见弃于其妻。一旦高车驷马，旗旄导前，而骑卒拥后，夹道之人相与骈肩累迹，瞻望咨嗟，而所谓庸夫愚妇者，奔走骇汗，羞愧俯伏，以自悔罪于车尘马足之间。此一介之士得志于当时，而意气之盛，昔人比之衣锦之荣者也。

实时翻译

做官做到将军或宰相，大富大贵之后荣归故乡，这被人们认为是光宗耀祖的事，古往今来都是这样。士人在穷困潦倒时，只能困居乡里，就连平庸之辈甚至小孩子都可以轻慢他、欺侮他。就像苏秦不被他的嫂嫂以礼相待，朱买臣被他的妻子抛弃一样。可是他们一旦坐上四匹马拉的大车，由举着旗帜的人在前面开路，骑着马的兵卒在后面簇拥，挤满街道两旁的人们并肩接踵地一边观望一边赞叹，那些庸夫愚妇就开始怀着恐惧之心奔走忙碌，汗水淋漓，然后羞愧地跪在车轮马足扬起的灰尘中，后悔地认罪。这就是一般士人一时得志、意气风发的样子，前人就将这比作穿着锦衣一般荣耀。

朗读原文

惟大丞相魏国公则不然。公，相人也。世有<u>令德</u>，为时名卿。自公少时，已<u>擢</u>(zhuó)高科，登显士。海内之士，闻下风而望余光者，盖亦有年矣。所谓将相而富贵，皆公所宜<u>素有</u>，非如穷厄之人侥幸得志于一时，出于庸夫愚妇之不意，以惊骇而夸耀之也。然则高牙大纛(dào)，不足为公荣；桓圭衮冕(guī gǔn miǎn)，不足为公贵；惟德被生民，而功施社稷，<u>勒</u>(lè)之金石，播之声诗，以耀后世而垂无穷，此公之志，而士亦以此望于公也。岂止夸一时而荣一乡哉？

实时翻译

只有大丞相魏国公不是这样。魏国公是相州人，祖上世代都有<u>美德</u>，都是当时有名望的高官。魏国公年纪轻轻就<u>考取</u>了进士，担任了显要的官职。全国的士人们对他钦佩、敬仰，也有好多年了。大家说的出将入相那是他应得的，大家说的富贵荣耀那是他<u>一直都有</u>的，用不着像那些困厄的士人靠着好运一时志得意满，以出乎庸夫愚妇的意料、让他们吃惊惧怕来显耀自己。高大的仪仗旗帜，不足以让魏国公感到光荣；公爵所执的玉圭和所穿的华服，也不足以让魏国公觉得富贵。只有将恩德施于百姓、为国家建立功勋，并将这光荣的事迹<u>镌刻</u>在金石之上，让这光荣的事迹通过诗歌传播四方，光耀后世而永垂不朽，才是魏国公的大志所在，也是士人们寄希望于他的。他的追求怎么可能只是为了光彩一时、荣耀一乡？

朗读原文

公在至和中，尝以武康之节，来治于相，乃作昼锦之堂于后圃。既又刻诗于石，以遗相人。其言以快恩仇、矜名誉为可薄，盖不以昔人所夸者为荣，而以为戒。于此见公之视富贵为何如，而其志岂易量哉？故能出入将相，勤劳王家，而夷险一节。至于临大事，决大议，垂绅正笏，不动声色，而措天下于泰山之安，可谓社稷之臣矣。其丰功盛烈所以铭彝鼎而被弦歌者，乃邦家之光，非闾里之荣也。

实时翻译

至和年间，魏国公曾经以武康节度使的身份管理过相州，在官府后园建了一座"昼锦堂"。后来又在石碑上刻了诗，留给相州的百姓。诗中告诫，那些注重个人恩怨、夸耀个人荣誉的人是让人看不起的，他就从不把别人的夸赞视为自己的光荣，反而引之以为鉴戒。由此可见魏国公对待荣华富贵是什么样的态度，他的志向岂是能轻易衡量的？因此，他才能官居宰相，辛勤劳苦地为皇上办事，不论平安或艰险，忠心始终如一。面临重大事件、进行重大决策的时候，他也同样垂着衣带，稳执手板，不动声色，把天下治理得像泰山一样稳固，真可称得上是国家的重臣啊。他的丰功伟绩被铭刻在钟鼎之上、流传于诗歌之中，这是国家的荣耀，而不是一乡之地的荣耀啊。

朗读原文

余虽不获登公之堂,幸尝窃诵公之诗,乐公之志有成,而喜为天下道也,于是乎书。

实时翻译

我虽然没去过昼锦堂,却有幸读过他的诗歌,深为他的梦想实现而高兴,也乐于向天下人传扬他的事迹,于是写了这篇文章。

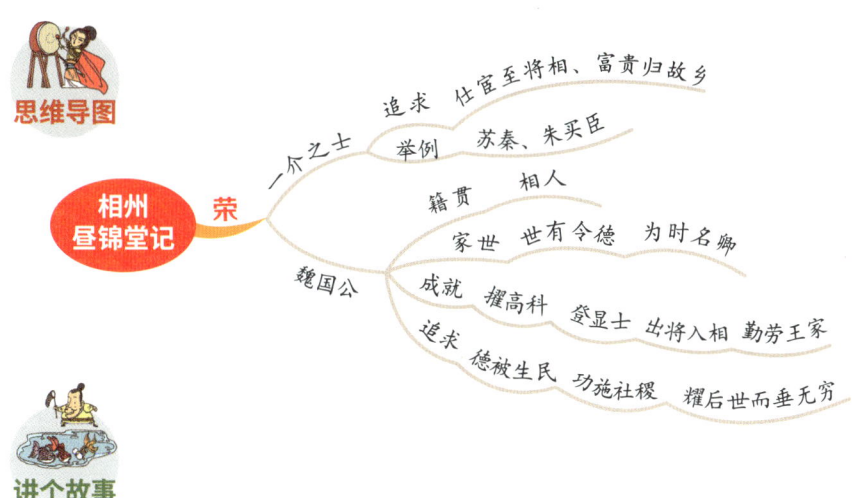

讲个故事

欧阳修虽然在当时已经是文坛上无可动摇的绝对领袖,可以说是一代文豪,但他对待文章的写作态度依然可以用谨小慎微、精益求精来形容。写作这篇《相州昼锦堂记》的时候就有这么一个小故事可以佐证。

韩琦是欧阳修的好朋友,"昼锦堂"即将建好的时候他派人去欧阳修那里,请他写一篇文章以示纪念,想要在重阳节前镌刻堂上。时间紧任务重,欧阳修马上投入了创作。文章写好后就让来人带着文章快马加鞭地赶回相州去了。到了晚上,他重读此文,刚读完第一句就觉得大事不妙,立刻挥毫重写一篇,把家仆从美梦中揪了起来,让他骑上快马把这第二篇文章火速送到相州。韩琦一下子收到了两篇文章,好奇欧阳修做了多大的修改,以致让家仆千里传文。看来看去,终于发现,文章第一句由"仕官至将相,锦衣归故乡"变成了"仕官而至将相,锦衣而归故乡"——只多了两个"而"字。改动虽不大,但这样一来,不但上下文连贯顺畅,意思也比原文深邃了。

相传,欧阳修在他晚年老眼昏花的时候还经常拿出自己年轻时写的文章来修改。他的夫人心疼他,取笑道:"你都这么大岁数了,干吗还费这个心,难道你还以为你是小孩子,怕先生骂你文章写得不好吗?"欧阳修笑着说:"我不怕先生骂,就怕后起之秀笑话我啊。"

一代文豪之所以是一代文豪,我想你肯定知道其中一些原因了吧?

丰乐亭记

▫ 要素完备的记事范文

出处 《欧阳文忠公集》
作者 欧阳修
创作年代 宋
坐标 《古文观止》卷十

 助学小贴士

  欧阳修写这篇文章的时候,虽然是因为受范仲淹改革案牵连而被贬官到滁州,但他认为这都不是事儿。他的文章中没有丝毫抑郁哀怨之情。滁州虽地处偏僻,但民风淳厚,风景宜人。青山绿水涤除了他心头的烦恼,他几乎整日陶醉于山水之中。从中足可见其人生观的旷达。

朗读原文

　　修既治滁之明年，夏，始饮滁水而甘，问诸滁人，得于州南百步之远。其上则丰山耸然而特立，下则幽谷窈然而深藏，中有清泉滃然而仰出。俯仰左右，顾而乐之。于是，疏泉凿石，辟地以为亭，而与滁人往游其间。

实时翻译

　　我治理滁州的第二年夏天，才发现滁州的泉水喝起来很甘甜，于是就问当地人泉水的源头在哪儿，原来就在距离滁州城南面一百步远的地方。泉源的上面是高耸挺立的大山，下面是幽暗曲折的深谷，中间有一股清泉汩汩而出、向上喷涌。我在那里上下打量、左右环顾，觉得心旷神怡，于是就派人疏浚泉流，然后凿山开石辟出一块空地，建了一座亭子，和滁州人民一起到那里游玩。

朗读原文

滁于五代**干戈之际**，用武之地也。**昔**太祖皇帝，尝以周师破李景兵十五万于清流山下，生擒其将皇甫晖（huī）、姚凤于滁东门之外，遂以平滁。修**尝**考其山川，按其图记，升高以望清流之关，欲求晖、凤就擒之所，而故老皆无在者，**盖**天下之平久矣。自唐失其政，海内分裂，豪杰并起而争，所在为敌国者，何可胜数？及宋受天命，圣人出而四海一。向之凭恃险阻，划削消磨。百年之间，漠然**徒**见山高而水清。欲问其事，而遗老尽矣。今滁介江、淮之间，舟车商贾（gǔ），四方宾客之所不至。民生**不见外事**，而安于畎（quǎn）亩衣食，以乐生送死，而孰知上之功德，休养生息，**涵煦**（xù）于百年之深也？

实时翻译

滁州在五代**战乱时期**是个经常发生战争的地方。**从前**，宋太祖还是后周大将的时候，曾经率领后周将士在滁州清流山下打败了南唐皇帝李璟率领的十五万军队，在滁州城东门外活捉了他的大将皇甫晖和姚凤，于是滁州得以平定。我**曾**考察过滁州的山川，按着地图和文献记载，爬到高处眺望清流关，想探求皇甫晖和姚凤被捉的所在，可是知道这件事的老人都已经不在人世了，**大概**是因为天下太平的时间已经很久了。自从唐末政局混乱开始，天下变得四分五裂，英雄豪杰并起争夺天下，相互敌对的政权多到数也数不清。终于我大宋接受天命，圣人现世，全国终于得到统一。以前作战时凭靠的险要关隘都被铲除、削平了，百年过后，我们**只能**看到山高水清。我想问问那时的情形，然而当时的人都已老去而不在了。如今，处在长江、淮河之间的滁州，是个乘船坐车的商人和四方往来的宾客都不会到的地方，百姓们**不与外界接触**，只是安心地耕田种桑，过着自给自足的日子，安乐地度过一生。又有谁知道这是皇帝的恩德，让百姓休养生息，而且这种**滋润化育**已有百年之久了呢？

朗读原文

修之来此，乐其地僻而事简，又爱其俗之安闲。既得斯泉于山谷之间，乃日与滁人仰而望山，俯而听泉，掇(duō)幽芳而荫乔木，风霜冰雪，刻露清秀，四时之景无不可爱。又幸其民乐其岁物之丰成，而喜与予游也。因为本其山川，道其风俗之美，使民知所以安此丰年之乐者，幸生无事之时也。

夫宣上恩德，以与民共乐，刺史之事也。遂书以名其亭焉。

实时翻译

我来到这里后，喜欢上了这里的偏僻安宁、工作清闲，也喜欢这里风俗中流露出的安恬闲适。在山谷中找到这处甘泉后，便每天和滁州的百姓来游玩，或抬头观山，或低首听泉。春天可采撷盛开的幽香花朵，夏天可在茂密的林木中乘凉，秋天起风霜，冬天飘冰雪，也让山石有机会刻画出这里的清肃之美，可以说这里四季的风光无一不令人喜爱。又幸遇百姓因当年庄稼丰收而高兴，也愿意与我同游同乐，于是我趁机为他们讲解这里的山川形胜，叙述这里的美好风俗，使民众知道他们之所以能够安享丰年的欢乐，是因为有幸生于这太平无事的伟大时代。

宣扬皇上的洪恩圣德、和百姓共享欢乐，这原本就是刺史的职责。于是我写下这篇文章，为这座亭子命名。

思维导图

画荻教子

讲个故事　　欧阳修虽然出生在天府之国四川的一个官宦之家，但命运却很悲苦，四岁时为官的父亲就撒手人寰，丢下他和母亲郑氏两个人相依为命。虽然生活艰苦，欧阳修上不起私塾，但好在郑氏出身江南名门望族，是受过教育的大家闺秀，她既为母又为师，亲自教欧阳修学习文化知识。没钱买笔墨，郑氏就在家里挖了一个大坑，铺满沙子，把沙铺平后用一根荻草代替笔在沙上教欧阳修识字、写字。欧阳修就是在如此艰苦的学习环境中成长，最终成为彪炳史册的文坛领袖、名流千古的一代文豪。

多思考一点　　《丰乐亭记》是一篇典型的记事类文章，短短几百字就把修建丰乐亭的时间、地点、环境、原因、过程、目的、时代背景和效果从始至终完整地记录了下来。我们在写记事类的作文时，也应该注意借鉴这些要素，把自己的文章写得丰满。

61

醉翁亭记

◎ 画面大师的唯美记录片

出处：《欧阳文忠公集》
作者：欧阳修
创作年代：宋
坐标：《古文观止》卷十；初中语文九年级上册

　　庆历新政改革失败后，韩琦和范仲淹最先被贬官赶出了朝廷，作为改革派一员大将的欧阳修勉强保住了京官的帽子。可是谁知这时突然又冒出一个坑舅舅的外甥女张氏，让事情发生了巨大转折。张氏在婚姻期间出了轨，被抓进了官府，在监狱里她被欧阳修的政敌利用，给欧阳修扣上了叔侄乱伦的大帽子。虽然仁宗皇帝心里跟明镜似的，知道这是污蔑，可是人言可畏啊，他也只好把欧阳修贬黜滁州……

朗读原文

环滁皆山也。其西南诸峰，林壑(hè)尤美，望之蔚然而深秀者，琅琊(láng yá)也。山行六七里，渐闻水声潺(chán)潺，而泻出于两峰之间者，酿泉也。峰回路转，有亭翼然临于泉上者，醉翁亭也。作亭者谁？山之僧智仙也。名之者谁？太守自谓也。太守与客来饮于此，饮少辄(zhé)醉，而年又最高，故自号曰醉翁也。醉翁之意不在酒，在乎山水之间也。山水之乐，得之心而寓之酒也。

实时翻译

滁州城四面环山，而西南方的那几座山峰，山林谷壑的风光格外美丽。远远望去，树木茂盛、峡谷幽深而山峰挺秀的那座，就是琅琊山了。沿着山路走上六七里，就渐渐听闻潺潺的流水声，再行不远就可见一股清流从两峰之间飞泻而下，那是酿泉。继续沿着山路盘绕山峰、曲折前行，一座飞架在泉源上的凉亭忽然映入眼帘，它那翘起的亭檐宛如飞鸟展翅一般，那就是醉翁亭了。是谁建造了这亭子？是琅琊山上的智仙和尚。又是谁给它取了"醉翁"之名？正是太守自己起的这个名字。原来，太守邀他的朋友来这儿喝酒，刚喝了一点儿就醉了，他年纪又最大，所以就给自己起了个别号叫"醉翁"，于是就把这亭子也命名"醉翁亭"了。醉翁的意趣不在于醉酒，而在于以酒为伴，欣赏这山水的美景。由欣赏山水而得的乐趣，有感于内心，而寄托在酒上罢了。

66

朗读原文

若夫日出而林霏(fēi)开,云归而岩穴暝(míng),晦明变化者,山间之朝暮也。野芳发而幽香,佳木秀而繁阴,风霜高洁,水落而石出者,山间之四时也。朝而往,暮而归,四时之景不同,而乐亦无穷也。

至于负者歌于途,行者休于树,前者呼,后者应,伛偻(yǔ lǚ)提携,往来而不绝者,滁人游也。临溪而渔,溪深而鱼肥,酿泉为酒,泉香而酒洌(liè),山肴野蔌(yáo sù),杂然而前陈者,太守宴也。宴酣(hān)之乐,非丝非竹,射者中,弈者胜,觥筹(gōng chóu)交错,起坐而喧哗者,众宾欢也。苍颜白发,颓(tuí)乎其中者,太守醉也。

实时翻译

太阳出来时,山林里云消雾散;烟云聚拢时,山谷中昏暗阴沉;这种明朗与阴沉的变化,就是山中的清晨与黄昏。春天野花盛开,满山清幽的香气;夏天林木枝繁叶茂,遍野浓密的绿荫;秋季天高气爽、寒霜晶莹,冬季泉源枯少、水落石出,这就是山中四季的景色。每天早晨进山,傍晚回城,欣赏这四季的不同景色,快乐也是无穷无尽的啊。

来此游玩的游客,有的背着东西在路上欢唱,有的安静地坐在树下休息,有的人在前面呼喊,有的人在后面回应,老人们弯着腰慢慢挪步,孩子们牵着手欢腾雀跃,来来往往,络绎不绝。太守在这里大宴宾客,让人到幽深的溪中钓鱼,钓到的鱼肉质肥美;让人以清澈的酿泉制酒,酿出的酒清香甘醇;还有用各种山中野味、野菜烹制的佳肴,杂七杂八地摆满了酒桌。宴饮的乐趣,不在于弹琴奏乐,宾客们有的投壶投中了,有的下棋下赢了,有的时起时坐举杯痛饮互诉衷肠,无限欢乐。只有一个面容苍老、头发花白的老人歪倒在众人中间,那是太守喝醉了。

朗读原文

已而夕阳在山，人影散乱，太守归而宾客从也。树林阴翳(yì)，鸣声上下，游人去而禽鸟乐也。然而禽鸟知山林之乐，而不知人之乐；人知从太守游而乐，而不知太守之乐其乐也。醉能同其乐，醒能述以文者，太守也。太守谓谁？庐陵欧阳修也。

实时翻译

不久，太阳快下山了，落日的余晖照着一群人，人影摇晃散乱，原来是微醺的宾客们跟随太守回城去了。树林里光线暗淡下来，鸟儿开始到处鸣叫，这是游人离开后鸟儿们开始享受栖息山林的快乐。但是鸟儿只知道栖息山林的快乐，却不知道人们游山玩水的快乐；人们只知道跟随太守游山玩水的快乐，却不知道太守正是因他们快乐而快乐。喝醉了能和大家一起欢乐，酒醒了还能写文章记叙这乐事的人，正是太守。这位太守到底是谁呢？正是庐陵人欧阳修啊。

助学小贴士

读完一篇《醉翁亭记》，仿佛在脑中看了一部画面唯美的电影。欧阳修如果生活在今天，一定会成为一名优秀的电影导演、画面大师。难怪古人说："《醉翁亭记》，以文为戏者也。"文章开篇就用广角镜头描绘滁州城全景，然后逐渐拉近镜头，把视角集中在西南诸峰，再拉近直至琅琊一峰。之后视角切换进入山中，酿泉入画，飞亭入景。紧接着镜头又切换成全景，展现山林的晨暮不同、四时变幻。之后镜头再次拉近，拍摄百姓游玩、拍摄太守宴饮，在一片暮色中，画面渐渐淡出，影片结束。

多思考一点 欧阳修被贬滁州，为何一篇《醉翁亭记》中贯穿的主题却是美和乐？原来，影响事物发展的原因有内因和外因之分，内因往往起决定作用，而外因只起促进作用。被贬滁州只是外因，而他豁达、旷放的性格是内因。所以，让自己的内心变得强大，往往就能战胜人生中的各种挫折！

秋声赋（节选）

○ 明写秋声，实写草木

出处 《欧阳文忠公集》
作者 欧阳修
创作年代 宋
坐标 《古文观止》卷十

 助学小贴士

　　悲秋是中国历代诗文中一个恒久不衰的主题。草木于秋凋零，天气于秋清冷。在人们的意识中，秋往往象征着人生将尽，因而具有了悲凉的意味。欧阳修在这篇文章中明面上写悲秋，暗地里却由悲秋转而悲人生之忧劳、苦短。他以草木自喻，暗示自己在众多草木中努力成长，终于长成了一棵佳木，可肃杀的秋气一至，终将万事皆空，因而发出感慨：既然不是能长存于世的金石之质，与众官员争荣一时又有什么意义呢？

朗读原文

欧阳子方夜读书,闻有声自西南来者,悚然而听之,曰:"异哉!"初淅沥以潇飒,忽奔腾而砰湃,如波涛夜惊,风雨骤至。其触于物也,鏦鏦铮铮,金铁皆鸣;又如赴敌之兵,衔枚疾走,不闻号令,但闻人马之行声。予谓童子:"此何声也?汝出视之。"童子曰:"星月皎洁,明河在天,四无人声,声在树间。"

实时翻译

我正在夜里读书,忽然听到有什么声音从西南方传来,大吃一惊,仔细听了听,自言自语道:"这声音真是奇怪啊!"这声音初听起来像淅淅沥沥的雨声,有些萧瑟的感觉,忽然就变得汹涌澎湃起来,仿佛安静的夜里波涛奔涌、风雨突来。又像是碰到家里的物什,发出铜铁相碰时叮叮当当的声音,又像奔赴战场的将士口含短枚快速行军,听不到任何号令,只听见人马行进的声音。我对童子说:"这是什么声音?你出去看看。"童子出去转了一圈回答说:"明月光辉灿烂,银河高悬中天,四处无人作声,声从树林间来。"

朗读原文

予曰:"噫嘻,悲哉!此秋声也,胡为乎来哉?盖夫秋之为状也:其色惨淡,烟霏云敛;其容清明,天高日晶;其气栗冽,砭人肌骨;其意萧条,山川寂寥。故其为声也,凄凄切切,呼号奋发。丰草绿缛而争茂,佳木葱茏而可悦;草拂之而色变,木遭之而叶脱。其所以摧败零落者,乃一气之余烈。

实时翻译

我说:"唉,我突然觉得好悲凉!这是秋天的声音啊,它为何而来呢?秋天给我的印象是:色调凄清惨淡,云气消失,烟雾飘散;形貌明净清冷,天空高远拒人千里之外,日色清明却无暖人之情;气候寒冷冻人,冷风仿佛能刺透人的肌骨;意境荒凉萧索,山川之中安静得没有一丝生气。所以秋天发出的声音,或凄冷如泣诉,或暴烈如呼号。草木丰美繁茂竞相生长,树木青翠茂盛让人感到高兴。可一旦秋声拂过绿草,绿草就会枯萎;一旦秋声掠过树木,树叶就要凋落。使草木凋零的原因,就是肃杀秋气的余威。

……

(省略段落大意:作者从秋在传统文化中各方面的属性归纳出秋"是谓天地之义气,常以肃杀而为心"。)

朗读原文

"嗟夫!草木无情,有时飘零。人为动物,惟物之灵,百忧感其心,万事劳其形;有动乎中,必摇其精。而况思其力之所不及,忧其智之所不能,宜其渥(wò)然丹者为槁(gǎo)木,黟(yī)然黑者为星星;奈何非金石之质,欲与草木而争荣!念谁为之戕(qiāng)贼,亦何恨乎秋声?"

童子莫对,垂头而睡。但闻四壁虫声唧唧,如助予之叹息。

实时翻译

"唉!草木是没有情感之物,到了时间就自然凋零。人是有情感的动物,在万物中又最有灵性,一样难逃最终的一劫。可是人活着的时候却有百般忧虑牵动他的心绪,有无数琐事劳累他的身体;只要内心被外物触动,就会耗费精力;更何况还要常常思考自己力所不及的问题,忧虑自己解决不了的事情。这么一来,自然会让他红润的脸庞变得枯老,会让他乌黑的头发变得斑白。为什么要以并非金石之质的肌体,与众草木争得一时的荣盛呢?仔细想想,究竟是谁伤害了自己?又何必要怨恨这秋声呢?"

书童没有回答我,原来他已垂着头沉沉睡去。只听得四壁虫鸣唧唧,倒像是在附和我的叹息。

思维导图

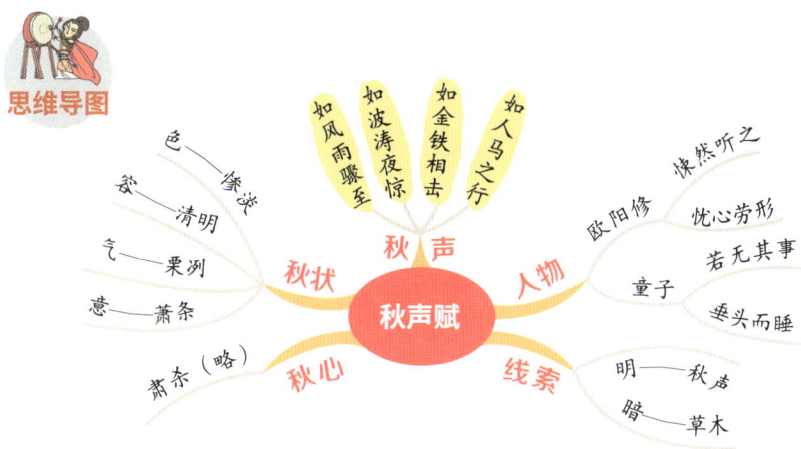

多思考一点

老子曾说过："夫唯不争，故天下莫能与之争。"大致意思就是，你如果什么都不和别人争，那么世界上就没有人能和你争什么了。人生在世，往往不知不觉地被欲望裹挟。有时候，减少欲望反而能得到生活的安宁、内心的平静。

泷冈阡表（节选）

> 古代三大祭文之一

出处《欧阳文忠公集》
作者 欧阳修
创作年代 宋
坐标《古文观止》卷十

助学小贴士

　　此文是欧阳修在他父亲死后六十年所作的墓表，也就是要刻在墓碑上的碑文。他在碑文中盛赞了父亲的孝顺与仁厚、母亲的节俭与安贫。因为父亲去世时欧阳修只有四岁，所以他对父亲的追忆和还原都巧妙地通过母亲之口来实现。

朗读原文

　　修不幸，生四岁而孤。太夫人守节自誓，居穷，自力于衣食，以长以教，俾(bǐ)至于成人。太夫人告之曰："汝父为吏，廉而好施与，喜宾客，其俸禄虽薄，常不使有余，曰：'毋(wú)以是为我累。'故其亡也，无一瓦之覆、一垄(lǒng)之植以庇(bì)而为生，吾何恃而能自守邪？吾于汝父，知其一二，以有待于汝也。自吾为汝家妇，不及事吾姑，然知汝父之能养也。汝孤而幼，吾不能知汝之必有立，然知汝父之必将有后也。吾之始归也，汝父免于母丧方逾(yú)年。岁时祭祀，则必涕泣曰：'祭而丰，不如养之薄也。'间御酒食，则又涕泣曰：'昔常不足，而今有余，其何及也！'吾始一二见之，以为新免于丧适然耳。既而其后常然，至其终身未尝不然。吾虽不及事姑，而以此知汝父之能养也。

实时翻译

　　我很不幸，四岁时父亲就去世了。母亲立誓守节，不再改嫁，在清贫的生活中，她凭着一个人的力量维持着一家人的生计，还要抚养我、教育我，最终使我长大成人。母亲告诉我："你父亲为官清廉、乐于助人、喜欢交朋友，虽然他薪俸微薄，但他从不吝啬，手里常常没有余钱，他说：'我不想让钱财成为我的负累！'所以他去世后没有留下一间房、一垄地。那我靠什么安贫自守呢？就凭我了解你父亲，因而把希望寄托在你的身上。自从我嫁到你们欧阳家做媳妇就没赶上侍奉婆婆，但我知道你父亲是一个很孝顺的人。你父亲走的时候你还小，我不知道你将来会不会有所成就，但我知道你父亲必然不会后继无人。我刚嫁过来的时候，正是你父亲为你奶奶守丧期满一年之后。每逢年节时祭祀祖先，他总是哭着说：'人死之后祭祀之物再丰盛，也不如人活着而以微薄之物奉养啊。'偶尔吃些好的酒菜，他又会哭着说：'从前缺衣少食，现在虽然富足了，可又怎么能让娘亲享受？'一开始我见到几次这样的情形，还以为他是因为刚服完丧不久才这样，后来才发现他总是如此，一直到去世都没有改变。我虽然没能赶上侍奉婆婆，可从这一点就能看出你父亲是一个很孝顺的人。

朗读原文

"汝父为吏,尝夜烛治官书,屡废而叹。吾问之,则曰:'此死狱也,我求其生不得尔。'吾曰:'生可求乎?'曰:'求其生而不得,则死者与我皆无恨也。矧(shěn)求而有得耶?以其有得,则知不求而死者有恨也。夫常求其生,犹失之死,而世常求其死也。'回顾乳者抱汝而立于旁,因指而叹曰:'术者(xū)谓我岁行在戌将死。使其言然,吾不及见儿之立也,后当以我语告之。'其平居教他子弟,常用此语。吾耳熟焉,故能详也。其施于外事,吾不能知;其居于家,无所矜(jīn)饰,而所为如此,是真发于中者耶!呜呼,其心厚于仁者耶!此吾知汝父之将必有后也。汝其勉之!夫养不必丰,要于孝;利虽不得博于物,要其心之厚于仁。吾不能教汝,此汝父之志也。"修泣而志之,不敢忘。

实时翻译

"你父亲做官时,有一次在夜里点着蜡烛处理文书,好几次放下文书叹气。我问他怎么了,他说:'这是个要判死罪的案子,我想为犯人寻一条活路却没有办法。'我问他:'犯了死罪还可以有活路吗?'他说:'为犯人谋求生路的努力,即便没有成功,那死者和我也就都没有遗憾了。何况还有能成功的呢!正因为有成功的先例,所以我知道我不做努力而让犯人被处死,他们就可能有遗恨啊。常为死囚谋生路仍不免有人被错杀,何况世人总想置他们于死地呢?'他回头看见奶娘抱着你站在一旁,便指着你叹道:'算命先生说我在木星运行到戌那年就要死去，如果他说的是真的，那我就看不到咱们儿子长大成人了，你以后要把我的话告诉他。'他平日里也常用这些话教育其他子弟，我听得多了所以能详细地讲给你听。你父亲在外面怎么办事我不知道，但他在家里从不装腔作势，他如此行事真的都是发自内心！唉，他的心比仁者还要忠厚啊！所以我就知道你父亲必然不会后继无人了。孩子，希望你能用这些勉励自己！奉养父母不一定非要锦衣玉食，关键是要遵行孝道；对待他人不一定非要遍施恩泽，关键是要有一颗仁爱之心。我没什么可教你的，这些都是你父亲的心愿。"我哭着记下了这些话，一辈子也不敢忘记。

朗读原文

先公少孤力学，咸平三年进士及第，为道州判官，泗(sì)、绵二州推官，又为泰州判官。享年五十有九，葬沙溪之泷冈。太夫人姓郑氏，考讳德仪，世为江南名族。太夫人恭俭仁爱而有礼，初封福昌县太君，进封乐安、安康、彭城三郡太君。自其家少微时，治其家以俭约，其后常不使过之。曰："吾儿不能苟合于世，俭薄所以居患难也。"其后修贬夷陵，太夫人言笑自若，曰："汝家故贫贱也，吾处之有素矣。汝能安之，吾亦安矣。"

> **实时翻译**

我父亲也是早年丧父，但他通过努力学习，在咸平三年（1000 年）考中了进士，后来曾任道州判官，泗州、绵州推官，又做过泰州判官，享年五十九岁，安葬在沙溪的泷冈。我母亲姓郑，她的父亲名德仪，世代都是江南地区的名门望族。母亲待人恭敬、持家俭约、具有仁爱之心和礼仪教养，最初被诰封为福昌县太君，后来加封为乐安、安康、彭城三郡太君。自从我们家家道中落，她就节俭持家，后来也一直按照节俭的标准过日子。她说："我儿不能苟且迎合世人，只有节俭持家才能应付以后可能遭受祸患的日子。"后来我被贬夷陵，母亲谈笑自若地说："你们欧阳家原本就贫贱，我已经习惯过这种苦日子了。你能安于这种生活，我也能安心了。"

……

（省略段落大意：写欧阳修自己历任的官职和祖辈、父辈所受的封赏，写自己做这篇表的理由和初衷。）

思维导图

多思考一点

谚语有云：仁为万善本，贪是诸恶根。大意就是，仁爱之心是各种善行的本源；贪婪之欲是各种罪恶的根由。我们应该常怀仁爱之心善待自己、善待他人，也应该常怀戒惧之心与贪婪的欲望做斗争，时刻警醒自己不要因贪欲而走上犯错误的道路。

刑赏忠厚之至论

◎ 故意不给满分的高考作文

出处 《东坡全集》
作者 苏轼
创作年代 宋
坐标 《古文观止》卷十

 助学小贴士

　　《刑赏忠厚之至论》是苏东坡参加礼部考试而写的策论，文章以刑罚与赏赐时要秉持忠厚的原则为写作主题，阐发了他施行仁政的治国思想。而这篇作文的阅卷老师就是大文豪欧阳修。欧阳修阅卷时对这篇文章评价甚高，原本打算给满分，排名第一。可是，他觉得这么好的文章肯定只有自己的得意门生曾巩才能写得出来，要是给了满分，回头免不了会有人说自己偏袒爱徒、假公济私，于是就给了第二名的成绩。因此，这篇原本应该满分的"高考作文"，就因为阅卷老师的"一己公念"，与满分失之交臂。

朗读原文

尧、舜、禹、汤、文、武、成、康之际,何其爱民之深,忧民之切,而待天下以君子长者之道也!有一善,从而赏之,又从而咏歌嗟叹之,所以乐其始而勉其终;有一不善,从而罚之,又从而哀矜惩创之,所以弃其旧而开其新。故其吁俞之声,欢休惨戚,见于虞、夏、商、周之书。

成、康既没,穆王立而周道始衰,然犹命其臣吕侯,而告之以祥刑。其言忧而不伤,威而不怒,慈爱而能断,恻然有哀怜无辜之心,故孔子犹有取焉。传曰:"赏疑从与,所以广恩也;罚疑从去,所以慎刑也。"

实时翻译

　　唐尧、虞舜、夏禹、商汤、周文王、周武王、周成王、周康王都是圣明的君主，他们在位的时候，多么深爱百姓、关心百姓，全都是用君子长者的忠厚德行来善待天下百姓！有人做了好事，就及时奖赏他，再创作歌曲歌颂赞美他，为有一个好的开始而高兴，并勉励他善始善终。有人做了坏事，就及时处罚他，再怀着同情怜悯的心去劝诫他，引导他改正错误、重新做人。所以虞、夏、商、周的历史书籍里始终贯穿着赞许或嗟叹的声音，流溢着欢喜或哀伤的感情。

　　成王、康王死后，穆王继承王位，周朝的国运开始衰落，但穆王还是嘱咐大臣吕侯，告诫他要谨慎恰当地用刑。他的话忧愁却不悲伤，威严却不愤怒，慈爱而能决断，体现了哀怜无罪者的善心，所以孔子也对此给予了肯定。古书上说："给予奖赏时，即便对受赏者是否应该受赏有疑问，也应该给予奖赏，为的是扩大恩泽；给予处罚时，如果对受罚者是否应该受罚有疑问，那就应该免去处罚，为的是谨慎用刑。"

朗读原文

当尧之时,皋陶(gāo yáo)为士。将杀人,皋陶曰"杀之"三,尧曰"宥(yòu)之"三。故天下畏皋陶执法之坚,而乐尧用刑之宽。四岳曰:"鲧(gǔn)可用。"尧曰:"不可,鲧方命圮(pǐ)族。"既而曰:"试之。"何尧之不听皋陶之杀人,而从四岳之用鲧也?然则圣人之意,盖亦可见矣。《书》曰:"罪疑惟轻,功疑惟重。与其杀不辜,宁失不经。"呜呼!尽之矣。

实时翻译

尧当政时,皋陶是掌管刑罚的官员。有一次他要处死一个人,再三催促"杀了他",尧却再三命令"饶了他"。所以天下人都害怕皋陶执法的坚决,而喜欢尧的用刑宽大。又一次,分管四方的诸侯上书说:"鲧这个人可以任用。"尧说:"不行!鲧曾经违抗命令、残害同族。"后来又说:"还是让他试试吧。"为什么尧不听从皋陶处死犯人的主张,而听从四方诸侯的建议任用鲧呢?圣人的忠厚本意,从这两件事上就能看出来了。《尚书》说:"罪行轻重不确定时,应该从轻处罚;功劳大小不确定时,应该从重奖赏。与其错杀无辜的人,当权者宁可自己犯不严格执法的过错。"唉,这句话已经完全表现出"刑赏忠厚之至"的含义了!

朗读原文

可以赏，可以无赏，赏之过乎仁；可以罚，可以无罚，罚之过乎义。过乎仁，不失为君子；过乎义，则流而入于忍人。故仁可过也，义不可过也。古者赏不以爵禄，刑不以刀锯。赏之以爵禄，是赏之道行于爵禄之所加，而不行于爵禄之所不加也；刑以刀锯，是刑之威施于刀锯之所及，而不施于刀锯之所不及也。先王知天下之善不胜赏，而爵禄不足以劝也；知天下之恶不胜刑，而刀锯不足以裁也。是故疑则举而归之于仁，以君子长者之道待天下，使天下相率而归于君子长者之道，故曰忠厚之至也。

实时翻译

可以赏也可以不赏时，如果赏了，那只是过于仁慈；可以罚也可以不罚时，如果罚了，那就是越过了道义的边界。过于仁慈，也还算是君子；越过道义的边界，就堕落而为残忍之人了。所以，当权者可以过于仁慈，却不能越过道义的边界。古人不用爵位俸禄来做奖赏，不用刀锯来实施刑罚。用爵位俸禄做奖赏，奖赏的激励作用只对有可能得到爵位俸禄的人起作用，不能鼓舞那些没有机会得到爵位俸禄的人。用刀锯来实施刑罚，刑罚的惩戒作用只对犯了重大过错而受这种重刑的人起作用，不能威慑那些只犯了小错还不至于受这种重刑的人。古代的君主知道天下的善行是不可能一一奖赏的，不能都用爵位俸禄来劝勉；也知道天下的罪恶是不可能一一刑罚的，不能都用刀锯来实施制裁。所以当拿不准是否赏罚时，他们就都以仁的原则处理，用君子长者的宽厚仁慈对待天下百姓，引导天下百姓都走到忠厚仁爱的道路上来，所以说这样的赏罚方式是忠厚之至啊。

朗读原文

《诗》曰："君子如祉(zhǐ)，乱庶遄(chuán)已。君子如怒，乱庶遄沮。"夫君子之已乱，岂有异术哉？制其喜怒，而无失乎仁而已矣。《春秋》之义，立法贵严，而责人贵宽。因其褒贬之义，以制赏罚，亦忠厚之至也。

实时翻译

《诗经》说："君子如果高兴纳谏，祸乱大概很快就会止息；君子如果怒斥谗言，祸乱大概很快就会消弭。"君子之所以能止息祸乱，难道是因为有什么异术吗？他不过是能把控自己的高兴与愤怒，不偏离仁的原则罢了。《春秋》的原则是，立法贵在严厉，责人贵在宽宥。按照它推崇的原则来制定赏罚制度，也是忠厚之至啊！

思维导图

87

作者信息

姓　　名：苏轼
字／号：子瞻，一字和仲，号铁冠道人、东坡居士
生 卒 年：1037—1101年
籍　　贯：眉州眉山
高光时刻：制科殿试入三等（第一、二等没人），考出"百年第一"好成绩！

多思考一点　苏轼在这篇应考文章中提倡国家的当权者应当赏罚忠厚。在家庭教育的问题上，他同样看重忠厚的价值。他曾在《三槐堂铭》中写道："忠厚传家久，诗书继世长。"勉励家人认真读书、学习，将忠厚的道德品质世世代代传承下去。忠厚，是每个人做人的基本原则。

留侯论

◉ 小不忍则乱大谋

出处 《苏东坡全集》
作者 苏轼
创作年代 宋
坐标 《古文观止》卷十

助学小贴士

本文所说的留侯是西汉开国功臣张良。张良是韩国的贵族，秦国灭亡韩国之后，他失去了原本拥有的一切。有一天，张良在沂水的一座桥上闲逛，遇到一位穿着粗布短袍的老翁。老翁故意把鞋甩落桥下，然后态度傲慢地差使张良去捡！张良强忍着心中的不满替他捡了上来。谁知老人又跷起脚来让张良给他穿上。张良真的很想把老头儿暴打一顿，但他还是压住了怒火，小心翼翼地帮老人把鞋穿好了。老人见张良是个可塑之才，就送了一本兵法秘籍给他……

朗读原文

古之所谓豪杰之士，必有过人之节，人情有所不能忍者。匹夫见辱，拔剑而起，挺身而斗，此不足为勇也。天下有大勇者，卒(cù)然临之而不惊，无故加之而不怒，此其所挟持者甚大，而其志甚远也。

实时翻译

古代可以称得上豪杰之士的人，一定有超过凡人的节操，以及一般人在感情上不能忍受的气度。平常人受到侮辱往往不能忍受，会拔剑起身、挺身搏斗，这种人算不上英勇。天底下真正英勇的人，遇到突发的侮辱丝毫不会惊慌，受到无故的侮辱丝毫也不愤怒。因为他们有着极其宏大的抱负和高远的志向。

朗读原文

夫子房受书于圯(yí)上之老人也，其事甚怪。然亦安知其非秦之世有隐君子者，出而试之？观其所以微见其意者，皆圣贤相与警戒之义，而世不察，以为鬼物，亦已过矣。且其意不在书。当韩之亡、秦之方盛也，以刀锯鼎镬(huò)待天下之士，其平居无罪夷灭者，不可胜数。虽有贲(bēn)、育，无所获施。夫持法太急者，其锋不可犯，而其末可乘。子房不忍忿(fèn)忿之心，以匹夫之力，而逞于一击之间。当此之时，子房之不死者，其间不能容发，盖亦危矣。千金之子，不死于盗贼。何者？其身可爱，而盗贼之不足以死也。子房以盖世之才，不为伊尹、太公之谋，而特出于荆轲、聂政之计，以侥幸于不死，此圯上老人所为深惜者也。是故倨(jù)傲鲜(xiǎn)腆(tiǎn)而深折之，彼其能有所忍也，然后可以就大事。故曰："孺子可教也。"

实时翻译

　　桥上老人授给张良兵书这件事是很奇怪，可谁又能知道那是不是秦代隐居的高士出山来考验张良呢？世人看那老人含蓄表达的都是圣人贤士相互告诫的大道理，于是不加考察就把他当作神仙鬼怪，这也太荒谬了。再说，桥上老人的真实用意并不在于授给兵书，而是要告诉张良能忍才能成大事。在韩国已亡而秦国风头正盛的时候，秦王用刀、锯、鼎、镬等严酷的刑罚对付天下志士，平日里没有犯过罪而被灭族的人多得数不清。在这种情况下，就是孟贲、夏育这样的勇士再生，也没有机会施展本领。执法十分严厉的国家，它的锋芒不可触犯，也不会有可乘之机。然而张良却按捺不住内心里对秦王的仇恨，妄图以个人的力量一击之下刺杀秦王。那时他的生与死只在一刹那，真是太危险了！俗话说富贵人家的子弟是不会死在偷盗抢劫这种事上的。为什么这么说呢？因为他们的生命很宝贵，死在这种事情上太不值得。张良有超常的才能，不像伊尹、姜尚那样筹谋国家大事，却学荆轲、聂政行刺的小计，凭着侥幸才没有身死，这正是桥上老人为他深感惋惜的地方。所以老人故意用傲慢无礼的态度狠狠地羞辱张良，如果他能忍受，就可以成就大业。所以最后老人说："这个年轻人还可以教育。"

朗读原文

楚庄王伐郑，郑伯肉袒(tǎn)牵羊以迎。庄王曰："其主能下人，必能信用其民矣。"遂舍之。勾践之困于会稽(kuài jī)，而归臣妾于吴者，三年而不倦。且夫有报人之志，而不能下人者，是匹夫之刚也。夫老人者，以为子房才有余而忧其度量之不足，故深折其少年刚锐之气，使之忍小忿而就大谋。何则？非有平生之素，卒然相遇于草野之间，而命以仆妾之役，油然而不怪者，此固秦皇之所不能惊，而项籍之所不能怒也。

实时翻译

楚庄王出兵讨伐郑国，郑襄公袒露上身、牵着羊来迎接。楚庄王说："国君能够屈居人下，必定能得到百姓的信任和效命。"于是撤兵与郑国讲和。越王勾践在会稽陷入重围，他带着妻子投降，到吴国给吴王做奴仆，做了三年而且没有丝毫懈怠。有报仇的志向却不能屈居人下，这只是普通人的刚强。那个桥上老人认为张良的才能是绰绰有余的，只是担心他气量不足，因此狠狠地挫了挫他那股年轻人常有的刚锐的脾气，为的就是让他能忍受小怨愤成就大事业。为什么呢？张良并没和那个老人有过平生的交情，突然在野外相遇就被命令做奴仆、婢妾做的低贱之事，不觉得奇怪反而很自然地照做了，这种能忍辱的气度正是秦始皇不能使他惊惧、项羽不能使他愤怒的原因啊。

朗读原文

观夫高祖之所以胜，而项籍之所以败者，在能忍与不能忍之间而已矣。项籍唯不能忍，是以百战百胜而轻用其锋；高祖忍之，养其全锋而待其敝，此子房教之也。当淮阴破齐而欲自王，高祖发怒，见于词色。由是观之，犹有刚强不能忍之气，非子房其谁全之？

实时翻译

汉高祖刘邦之所以成功、项羽之所以失败，原因就在于能不能忍耐而已。项羽不能忍耐，轻易动用他的刀锋（指实力），因此百战百胜。刘邦能忍耐，知道保持自己刀锋的完整锐利，等到对方疲敝时再予以致命一击。这都是张良教他的。当淮阴侯韩信攻破齐国想要自立为代理齐王的时候，刘邦很生气，从言辞和脸色上都能看出来。（后经张良开导劝慰，刘邦才立韩信为齐王，并派他发兵攻楚。）由此可见，刘邦能忍耐的气度还是有限，不是张良成全了他的帝王之业还能是谁？

朗读原文

太史公疑子房以为魁梧奇伟,而其状貌乃如妇人女子,不称其志气。呜呼!此其所以为子房欤(yú)!

实时翻译

司马迁以为张良是个高大魁梧的人,但实际上他却长得有些像女子,与他的气概并不相称。唉!这就是张良之所以是张良的原因吧!

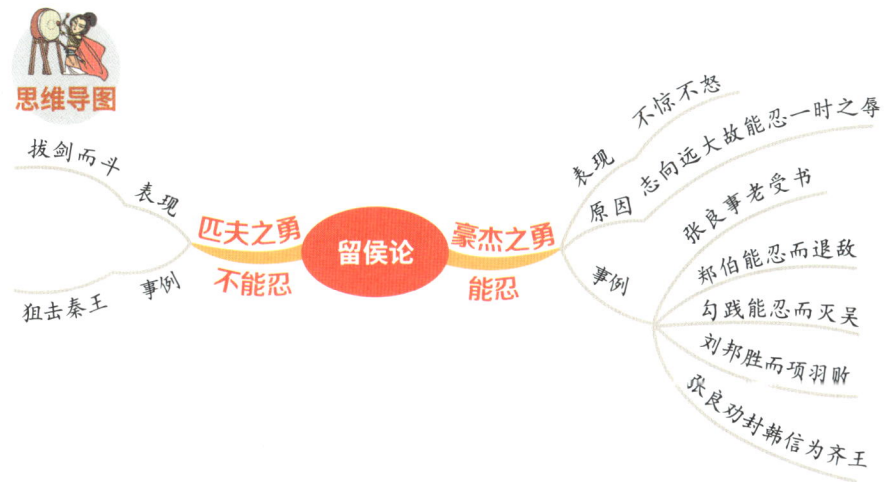

多思考一点

孔子说:"小不忍则乱大谋。"意思是遇到某些小事不懂得忍耐就会坏了大事。苏轼整篇文章说的都是这个道理。那么如何做到"小可忍"呢?小忍有两层含义,一是指要有等待时间的耐心,二是指要有能够忍辱的心理承受能力。做到这两点,就能达到"小可忍而不乱大谋"的境界!

超然台记

□ 有容乃大，无欲则刚

出处 《苏东坡全集》
作者 苏轼
创作年代 宋
坐标 《古文观止》卷十一

 助学小贴士

　　王安石开始变法后，苏轼因为与王安石政见不合，想着眼不见心不烦，就主动请求到杭州做三年官。三年任期满后，他为了有机会和在济南做官的弟弟苏辙相见，就又主动请求调任山东密州。从江南鱼米水乡来到满眼荒凉偏僻之野，又赶上旱蝗成灾、饥民遍野、盗匪横行，苏轼的心理落差可想而知。但他并没有消极怠工，而是雷厉风行地投入了抗蝗救灾、平叛匪盗的工作中，并且仅仅用了一年，就力挽狂澜扭转了当地局势。也正是在密州的这段时间，苏轼重读《老子》，思想认识上发生了微妙的转变，旷达超然成了他重要的文化性格。

朗读原文

凡物皆有可观。苟有可观,皆有可乐,非必怪奇伟丽者也。哺(bū)糟啜(chuò)醨(lí),皆可以醉,果蔬草木,皆可以饱。推此类也,吾安往而不乐?

实时翻译

任何事物都有可欣赏的地方。只要有可观之处,那么就都能给人带来快乐,不一定非要新奇另类、雄伟瑰丽。吃酒糟喝薄酒,都可以让人酒醉;水果蔬菜甚至草根树皮,都能拿来充饥。如此看来,我到哪儿还会不快乐呢?

朗读原文

夫所为求福而辞祸者，以福可喜而祸可悲也。人之所欲无穷，而物之可以足吾欲者有尽。**美恶**之辨战于中，而去取之择交乎前，则可乐者常少，而可悲者常多，是谓求祸而辞福。夫求祸而辞福，岂人之情也哉？**物有以盖之矣**。彼游于物之内，而不游于物之外。物非有大小也，自其内而观之，未有不高且大者也。彼挟其高大以临我，则我常眩乱反复，如隙中之观斗，又**乌知**胜负之所在？是以美恶横生而忧乐出焉，可不大哀乎？

实时翻译

人们之所以都爱追求幸福而避开灾祸，是因为人们都认为幸福让人欢喜，而灾祸让人悲伤。然而，人的欲望无穷无尽，能满足欲望的事物却是有限的。如果总是在心里比较着事物的**好坏**、总是在事物的取舍之间纠结挣扎，那么快乐就会很少，而悲哀就会很多了。这就是所谓的求祸而避福。求祸避福，怎么可能是人们的初衷呢？**这是物欲蒙蔽人心才造成的啊！** 这些人陷入了物欲之中，而不能做到超脱于物欲之外。事物本来没有大小轻重之别，如果人陷于物欲之中，那么在他看来，就没有一件东西不是高大的了。当众多既高又大的事物居高临下地挤在我们面前时，我们就会眼花缭乱、取舍不定了，这就像在门缝中看人打架看不到全貌，**怎么可能知道**谁胜谁负呢？因此，一旦人的心中生出了好与坏的区别，忧愁与快乐也就由此而生。这不让人感到莫大悲哀吗？

朗读原文

予自钱塘移守胶西,释舟楫之安而服车马之劳,去雕墙之美而庇采椽之居,背湖山之观而行桑麻之野。始至之日,岁比不登,盗贼满野,狱讼充斥,而斋厨索然,日食杞菊,人固疑予之不乐也。处之期年而貌加丰,发之白者日以反黑。予既乐其风俗之淳,而其吏民亦安予之拙也。于是治其园圃,洁其庭宇,伐安丘、高密之木,以修补破败,为苟完之计。而园之北,因城以为台者旧矣,稍葺而新之。时相与登览,放意肆志焉。南望马耳、常山,出没隐见,若近若远,庶几有隐君子乎?而其东则庐山,秦人卢敖之所从遁也。西望穆陵,隐然如城郭,师尚父、齐威公之遗烈犹有存者。北俯潍水,慨然太息,思淮阴之功,而吊其不终。台高而安,深而明,夏凉而冬温,雨雪之朝,风月之夕,予未尝不在,客未尝不从。撷园蔬,取池鱼,酿秫酒,瀹脱粟而食之,曰:"乐哉!游乎!"

实时翻译

我从浙江杭州调任山东密州做知州,放弃了乘船出行的舒适却承受骑马坐车的劳顿,离开了雕梁画栋的豪宅而栖身在简陋的屋舍,远离了湖光山色的美景而来到这桑麻丛生的荒野。刚来的时候,正赶上连年收成不好,盗贼四起,案件繁多,厨房里没有什么吃的,每天只能以野菜充饥。人们一定都怀疑我过得并不快乐。可在这儿住了一年后,我不但变胖了,就连白头发也一天天变黑。我喜欢这里人民的风俗淳朴,这里的官吏百姓也不计较我的愚拙。于是,我修整了田园菜圃，打扫了庭院屋宇，从安丘、高密两地砍伐了木材，用来修补破败之处，只做简单修缮的打算。在园圃的北边，原本靠着城墙筑起的高台已经很破旧了，我也稍加整修，又让它焕然一新。我常常和友人一起登台观览，在那里无所顾忌地放纵心情。站在台上向南望，马耳山、常山时隐时现，有时好像很近有时又好像很远，也许有隐士住在那里吧？东面的庐山，就是秦人卢敖隐居的地方。向西望，可以看到穆陵关隐隐约约像一座城池，姜太公、齐桓公创造的赫赫功业，尚有遗迹留存。向北俯视潍水，我常不禁感慨叹息，因为我总是想起淮阴侯韩信生前战功赫赫到最后却未得善终。这座台虽然高但很稳固，宽大而明亮，冬暖夏凉。不管是落雨飞雪的早晨还是月明风清的夜晚，我都会登台而憩，朋友们也总是陪我一起。我们采摘园圃里的蔬菜，捞取池塘里的鲜鱼，酿黄米酒，煮糙米饭，大家边吃边赞叹："游于此台，何等快乐啊！"

朗读原文

方是时，予弟子由适在济南，闻而赋之，且名其台曰"超然"。以见余之无所往而不乐者，盖游于物之外也。

实时翻译

这个时候，我的弟弟苏辙正在济南做官，听说了这座台就为此写了一篇文章，并且给这座台取名"超然"。起这个名字，正是为了说明我之所以到哪儿都能过得快乐，原因就在于我能超然物外啊！

思维导图

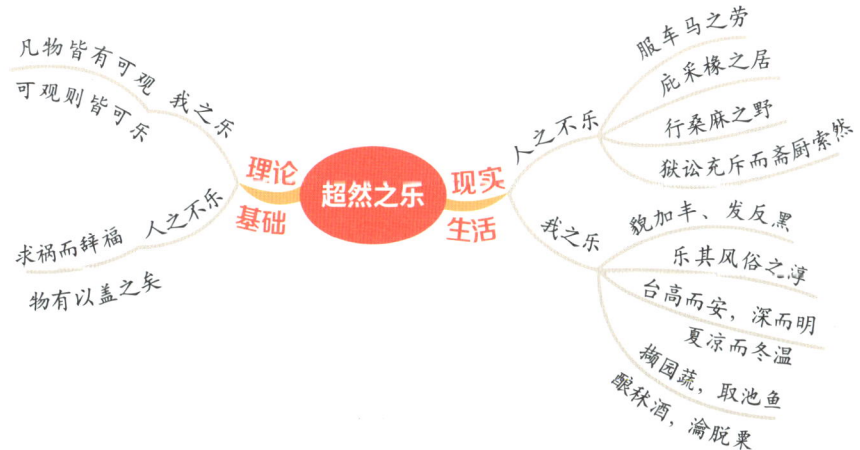

助学小贴士

苏轼到山东密州原本是为了兄弟团聚，可是调任三年后，他仍没能如愿见到自己的弟弟，所以在那一年的中秋节写下了流传千古的《水调歌头·明月几时有》：

丙辰中秋，欢饮达旦，大醉，作此篇，兼怀子由。

明月几时有？把酒问青天。不知天上宫阙，今夕是何年。我欲乘风归去，又恐琼楼玉宇，高处不胜寒。起舞弄清影，何似在人间。

转朱阁，低绮户，照无眠。不应有恨，何事长向别时圆？人有悲欢离合，月有阴晴圆缺，此事古难全。但愿人长久，千里共婵娟。

多思考一点　清代名臣林则徐有一副对联："海纳百川，有容乃大；壁立千仞，无欲则刚。"意在提醒世人，做人要豁达大度，不要被欲望所左右。在苏轼的身上，我们就能看到这种品质的光辉，也能感受到苏轼的人生之乐。想要快乐常在身边，有时其实很简单。

石钟山记

◯ 尽信书不如无书

出处 《苏东坡全集》

作者 苏轼

创作年代 宋

坐标 《古文观止》卷十一；高中语文选择性必修下

 助学小贴士

　　《石钟山记》是苏轼游览石钟山后写出的一篇考察性游记。宋神宗元丰七年（1084年），苏轼平级调动，由黄州团练副使调任汝州团练副使。这时，刚巧他的大儿子苏迈刚刚参加工作，要到饶州德兴县任县尉，于是父子二人就一道同行。途经湖口时，为了辨明石钟山的命名由来，二人共同进行了一项科学考察活动，考察完就写了这篇考察报告，意在强调要正确判断一件事物，必须要深入实际，认真调查。

朗读原文

《水经》云："彭蠡之口有石钟山焉。"郦元以为下临深潭，微风鼓浪，水石相搏，声如洪钟。是说也，人常疑之。今以钟磬置水中，虽大风浪不能鸣也，而况石乎！至唐李渤始访其遗踪，得双石于潭上，扣而聆之，南声函胡，北音清越，枹止响腾，余韵徐歇。自以为得之矣。然是说也，余尤疑之。石之铿然有声者，所在皆是也，而此独以钟名，何哉？

实时翻译

《水经》上说："鄱阳湖的湖口处有一座石钟山。"北魏学者郦道元认为，这座山之所以叫石钟山，是因为它紧挨着一个深潭，风吹动潭水形成波浪拍打石头，会发出如钟鸣一般的声音。人们常常怀疑这个说法的正确性。现在把钟磬放在水里，即使风浪再大钟磬也不会发出声响，更何况石头呢！到了唐代，一个叫李渤的人才再度按照郦道元所说的访求石钟山的所在。他在深潭边找到了两块石头，分别敲击它们，听它们的声音；南边那块石头发出的声音低沉而模糊，北边那块石头发出的声音清脆而响亮，鼓槌停止敲击后，声音还会继续鸣响，然后才慢慢消失。他自认为这就是石钟山命名的根据。但是对这个说法，我更加感到怀疑。敲起来能发出声响的石头到处都有，为什么只有这座山用"钟"来命名呢？

朗读原文

　　元丰七年六月丁丑，余自齐安舟行适临汝，而长子迈将赴饶之德兴尉，送之至湖口，因得观所谓石钟者。

　　寺僧使小童持斧，于乱石间择其一二扣之，硿硿焉。余固笑而不信也。至其夜月明，独与迈乘小舟至绝壁下。大石侧立千尺，如猛兽奇鬼，森然欲搏人；而山上栖鹘，闻人声亦惊起，磔磔云霄间；又有若老人咳且笑于山谷中者，或曰："此鹳鹤也。"余方心动欲还，而大声发于水上，噌吰如钟鼓不绝。舟人大恐。徐而察之，则山下皆石穴罅，不知其浅深，微波入焉，涵澹澎湃而为此也。舟回至两山间，将入港口，有大石当中流，可坐百人，空中而多窍，与风水相吞吐，有窾坎镗鞳之声，与向之噌吰者相应，如乐作焉。因笑谓迈曰："汝识之乎？噌吰者，周景王之无射也；窾坎镗鞳者，魏庄子之歌钟也。古之人不余欺也！"

实时翻译

　　元丰七年（1084年）六月初九，我坐船从齐安到临汝，我的大儿子苏迈刚好要去饶州德兴县就任县尉，我就送他到了湖口，因而上了石钟山，看到了传说中的"石钟"。山寺中的一位和尚让一个小童拿着斧头在乱石中选一两块敲打，发出了硿硿的声响。我只是笑了笑，并不相信这种说法。那天晚上，月光明亮，我就和苏迈坐着小船来到了绝壁下面。巨大的岩壁倾斜地耸立着，高达千尺，好像凶猛的野兽、奇异的鬼怪，让人感觉阴森森的，好像要压过来把人扑倒。山上栖息的鹘鸟，听到人声也受惊飞了起来，在云霄间发出磔磔的叫声。这时又有一种像老人在山谷中边咳边笑的声音响了起来，有人说这是鹳鹤的鸣叫。

我正心里害怕想要回去，忽然一股巨大的声音从水上传来，声音洪亮如敲钟击鼓，噌吰噌吰响个不停。船夫也十分害怕了。我慢慢地探身观察，这才发现，山水相接的地方都是石穴和石缝，也不知道有多深，小小的水波涌进石穴、石缝里，水波涌动激荡空气，因而发出了噌吰之声。我们启程返回，船行到两山之间、将要到达分流处时，我看到河道中间有块大石头突出水面，可以坐得下百十来个人，大石已被流水冲刷得千疮百孔，快被掏空了。空气和水在这些孔窍里进进出出，于是就发出了窾坎镗鞳的声音，和先前的噌吰之声相互应和，就好像演奏音乐一般。于是我笑着对苏迈说：

"你知道吗？那噌吰的响声，是周景王无射钟的声音；这窾坎镗鞳的响声，是魏庄子编钟的声音。看来古人并没有欺骗我们啊！"

朗读原文

事不目见耳闻,而臆断其有无,可乎?郦元之所见闻殆(dài)与余同,而言之不详;士大夫终不肯以小舟夜泊绝壁之下,故莫能知;而渔工水师虽知而不能言。此世所以不传也。而陋者乃以斧斤考击而求之,自以为得其实。余是以记之,盖叹郦元之简,而笑李渤之陋也。

实时翻译

凡事不靠亲眼所见、亲耳所闻,而只凭主观臆断去判定,可以吗?郦道元看到的、听到的大致上应该和我相同,但他描述得不详细;士大夫们毕竟不愿坐着小船大半夜地停在悬崖绝壁下考察,所以没人知道真相;渔人和船夫虽然知道这里有钟鸣般的水声,却不能著书立说来阐明这就是石钟山命名的原因。这些就是石钟山得名由来失传的原因了。而有些浅陋之人居然用斧头敲打石头来探求,还自以为找到了真相。因此我写了这篇文章,既叹惜郦道元的简略,也嘲笑李渤的浅陋。

思维导图

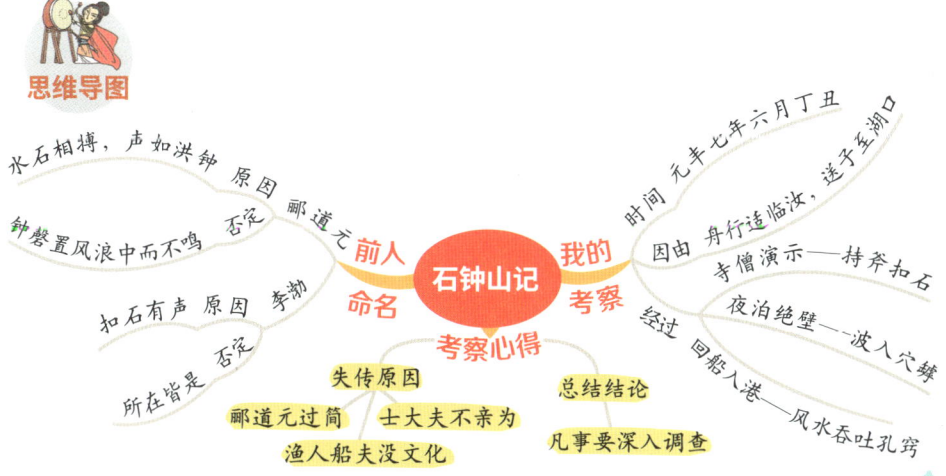

讲个故事

苏轼在文章中主张凡事要深入调查，在为官主政的时候同样身体力行。有一年，他在颍州做官，正赶上朝廷下旨要在当地开挖一条八丈沟，以解决开封地区的水患。苏轼刚刚上任就接到了这么重要的工程，自然不敢怠慢。但他并没有按着圣旨马上开工，而是马不停蹄地在淮河沿岸实地勘察，并召集颍州的官员开会研讨方案的可行性。他发现，颍州地势低洼，淮河泄洪能力有限，这条水渠建成后不但不能解决黄河的水患，还有可能引起淮河的倒灌，造成颍州水患。在苏轼的坚持下，这条劳民伤财的水渠最终没有开工，为颍州的人民减轻了负担。苏轼根据自己调查的结果，组织人在颍州外的清河上修建了三座堤坝，又引了一条清沟，修建了一座小水库。这样一来，不仅可以实现蓄洪、泄洪的目的，还可以浇灌沿岸的农田，可谓一举多得。

多思考一点

古人早就说过，"尽信书不如无书"，意思就是不要盲目相信书中所说的内容，而应该加以考察鉴别，要亲眼所见、亲耳所闻才可靠。现在我们又知道，眼见不一定为实，还要学会透过现象看本质。所以，要对一件事物做出正确的判断、给出可靠的结论，必须要深入实际，认真调查。

前赤壁赋

- 人不能两次踏进同一条河流

出处 《苏东坡全集》
作者 苏轼
创作年代 宋
坐标 《古文观止》卷十一

助学小贴士

　　苏轼人生中背的最大黑锅莫过于"乌台诗案"。案发后他被捕入狱,惨遭折磨,后经多方营救,最终被贬为黄州团练副使,并在一定程度上被限制了人身自由,过着一种"半犯人"式的生活。《前赤壁赋》就是在这个时期写出的作品。然而,即便是在这样的人生低谷,苏轼在《前赤壁赋》中传达的仍是一种乐观豁达的精神,这怎能让人不为他发出由衷的赞叹?

朗读原文

壬戌之秋,七月既望,苏子与客泛舟游于赤壁之下。清风徐来,水波不兴。举酒属客,诵《明月》之诗,歌"窈窕"之章。少焉,月出于东山之上,徘徊于斗牛之间。白露横江,水光接天。纵一苇之所如,凌万顷之茫然。浩浩乎如冯虚御风,而不知其所止;飘飘乎如遗世独立,羽化而登仙。

实时翻译

壬戌年(元丰五年,1082年)秋,七月十六日,苏轼与友人在赤壁下的江面上泛舟游赏。清风缓缓拂来,吹不起一丝波澜。苏轼举杯向同伴敬酒,吟诵起《月出》首章"月出皎兮,佼人僚兮。舒窈纠兮,劳心悄兮"。不一会儿,一轮明月果然从东山升起,停留在斗宿与牛宿之间。白茫茫的水汽升腾在江面,一平如镜的水光延伸开去直到与天际相连。我们任凭如一支孤苇的小船在苍茫万顷的江面上自在漂荡,就像乘风在无边无际的虚空中飞翔,不知道要漂荡到哪儿,又像飘飘然远离了尘世,超然独存,化身为仙而升入了仙境。

朗读原文

于是饮酒乐甚,扣舷而歌之。歌曰:"桂棹(zhào)兮兰桨,击空明兮溯(sù)流光。渺渺兮予怀,望美人兮天一方。"客有吹洞箫者,倚歌而和之。其声呜呜然,如怨如慕,如泣如诉,余音袅(niǎo)袅,不绝如缕,舞幽壑之潜蛟,泣孤舟之嫠(lí)妇。

实时翻译

这时候苏轼喝得起兴,用手拍着船舷打起拍子唱起了歌。歌是这么唱的:"桂木做船棹啊兰木做船桨,拍击着空明的波光逆流而上,我的心飞向远方,想望一望那远在天涯的美娇娘。"有个客人跟着歌声的节奏吹起了洞箫,为他伴和。洞箫呜呜咽咽,像是在哀怨又像是在思念,像在哭泣又像在低诉,余音婉转悠长,犹如轻柔的细丝摇曳在空中。这声音能使深渊中潜藏的蛟龙起舞,能使孤舟上的寡妇伤心落泪。

朗读原文

苏子愀(qiǎo)然，正襟危坐而问客曰："何为其然也？"

客曰："'月明星稀，乌鹊南飞'，此非曹孟德之诗乎？西望夏口，东望武昌，山川相缪(liáo)，郁乎苍苍，此非孟德之困于周郎者乎？方其破荆州，下江陵，顺流而东也，舳舻(zhú lú)千里，旌(jīng)旗蔽(shì)空，酾(shuò)酒临江，横槊赋诗，固一世之雄也，而今安在哉？况吾与子渔樵(qiáo)于江渚(zhǔ)之上，侣鱼虾而友麋(mí)鹿，驾一叶之扁舟，举匏樽(páo zūn)以相属。寄蜉蝣(fú yóu)于天地，渺沧海之一粟，哀吾生之须臾(yú)，羡长江之无穷。挟飞仙以遨游，抱明月而长终。知不可乎骤得，托遗响于悲风。"

实时翻译

苏轼听了脸色为之一变，他整好衣襟坐直了身子，问客人："这箫声为什么如此哀怨？"

客人回答："'月明星稀，乌鹊南飞'这不是曹公孟德的诗吗？此处向西可以遥望夏口，向东可以远眺武昌，山河相互环绕，郁郁苍苍，不正是曹孟德被周瑜打败的地方吗？曹操攻陷荆州、直取江陵、沿长江顺流东下时，战船相接延绵千里，旌旗招摇遮蔽天空，他临江而豪饮，横槊而吟诗，委实是一代枭雄，可今天他在哪里呢？一代枭雄尚且如此，何况你我这样整日在江上沙洲捕鱼砍柴，与鱼虾作伴、与麋鹿为友，现在驾着这一叶小舟举杯互饮的两个小人物呢？同天地相比，我们就像生命短暂的蜉蝣，与广阔的世界相比，我们就像沧海中的一颗粟米。我哀叹我们的人生只有匆匆片刻，我羡慕长江的流水永远滔滔不绝。我希望与仙人携手一起遨游宇宙，与明月相拥而永世长存。但我又知道这些不可能成为现实，只好把自己哀怨的箫声托寄在悲凉的秋风中。"

朗读原文

苏子曰："客亦知夫水与月乎？逝者如斯，而未尝往也；盈虚者如彼，而卒莫消长也。盖将自其变者而观之，则天地曾不能以一瞬；自其不变者而观之，则物与我皆无尽也，而又何羡乎？且夫天地之间，物各有主；苟非吾之所有，虽一毫而莫取。惟江上之清风，与山间之明月，耳得之而为声，目遇之而成色，取之无禁，用之不竭，是造物者之无尽藏也，而吾与子之所共适。"

实时翻译

苏轼说："你了解江水与明月吗？江水不停流逝，但长江还是那个长江，也可以说江水从未流走过；月亮时圆时缺，但并没有真正地增加或减少过。从变化的角度来看，天地万物没有一瞬间不在发生变化；从不变的角度来看，万物和自己同样永恒不变，又有什么可羡慕呢？况且天地之间，凡物各有自己的归属，若不是自己应该拥有的，即便一分一毫也不能取用。只有江上的清风和山间的明月，我们听到便是悦耳的声音，看到便是美丽的风景，取用无人禁止，享用不会枯竭。这是造物者的无尽宝藏，你和我可以尽情一起共享。"

朗读原文

客喜而笑,洗盏更酌(zhuó)。肴核既尽,杯盘狼藉,相与枕藉乎舟中,不知东方之既白。

实时翻译

客人高兴地笑了,清洗杯盏重斟再饮。菜肴和果品都吃完后,桌子上的杯碟已一片凌乱。苏子与客人在船里互相枕靠着睡着了,不知不觉天边已经显出白色。

思维导图

讲个故事

元丰二年(1079年)，苏轼任湖州知州。按说过了四十不惑的年纪，又身处官场已久，一般人应该已经被现实打磨得润泽圆滑，考虑问题也比较周全了，可苏东坡不是一般人，依旧直言直语、直来直去。他在地方看到了王安石变法造成的诸多流弊，就上《湖州谢上表》反映问题，反对变法。而在当时，王安石已被第二次罢相，变法事业的"大boss"已经是宋神宗本人。反对变法，就是反对宋神宗啊。这下子苏轼被某些小人抓住了把柄，他们翻箱倒柜读苏轼，就为了从他已出版的作品中找出"他们认为"对皇帝和朝廷不敬的言辞——妥妥的文字狱啊！这就是历史上著名的"乌台诗案"。

多思考一点

古希腊哲学家赫拉克利特说："人不能两次踏进同一条河流。"苏轼说："天地曾不能以一瞬。"这两句话有异曲同工之妙。他们都说对了同一件事：宇宙中万事万物都是永不停息地运动着的，没有绝对静止的物体。平时我们说某个物体静止，那都是相对某个参照物而言，其实它一直在运动。

后赤壁赋

冬夜攀岩游记

出处 《苏东坡全集》
作者 苏轼
创作年代 宋
坐标 《古文观止》卷十一

助学小贴士

历代文人学者都把《前赤壁赋》与《后赤壁赋》看作姊妹篇——意思指同一作者写的具有内在关联的多篇作品，这些作品往往在表现形式、中心思想、艺术特点等方面有一定相似性。《前赤壁赋》与《后赤壁赋》都是苏轼所写，前后时间相距不过几个月，又都是以游览赤壁为主题，同样是赋体，这些都是它们的相似之处。但是两者也有明显的不同之处，你可以试着找找都有哪些不同吗？

朗读原文

是岁十月之望,步自雪堂,将归于临皋(gāo)。二客从予,过黄泥之坂(bǎn)。霜露既降,木叶尽脱,人影在地,仰见明月。顾而乐之,行歌相答。

已而叹曰:"有客无酒,有酒无肴。月白风清,如此良夜何!"客曰:"今者薄暮,举网得鱼,巨口细鳞,状如松江之鲈。顾安所得酒乎?"归而谋诸妇。妇曰:"我有斗酒,藏之久矣,以待子不时之需。"

实时翻译

这一年的十月十五日,我从雪堂出发,准备步行回旧居临皋亭,有两位友人跟我一起。路过黄泥坂的时候,四下里一派初冬的清明景象——霜露已降,树叶全都凋零,我们仨的身影照在地上,抬头就能看见一轮明月,我和朋友们看在眼里都觉得心情舒畅,于是一边走一边唱起了歌,你来我往好快乐。

唱完了我叹惜道:"有朋友却没有美酒,有美酒也没有佳肴,如此月色皎洁、清风撩人的美好夜晚,可叫我们怎么度过?"一位朋友说:"今天傍晚我撒网捕到了一条鱼,大嘴巴、细鳞片,很像是松江里鲜美的鲈鱼。不过,到哪儿去弄酒呢?"我回家问妻子有没有酒,妻子说:"我这正好有一斗酒,存了很久了,就为了应付你临时的需要。"

朗读原文

　　于是携酒与鱼，复游于赤壁之下。江流有声，断岸千尺，山高月小，水落石出。曾日月之几何，而江山不可复识矣！予乃摄衣而上，履巉岩，披蒙茸，踞虎豹，登虬龙，攀栖鹘之危巢，俯冯夷之幽宫。盖二客不能从焉。划然长啸，草木震动，山鸣谷应，风起水涌。予亦悄然而悲，肃然而恐，凛乎其不可留也。返而登舟，放乎中流，听其所止而休焉。时夜将半，四顾寂寥。适有孤鹤，横江东来，翅如车轮，玄裳缟衣，戛然长鸣，掠予舟而西也。

实时翻译

　　于是我们带着美酒和鲜鱼又去赤壁下游玩。江中的流水轰鸣不止，陡峭的江岸高耸千尺；在高耸的山峰之上，月亮显得很小，江水水位下降，很多原来潜藏在水下的礁石都露出了水面。距离上次来相隔没有多久，而江景山色竟然变得我都认不出来了！我撩起衣襟开始爬山，踩着凸起的山岩，拨开杂乱的野草，迈上形如虎豹的怪石，攀爬状如虬龙的树枝，终于爬上了鹘鸟做窝的崖顶，得以俯瞰水神冯夷的深宫。两位友人都没能跟着我爬上来。我站在山顶放声高呼长啸，草木为之震动，群山与之共鸣，狂风骤起，波涛汹涌。不知不觉间，我感到了一股悲凉、一阵惊恐，恐怖的气氛让人不敢久留。我原路返回，和朋友们上了船，把船划到江心，打算随它漂到哪里就在那里停靠。快到半夜时，四周一片清冷寂寞，正在这时一只仙鹤横穿江面从东边飞来，翅膀展开像车轮一样大小，如同穿着黑裙白衣，戛然一声长鸣，擦着我们的小船向西飞去。

朗读原文

须臾客去,予亦就睡。梦一道士,羽衣蹁跹,过临皋之下,揖予而言曰:"赤壁之游乐乎?"问其姓名,俛而不答。"呜呼噫嘻!我知之矣!畴昔之夜,飞鸣而过我者,非子也耶?"道士顾笑,予亦惊寤。开户视之,不见其处。

实时翻译

不久,朋友们走了,我也回家睡了。睡梦中我梦见一位道士,穿着羽毛织成的衣裳,走过临皋亭前,向我拱手作揖道:"游览赤壁快乐吗?"我问他姓名,他却低头不答。"噢!我知道了!昨天晚上,边飞边叫着从我旁边经过的,不就是你吗?"道士看着我笑了笑,我也忽然从梦中惊醒,赶忙打开门去看,却没看到他的身影。

思维导图

多思考一点 再旷达的人，也会遭遇压力的袭扰。苏轼再游赤壁，月夜攀岩、划然长啸，很难说不是内心压力的释放。学会减压，是让生活更美好、更长久的灵丹妙药。生活中，减压的方法多种多样，例如读书养性情，雅趣养身心，此外，听音乐、旅游、体育运动也都是很好的减压方式。

方山子传

● 蒙太奇式的传奇人生

出处《苏东坡全集》
作者 苏轼
创作年代 宋
坐标《古文观止》卷十一

 助学小贴士

  人物传记是古代文学作品中常见的题材，但同样为人立传，苏轼却能做到不同凡响。平常人写传，大都按部就班，依次介绍人物姓名、性别、家庭住址、家庭关系、工作单位、先进事迹，等等，写完了可以直接存进档案馆。苏轼则不同，在这篇《方山子传》中，他大胆地运用了千年之后电影中常常使用的"蒙太奇"手法，选取几个侧面来描写人物，让读者自己在头脑中拼凑出一个有血有肉、见心见性的方山子，也使一篇四百余字的短文波澜横生、跌宕起伏。

朗读原文

　　方山子，光、黄间隐人也。少时慕朱家、郭解为人，闾里(lǘ)之侠皆宗之。稍壮，折节读书，欲以此驰骋当世，然终不遇。晚乃遁(dùn)于光、黄间，曰岐(qí)亭。庵(ān)居蔬食，不与世相闻。弃车马，毁冠服，徒步往来山中，人莫识也。见其所著帽，方耸而高，曰："此岂古方山冠之遗像乎？"因谓之"方山子"。

实时翻译

　　方山子是光州、黄州一带的隐士。年轻时，他仰慕西汉游侠朱家、郭解的品行和为人，街坊邻里中的好侠之士都很敬重他、推崇他。年岁稍长一些后，就改变了志向，开始发奋读书，想靠文才来闯荡世界、施展抱负，但一直没有机会。晚年时他就隐居在光州、黄州之间一个叫岐亭的地方，住简陋茅屋，吃粗茶淡饭，不与世人来往。他舍弃了自己的车马，撕毁了书生的帽子、衣服，徒步在山里来来往往，没有人知道他是谁。有人见他戴的帽子方方的又很高，就说："这不就是古代方山冠的样子吗？"于是大家就都称他为"方山子"了。

朗读原文

　　余**谪**(zhé)居于黄,过岐亭,适见焉。曰:"呜呼!此吾**故人**陈慥(zào)季常也,何为而在此?"方山子亦**矍**(jué)**然**问余所以至此者。余告之故。俯而不答,仰而笑,呼余宿其家。环堵萧然,而妻子奴婢皆有自得之意。

　　余既耸然异之,独念方山子少时,使酒好剑,用财如粪土。前十九年,余在岐山,见方山子从两骑,挟二矢,游西山,鹊起于前,使骑逐而射之,不获,方山子**怒马**独出,一发得之。因与余马上论用兵及古今成败,自谓一时豪士。今几日耳,精悍之色犹见于眉间,而岂山中之人哉?

实时翻译

　　我因**被贬官**而暂住黄州,有一次经过岐亭时正巧碰见了他。我惊呼:"哎呀!这不是我的**老相识**陈慥陈季常吗,你怎么在这里?"方山子也很**惊讶**,问我在这里的原因。我把前因后果告诉了他,他开始低着头不说话,继而仰天大笑,并招呼我到他家留宿一晚。他的家家徒四壁,看起来日子过得很清苦,但他的妻子、儿女和奴仆都一副自得其乐的样子。

　　我完全被眼前的景象震惊了,心里不由回想起方山子年轻时候的纵情豪饮、舞刀弄剑、挥金如土。十九年前,我在岐山,有一次看到方山子**手持两支箭**,带着两名随从在西山骑马游猎。前方一只鹊忽然被惊起,他便叫随从拍马追赶、搭弓射鹊,可惜没能射中。方山子**猛然策马**,骏马一跃向前,同时一箭射出,飞鹊应声而落。他在马上和我谈论了用兵之道及古今成败之事,他自认为是一代豪杰。这都过去多少年了,从眉宇间依然可以看出他的精明强干。他怎么就成了山中的隐士呢?

朗读原文

然方山子世有勋阀(xūn fá)，当得官，使从事于其间，今已显闻。而其家在洛阳，园宅壮丽，与公侯等。河北有田，岁得帛千匹，亦足以富乐。皆弃不取，独来穷山中。此岂无得而然哉？

余闻光、黄间多异人，往往佯狂垢污，不可得而见，方山子傥见之欤(yú)？

实时翻译

方山子的家族世代都曾为国家建立功业，他得到朝廷封赏官爵是理所应当的，如果他从政为官，到现在早已声名显赫了。而且，他家在名都洛阳有豪宅，房舍雄伟、园林瑰丽，与公侯之家不相上下。他在黄河以北还有田产，每年有上千匹丝帛的收入，只靠佃租也足以过上富裕安乐的生活。然而他舍弃了一切，偏偏来到这穷山恶水之地。要不是自得其乐怎么会这样呢？

我听说光州、黄州一带多有奇人异士隐居，他们常常装疯卖傻、把自己弄得污垢不堪，我始终没有遇见过。方山子或许见过吧？

思维导图

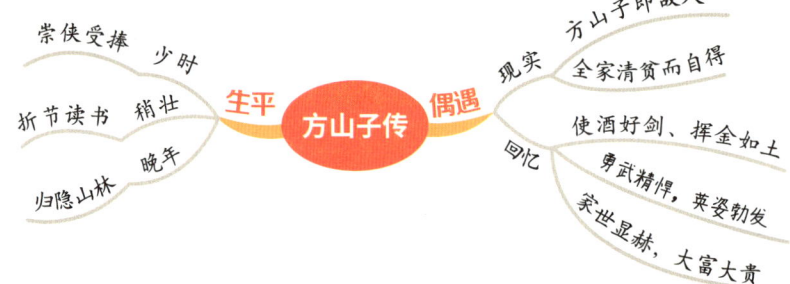

多思考一点　一叶落知天下秋。落叶是秋天最显著的特点,所以只要描写落叶,就说明了秋天的来临。说明事物要抓住特点,描写人物同样要把握特征。苏轼描写方山子,就是抓住了最能表现人物性格的片段,用这些片段拼接出了一个生动的人。

黄州快哉亭记

坦然其中,自得其乐

出处 《栾城集》

作者 苏辙

创作年代 宋

坐标 《古文观止》卷十一

助学小贴士

　　苏轼背着"乌台诗案"的大黑锅被贬到了黄州担任团练副使。苏辙怕哥哥想不开,别再出点什么事,就向皇帝自请责罚,把自己贬绮州做个地方官。绮州距离黄州不远,这样他就能常去看望哥哥了。有一年,他们兄弟相聚,一道游览了张梦得为饱览长江美景而建造的江景亭,苏轼便替它取名为"快哉亭",苏辙则为张梦得写了这篇《黄州快哉亭记》。

朗读原文

江出西陵,始得平地,其流奔放肆大。南合湘、沅(yuán),北合汉、沔(miǎn),其势益张;至于赤壁之下,波流浸灌,与海相若。清河张君梦得谪(zhé)居齐安,即其庐之西南为亭,以览观江流之胜,而余兄子瞻名之曰"快哉"。

实时翻译

长江流出了西陵峡,才来到平坦的地带,水流变得奔腾宽广。它汇聚了南边注入的沅水、湘水和北边来的汉水之后,江水越发盛大,流到赤壁之下时,已经波涛滚滚,犹如大海一样。清河来的张梦得贬官到齐安,在他房舍的西南角建了一座亭子,用来观赏长江的胜景,我哥哥苏子瞻给这座亭子起了个名字,叫"快哉亭"。

朗读原文

　　盖亭之所见，南北百里，东西一舍（shè），涛澜（lán）汹涌，风云开阖（hé）。昼则舟楫（jí）出没于其前，夜则鱼龙悲啸（shū）于其下。变化倏忽，动心骇目，不可久视。今乃得玩之几席之上，举目而足。西望武昌诸山，冈陵起伏，草木行列，烟消日出，渔夫、樵父之舍，皆可指数。此其所以为"快哉"者也。至于长洲之滨，故城之墟，曹孟德、孙仲谋之所睥睨（pì nì），周瑜、陆逊之所驰骛（wù），其流风遗迹，亦足以称快世俗。

实时翻译

　　站在亭子里眺望，南北上百里、东西三十里内的波涛汹涌、风云变幻。白天能看到船只在江面上时隐时现，晚上能听到鱼龙在江水中长啸悲鸣。眼前的景象可谓瞬息万变，怵目惊心，无法长久地停留欣赏。现在好了，有了这个亭子，安坐在几案旁坐席上抬抬眼就能欣赏玩味如此美景。向西眺望，可见武昌的群山蜿蜒起伏，草木茂盛，烟消云散太阳出来的时候，渔夫、樵父的房舍都可以看得清清楚楚。这就是起名"快哉亭"的主要原因。至于那长江边古城的废墟，正是曹操、孙权窥伺争夺之所，是周瑜、陆逊驰骋征战之地，凭吊这些历史流传下来的故事和遗迹，也足以让人称之为快事啊。

朗读原文

　　昔楚襄王从宋玉、景差于兰台之宫,有风飒然至者,王披襟当之,曰:"快哉此风!寡人所与庶人共者耶?"宋玉曰:"此独大王之雄风耳,庶人安得共之!"玉之言,盖有讽焉。夫风无雌雄之异,而人有遇不遇之变。楚王之所以为乐,与庶人之所以为忧,此则人之变也,而风何与焉?士生于世,使其中不自得,将何往而非病?使其中坦然,不以物伤性,将何适而非快?今张君不以谪为患,窃会计之余功,而自放山水之间,此其中宜有以过人者。将蓬户瓮牖,无所不快,而况乎濯长江之清流,挹西山之白云,穷耳目之胜以自适也哉!不然,连山绝壑,长林古木,振之以清风,照之以明月,此皆骚人思士之所以悲伤憔悴而不能胜者,乌睹其为快也哉!

实时翻译

　　从前,楚襄王带着宋玉、景差游兰台宫,一阵风飒飒吹来,楚王敞开衣襟,迎着风说:"这阵风真是让人畅快啊!百姓和我一样也都能享受到这畅快吧?"宋玉说:"这是大王一个人独享的雄风,百姓怎么能和您共享这畅快呢?"宋玉的话大概含有讽喻意味吧。风并没有雌雄的区别,而人却有境遇的不同。楚王快乐、百姓忧愁,正是由于他们的境遇不同,和风又有什么关系呢?人生活在世上,如果内心不能安然自在,那他到哪里能没有怨言?相反,如果能做到内心坦荡旷达,不因为外物得失而改变自己的本性,那他在什么地方不会快乐?张梦得没把被贬官当作灾患,反而在处理财务结算的公事之余,在这山水之间尽情游览,他的内心应该有超越常人之处。即使用蓬草编门、以瓦罐做窗,他也觉得快乐,更何况他还能畅快地在这清澈的江流中洗濯,手捧西山的白云,尽享着悦人耳目的美景呢！若非如此，这在清风拂摇、明月临照之下的无尽山峦、陡峭绝壁、辽阔森林、参天古木，都是使失意文人或思乡之客感到悲伤而不能承受的景象，**哪里**还能看出是快乐的呢！

思维导图

作者信息

姓　　名：苏辙

字 / 号：字子由，一字同叔，晚号颍滨遗老

生 卒 年：1039—1112年

籍　　贯：眉州眉山

高光时刻：与父亲苏洵、兄长苏轼齐名，合称"三苏"；名列"唐宋八大家"

多思考一点

　　苏辙在这篇文章中告诉我们要坦然其中、自得其乐，也就是要有一颗强大的内心。可如何才能拥有强大的内心呢？培养能力，让自己自信；培育兴趣，让自己开心；培植梦想，让自己永远充满希望……这些都是让我们内心强大的途径，赶快践行起来吧！

读孟尝君传

语语转、笔笔紧的千秋绝调

出处 《临川集》
作者 王安石
创作年代 宋
坐标 《古文观止》卷十一

助学小贴士

孟尝君是战国时齐国的王子，与同一时期的赵国平原君、楚国春申君、魏国信陵君一起被称为"战国四公子"，都以挥金如土"好养士"而闻名于世。孟尝君鼎盛时期有食客三千，在常人看来可谓宾客盈门、谋士云集了。但宋朝改革派领袖王安石可不这么看，凭着"天变不足畏，祖宗不足法，人言不足恤"的"三不足"精神，他创新性地提出了孟尝君"特鸡鸣狗盗之雄耳"的惊人论断。

朗读原文

世皆称孟尝君能得士，士以故归之，而卒赖其力以脱于虎豹之秦。嗟乎！孟尝君特鸡鸣狗盗之雄耳，岂足以言得士？不然，擅齐之强，得一士焉，宜可以南面而制秦，尚何取鸡鸣狗盗之力哉？鸡鸣狗盗之出其门，此士之所以不至也。

实时翻译

世人都说孟尝君招贤纳士，贤士因此归附于他，因而他最终借助门下"贤士"的力量从虎豹般的强秦逃了出来。唉！孟尝君只是个鸡鸣狗盗之徒的头目罢了，也配说招贤纳士？如果不是这样的话，凭借齐国的强大国力，只要得到一个真正的贤士，就应该南面称王而制服秦国，哪里还用得着借助鸡鸣狗盗之徒的力量？鸡鸣狗盗之徒在他的门下，这正是贤士不归附于他的原因啊。

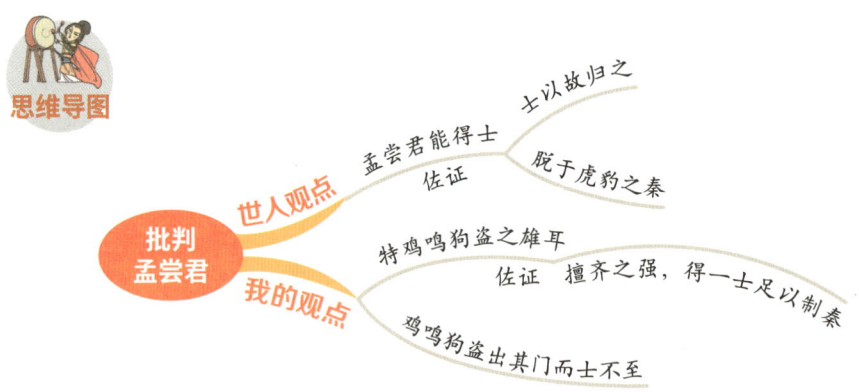

思维导图

批判孟尝君
- 世人观点：孟尝君能得士
  - 士以故归之
  - 佐证：脱于虎豹之秦
- 我的观点：特鸡鸣狗盗之雄耳
  - 佐证：擅齐之强，得一士足以制秦
  - 鸡鸣狗盗出其门而士不至

作者信息

姓　　名：王安石
字　/　号：字介甫，号半山
生　卒　年：1021—1086 年
籍　　贯：抚州临川
高光时刻：官拜宰相，主持变法；名列"唐宋八大家"

讲个故事

邋遢宰相

数千古风流人物，王安石要是说自己"邋遢第二"，那估计就没人敢称第一了。

早在做淮南签书判官时，王安石就养成了每日不洗漱的习惯。后来做了管马匹的官儿，王安石还是不爱洗澡，一年可能都不洗一次。他的同僚吴仲卿、韩持国两人实在受不了他身上的味儿比他们管的马身上的味儿都大，就相约至少每两个月强拉王安石去洗一次澡，把这叫作"拆洗"。再后来，王安石当了宰相，不爱干净这毛病还是一点儿没改。有一回他面见宋神宗，没发觉豆大的虱子已经爬到了自己胡子上。宋神宗见此忍不住笑出了声，王安石却还不明所以。从皇帝那儿出来后，同僚告诉了他原委，他就让手下去抓虱子。同僚便趁机取笑他说："宰相脸上的虱子是被皇上亲自鉴赏过的，怎么能随便抓走呢！"我们要学习王安石的刻苦勤奋、敢于创新，可千万别学他这邋遢的坏毛病啊！

多思考一点

学问无止境，研究学问的道路也是无止境的。在这条道路上，我们要敢于打破成见、打破常规，但更要言之有理、论之有据。王安石在不足百字的文章中，彻底推翻了前人对孟尝君的看法，可谓观点创新；更难能可贵的是他言之有据，任谁都无法反驳。

游褒禅山记

> 入之愈深，其见愈奇

出处 《临川集》
作者 王安石
创作年代 宋
坐标 《古文观止》卷十一；高中语文必修一

助学小贴士

《游褒禅山记》是王安石在辞职回家的途中游览了褒禅山几个月后以追忆形式写下的一篇游记。名为游记，文章的重心却在议而不在叙，所叙都是为所议做铺垫。如文章开头写山名及其来历、仆碑残文，是为提出深思而慎取埋下伏笔；文章中段写游洞未极其乐，是为提出做事要有志、有力、有助的心得铺垫材料。读这篇文章，我们要好好学习王安石在材料取舍、结构安排上的高妙。

朗读原文

褒禅山亦谓之华山。唐浮图慧褒始舍于其址,而卒葬之,以故其后名之曰"褒禅"。今所谓慧空禅院者,褒之庐冢也。距其院东五里,所谓华山洞者,以其乃华山之阳名之也。距洞百余步,有碑仆道,其文漫灭,独其为文犹可识,曰"花山"。今言"华"如"华实"之"华"者,盖音谬也。

实时翻译

褒禅山也叫华山。唐代有一个叫慧褒的和尚最初在这里筑室居住,死后也葬在这里,因此后人就把这座山叫作褒禅山。如今的慧空禅院,就是慧褒筑屋和埋骨的地方。在慧空禅院东面五里处,有一个华山洞,因为它在华山南面而取此名。距此洞一百多步,有一座石碑倒在路旁,上面的碑文因风化严重已模糊不清,只能勉强认出"花山"两个字。如今读为"华实"的"华",大概是读错音了。

朗读原文

其下平旷,有泉侧出,而记游者甚众,所谓"前洞"也。由山以上五六里,有穴窈然,入之甚寒,问其深,则其好游者不能穷也,谓之"后洞"。予与四人拥火以入,入之愈深,其进愈难,而其见愈奇。有怠而欲出者,曰:"不出,火且尽。"遂与之俱出。盖予所至,比好游者尚不能十一,然视其左右,来而记之者已少。盖其又深,则其至又加少矣。方是时,予之力尚足以入,火尚足以明也。既其出,则或咎其欲出者,而予亦悔其随之,而不得极乎游之乐也。

实时翻译

由此向下的那个山洞里平坦而空阔,一股山泉从洞壁边涌出,来这里游览、题字留念的人很多,这里就是"前洞"。沿山路向上走五六里,还有个看起来很幽深的洞穴,一进去就感到寒气逼人,探究它的深度,人们说就是那些喜欢寻洞探幽的人也没有谁曾走到头。它被称为"后洞"。我和同游的四个人举着火把走进了后洞,越到深处,行进越困难,但看见的景象越奇妙。这时候有个人走累了想回去,他说:"再不出去的话,火把就要烧完了。"于是大家就都跟着他一起退了出来。我们所到的地方,跟那些喜欢寻洞探幽的人比起来,恐怕还不到十分之一,但观察左右的石壁就能发现来此题记的人已经很少了。估计更深的地方,到过的人更少。其实在决定返回的时候,我的体力还能继续往前走,火把也还能再燃烧一段时间。所以出洞以后就有人后悔了,埋怨那个提议返回的人,我也有些后悔自己跟着别人退了出来,没能极尽游洞的乐趣。

朗读原文

　　于是予有叹焉。古人之观于天地、山川、草木、虫鱼、鸟兽，往往有得，以其求思之深而无不在也。夫夷以近，则游者众；险以远，则至者少。而世之奇伟、瑰怪、非常之观，常在于险远，而人之所罕至焉。故非有志者，不能至也；有志矣，不随以止也，然力不足者，亦不能至也；有志与力，而又不随以怠，至于幽暗昏惑而无物以相之，亦不能至也。然力足以至焉，于人为可讥，而在己为有悔；尽吾志也而不能至者，可以无悔矣，其孰能讥之乎？此予之所得也。

　　予于仆碑，又有悲夫古书之不存，后世之谬(miù)其传而莫能名者，何可胜道也哉！此所以学者不可以不深思而慎取之也。

　　四人者：庐陵萧君圭(guī)君玉，长乐王回深父，余弟安国平父、安上纯父。

实时翻译

　　就这件事我有所感慨：古人观察天地、山川、草木、虫鱼、鸟兽，常常能够有所得益，就是因为他们对任何事物都愿意探索，而且思考得很深入。那些平坦而易达的地方，到达的游人就多；那些危险而偏远的地方，到达的游人就少。然而世间那些神奇雄伟、瑰丽特异的不同寻常的景观，常常在危险而偏远的地方，很少有人能到达那里，所以只有那些意志坚定的人才能到达。有了坚定的意志，不盲从别人停止，但体力不支，也是到不了的。有了坚定的意志和充沛的体力，也不盲从别人停止，但遇到了幽深昏暗而让人不辨东西且没有外物可供参考路径的情况，也还是没法到达。然而，如果体力足以到达却没有到达，在别人看来是可以讥笑的，而且自己也会感到后悔。尽了我自己的主观努力而未能达到，则可以无怨无悔了，这种情况下谁还能讥笑我呢？这些就是我的感悟和收获了。

　　看着那块倒地的石碑，我又生出了古书遗失以致后世以讹传讹而无人明了真相的感叹，（这样的例子）哪能说得完呢？这就是做学问的人必须深入思考然后谨慎援引资料的原因啊。

　　和我一起游览的四个人分别是：庐陵人萧君圭（字君玉），长乐人王回（字深父），我的两个弟弟王安国（字平父）和王安上（字纯父）。

思维导图

游褒禅山记
- 游山人员
  - 萧君圭
  - 王回
  - 王安国
  - 王安上
- 游褒禅山
  - 所见
    - 慧空禅院
    - 华山洞
      - 前洞
      - 后洞
    - 石碑
      - 碑文
      - 花山
  - 所闻：山与洞得名由来
  - 所得
    - 做事要有志、有力、有助
    - 治学要求思深而广、深思而慎取

多思考一点

有志、有力、有助，从我们自身和自身之外两个方面指出了成就大事业必不可少的三个要素。自身的要素是要有志、有力。有志，就是要有强烈的意愿；有力，就是要有完成事业的能力。自身之外的要素就是要有助，它强调的是获得外物或外力的支持。

阅江楼记

◌ 有记却无楼的空头文章

出处　《文宪集》
作者　宋濂
创作年代　明
坐标　《古文观止》卷十二

助学小贴士

　　自古为亭台楼阁写记作传，都是先有楼阁再有文章。唯独《阅江楼记》不同，有记无楼，就像空头支票一样，是一篇空头文章。原来，明太祖朱元璋游览狮子山后被这里的胜景折服，就打算在这里修建一座楼，名字都想好了，就叫"阅江楼"。楼还未建，朱元璋就迫不及待地自己先写了一篇文辞华美的《阅江楼记》，然后下旨让满朝文士每人再写一篇同名文章。这些文章中，数宋濂写得最好。然而文章都写好了，阅江楼的地基也建完了，朱元璋却突然下令阅江楼不建了……

朗读原文

　　金陵为帝王之州，自六朝迄(qì)于南唐，类皆偏据一方，无以应山川之王气。逮我皇帝，定鼎于兹，始足以当之。由是声教所暨(jì)，罔(wǎng)间朔(shuò)南；存神穆清，与天同体。虽一豫一游，亦可为天下后世法。京城之西北，有狮子山，自卢龙蜿蜒而来，长江如虹贯，蟠(pán)绕其下。上以其地雄胜，诏建楼于巅，与民同游观之乐，遂锡嘉名为"阅江"云。

实时翻译

　　金陵是帝王曾建都的所在，但从六朝到南唐，在此建都的全都是偏安一方的政权，无法与金陵山川所呈现的帝王之气相配。直到我大明皇帝建国定都于此，才与之相符。从此，我大明的声威教化所到之处，没有长江阻隔，不分南北；我大明圣上修心养性，像清和的风化育万物，与天道融为一体，即便是巡游娱乐，也可以被天下及后世效法。京城的西北有座狮子山，是从卢龙山延伸而来，长江有如一道长虹盘绕着它的山脚流过。圣上因为这地方景观雄伟壮观，就下诏在山顶上建一座楼，与百姓同享游览观赏的欢乐，还御赐它一个美妙的名字叫"阅江"。

朗读原文

　　登览之顷，万象森列，千载之秘，一旦轩露。岂非天造地设，以俟(sì)大一统之君，而开千万世之伟观者欤(yú)？当风日清美，法驾幸临，升其崇椒，凭阑遥瞩，必悠然而动遐思。见江汉之朝宗，诸侯之述职，城池之高深，关阨(ài)之严固，必曰："此朕栉(zhì)风沐雨，战胜攻取之所致也。"中夏之广，益思有以保之。见波涛之浩荡，风帆之上下，番舶接迹而来庭，蛮琛(chēn)联肩而入贡，必曰："此朕德绥(suí)威服，覃(tán)及内外之所及也。"四陲(chuí)之远，益思有以柔之。见两岸之间、四郊之上，耕人有炙肤皲(zhì)足(jūn)之烦，农女有捋桑行饁(yè)之勤，必曰："此朕拔诸水火，而登于衽(rèn)席者也。"万方之民，益思有以安之。触类而思，不一而足。臣知斯楼之建，皇上所以发舒精神，因物兴感，无不寓其致治之思，奚(xī)止阅夫长江而已哉？

实时翻译

　　一登上阅江楼，万千景色次第呈现，千年的大地秘藏美景顷刻间显露无遗。这难道不是天地有意造就、专等一统海内的明君到来，让他开启这将展现千秋万世的奇观吗？每当风和日暖，圣上登临，站在山巅扶着栏杆远眺时，必定会悠然心动、触动情思。看见长江的流水滚滚东去归海，看见四方诸侯赴京汇报，看见城池的高深、关隘的牢固，圣上一定会说："这是我历经风雨、战胜强敌、攻城取地才得来的天下啊。"想到华夏大地的广阔，就会更加想着怎样来保全天下。当看见长江波涛浩荡、江面千帆竞发，看见外国船只排成队列前来朝见、番邦使臣手捧珍宝争相进贡，圣上一定会说："这是我用恩德安抚百姓、以威力慑服天下的声望远播他国才换来的胜景啊。"想到四方边陲的僻远，就会更加想着要怎样去安抚邻邦。当看见大江两岸、四方原野上耕夫有夏晒烈日、冬凛严寒的忧劳，农女有采桑养蚕、下田送饭的辛勤，圣上一定会说："这就是我拯救于水深火热之中并使之安眠于床席之上的百姓啊。"想到天下的黎民，就会更加想着要怎样让他们安居乐业。类似的感触不能一一枚举。圣上兴建这座阅江楼，是为了舒展自己的情怀和抱负，凭借所观而引发思考，寄寓着他治理天下的理想，何止是为了观赏长江的风景？

朗读原文

彼临春、结绮，非不华矣；齐云、落星，非不高矣。不过乐管弦之淫响，藏燕赵之艳姬，一旋踵间而感慨系之，臣不知其为何说也。虽然，长江发源岷山，委蛇七千余里而入海，白涌碧翻。六朝之时，往往倚之为天堑。今则南北一家，视为安流，无所事乎战争矣。然则果谁之力欤？逢掖之士，有登斯楼而阅斯江者，当思圣德如天，荡荡难名，与神禹疏凿之功同一罔极。忠君报上之心，其有不油然而兴耶？

实时翻译

那临春阁、结绮阁不是不华美，那齐云楼、落星楼不是不高大，然而它们只不过是昏庸帝王享受淫词艳曲、深藏燕赵美女的所在，转瞬之间便与国破家亡的感慨联系在了一起，我不知道该怎样评说。长江还是那条长江——发源于岷山，曲折蜿蜒七千多里才流入大海，一路上白浪汹涌、碧波翻腾，然而六朝之时往往将它作为天然的大壕沟；如今则长江南北同属一家，长江也成了宁静的河流，不再作为战争屏障了。这究竟是靠谁的力量实现的呢？那些穿着宽袍大袖的读书人如果登上此楼观览此江，就会想到当今圣上的恩德有如苍天浩荡无边，难以言表，就如同大禹凿山疏水拯救万民的功绩一样无边无际。如此一来，忠君报国之心还有不油然而生的吗？

朗读原文

臣不敏，奉旨撰(zhuàn)记。欲上推宵旰(gàn)图治之功者，勒诸贞珉(mín)。他若留连光景之辞，皆略而不陈，惧亵(xiè)也。

实时翻译

我没有才能，奉皇上圣旨撰写这篇《阅江楼记》，于是打算将皇上昼夜辛劳、励精图治的功德铭刻于碑石之上；而其他如写景状物的文辞一概略而不言，是因为怕亵渎了圣上建造这阅江楼的本意。

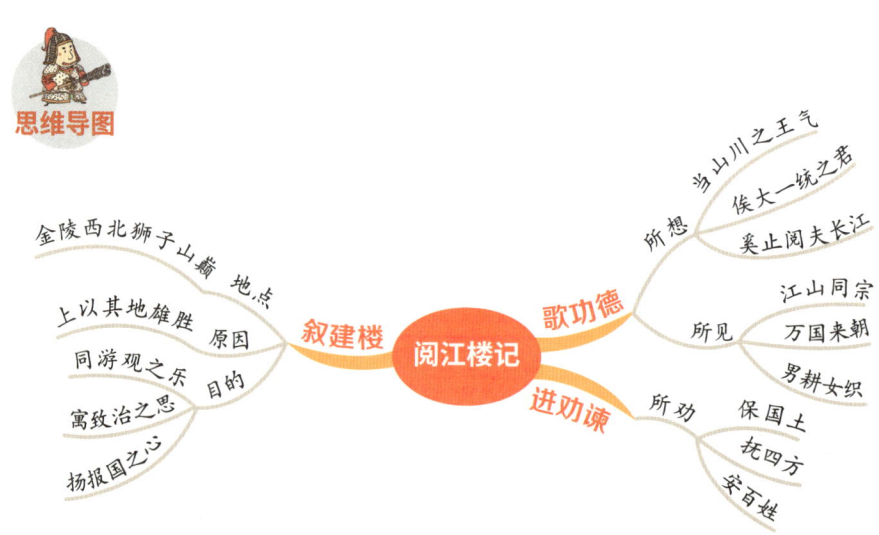

思维导图

阅江楼记
- 叙建楼
  - 金陵西北狮子山巅 地点
  - 上以其地雄胜 原因
  - 同游观之乐 目的
  - 寓致治之思
  - 扬报国之心
- 歌功德
  - 所想
    - 当山川之王气
    - 俟大一统之君
    - 奚止阅夫长江
  - 所见
    - 江山同宗
    - 万国来朝
    - 男耕女织
- 进劝谏
  - 所劝
    - 保国土
    - 抚四方
    - 安百姓

作者信息

姓　　名：宋濂
字 / 号：字景濂，号潜溪，别号龙门子等
生 卒 年：1310—1381 年
籍　　贯：金华潜溪
高光时刻：被明太祖朱元璋誉为"开国文臣之首"

多思考一点

亡羊补牢，犹未为晚。朱元璋为何停建阅江楼，原因众说纷纭，并无定论，但有一点可以肯定的是：他发现自己的决定有误后，及时采取措施，避免了损失进一步加大。这就叫"及时止损"。有舍才有得，懂得在生活中及时止损，能让你朝着正确目标更快地迈进。

卖柑者言

金玉其外,败絮其中

出处 《诚意伯文集》
作者 刘基
创作年代 元末明初
坐标 《古文观止》卷十二

助学小贴士

　　《卖柑者言》是刘基写于元朝末年的一篇寓言故事。文章由一个坏柑橘引起议论,假托卖柑者的一席话,无情揭示了当时盗贼蜂起、官吏贪污、法制败坏、民不聊生的社会现实,尖锐地讽刺了那些冠冕堂皇、声威显赫的达官贵人们其实都是如柑橘一样"金玉其外,败絮其中",抒发了作者对于黑暗社会现实的强烈不满……

朗读原文

　　杭有卖果者，善藏柑，涉寒暑不溃。出之烨然，玉质而金色。剖其中，干若败絮。予怪而问之曰："若所市于人者，将以实笾豆，奉祭祀，供宾客乎？将炫外以惑愚瞽乎？甚矣哉为欺也！"

实时翻译

　　杭州有个卖水果的人，擅长贮藏柑橘，他的柑橘存一整年也不会烂，拿出来的时候依然表皮光鲜如初，莹润像玉石，色泽如黄金。切开再看里面，则果肉已经干枯得像破败的棉絮。我责问他说："你卖这样的柑橘，是打算让人放在盘子里祭祀祖先、招待宾客，还是就打算凭着它们鲜丽的样子让愚昧的人上当受骗啊？你这样骗人实在是太过分了！"

朗读原文

卖者笑曰："吾业是有年矣，吾业赖是以食吾躯。吾售之，人取之，未闻有言，而独不足子所乎？世之为欺者不寡矣，而独我也乎？吾子未之思也。今夫佩虎符、坐皋比者，洸洸乎干城之具也，果能授孙、吴之略耶？峨大冠、拖长绅者，昂昂乎庙堂之器也，果能建伊、皋之业耶？盗起而不知御，民困而不知救，吏奸而不知禁，法斁而不知理，坐縻廪粟而不知耻。观其坐高堂，骑大马，醉醇醴而饫肥鲜者，孰不巍巍乎可畏，赫赫乎可象也？又何往而不金玉其外、败絮其中也哉？今子是之不察，而以察吾柑！"

予默默无以应。退而思其言，类东方生滑稽之流。岂其忿世嫉邪者耶？而托于柑以讽耶？

实时翻译

　　卖柑橘的人笑着说："我卖柑橘已经好多年了，就靠这个养活自己呢。我卖橘子，别人买橘子，从没听人说过有什么问题，怎么就您不满意呢？世界上骗人的人多了去了，难道只有我一个吗？您没好好想过这个问题。您看，现在那些手握兵符、端坐在虎皮交椅上的武将，一个个耀武扬威，貌似保卫国家的将才，可他们真能拿出孙武、吴起那样的谋略吗？再看那些戴着高帽子、拖着长丝带的文官，一个个气宇轩昂，貌似治国理政的栋梁，可他们真能建立伊尹、皋陶那样的功绩吗？盗贼四起他们不知道如何平息，百姓困苦他们不知道如何救助，官吏枉法他们不知道如何禁止，法度败坏他们不知道如何整顿，他们一个个白白领着俸禄，浪费着粮食却丝毫不知羞耻。您看看那些个坐高堂、骑大马、醉饮美酒饱食佳肴的人吧，哪一个不是威风凛凛令人敬畏？哪一个不是声名显赫让人仰慕？可又有谁不是外表如金似玉、腹中满是败絮呢？现在您不看看这些，倒来管我的柑橘！"

　　我无以应对。回来后想了想卖柑人说的话，觉得他是东方朔那样诙谐善辩的人。难道他是个愤世嫉俗的人，因而借卖柑橘来讽刺世事吗？

思维导图

作者信息

姓　　名：刘基
　字　　：字伯温
生　卒　年：1311—1375年
籍　　贯：浙江青田
高光时刻：精通天文、兵法、数理，俗言"前朝军师
　　　　　诸葛亮，后朝军师刘伯温"

多思考一点

正是通过刘基的这篇文章，"金玉其外，败絮其中"开始走红，被世人广泛用来比喻那些徒有华丽外表而没有真本事或品行、思想恶劣的人。我们要努力在能力和德行上提升自己，避免成为这样的人；也要注意避免"败絮其外，金玉其中"，不明白的话就想想王安石吧。

159

报刘一丈书

> 不为穷变节，不为贱易志

出处　《宗子相集》
作者　宗臣
创作年代　明
坐标　《古文观止》卷十二

 助学小贴士

　　《报刘一丈书》是宗臣写给刘一丈的回信。刘一丈和宗臣父亲是四十多年的好朋友，但他的本名可不叫"刘一丈"，只是因为他姓刘、排行第一、丈是对男性长辈的尊称，宗臣才称其为"刘一丈"。赶快去看看信中到底写了什么吧。

朗读原文

数千里外,得长者时赐一书,以慰长想,即亦甚幸矣。何至更辱馈遗,则不才益将何以报焉?书中情意甚殷,即长者之不忘老父,知老父之念长者深也。

实时翻译

我身处数千里之外,能时常收到您老人家的来信,使我长久的思念得以宽慰,就已经感到很荣幸了;没想到还承蒙您送我礼物,这可让我怎么报答您的恩情呢?从您信中表达的殷切情意,我知道您没有忘记我的父亲,也明白了父亲为何那么深切地想念您老人家。

朗读原文

至以"上下相孚，才德称位"语不才，则不才有深感焉。夫才德不称，固自知之矣；至于不孚之病，则尤不才为甚。且今世之所谓孚者何哉？日夕策马候权者之门，门者故不入，则甘言媚词作妇人状，袖金以私之。即门者持刺入，而主人又不即出见，立厩中仆马之间，恶气袭衣袖，即饥寒毒热不可忍，不去也。抵暮，则前所受赠金者出，报客曰："相公倦，谢客矣，客请明日来。"即明日又不敢不来。夜披衣坐，闻鸡鸣，即起盥栉，走马抵门。门者怒曰："为谁？"则曰："昨日之客来。"则又怒曰："何客之勤也！岂有相公此时出见客乎？"客心耻之，强忍而与言曰："亡奈何矣，姑容我入。"门者又得所赠金，则起而入之。又立向所立厩中。幸主者出，南面召见，则惊走匍匐阶下。主者曰："进！"则再拜，故迟不起，起则上所上寿金。主者故不受，则固请；主者故固不受，则又固请，然后命吏纳之。则又再拜，又故迟不起，起则五六揖始出。出，揖门者曰："官人幸顾我，他日来，幸无阻我也！"门者答揖。大喜，奔出。马上遇所交识，即扬鞭语曰："适自相公家来，相公厚我，厚我！"且虚言状。即所交识亦心畏相公厚之矣。相公又稍稍语人曰："某也贤！某也贤！"闻者亦心计交赞之。此世所谓上下相孚也。长者谓仆能之乎？

实时翻译

　　至于您信中跟我所说"上级下级要互相信任，才能品德要符合职位"，我深有感触。我的才能品德不足以与职位相符，这我早就知道了。而您说的未能做到上下级相互信任这一问题，在我身上表现得最为突出。且看，如今所说的上下级信任是什么样的呢？有一个人骑着马日夜兼程地赶到了权贵之家的门口，请求拜见。看门的人故意为难他不让他进，他就自甘做妇人的姿态，低声下气地恳求，并拿出袖子里藏的钱财偷偷塞给看门人。看门人拿了名帖进去而主人又不立即出来接见，他就站在马棚里等，与仆人和马匹为伍，任凭臭气熏染着衣服，就算饥饿、寒冷或闷热得无法忍受，也不离去。等到晚上，那个之前收了他钱的看门人出来了，对他说："我家相公累了，今天不见客了，您明天再来吧。"他又不敢第二天不来，于是从晚上开始就披衣坐等，一听到鸡叫就起来梳洗打扮，然后骑着马跑到人家门口敲门。看门人生气地说："谁啊？"他回答说："我是昨天来过的客人。"看门人又怒气冲冲地说："你来这么早干吗！我家相公怎么可能这么早出来会客啊！"客人心里虽然觉得受辱，但表面上还得强忍着，恳求看门人说："我也没有办法啊！您就姑且让我进去等吧！"看门人又收了他送的一笔钱，这才起身放他进去。他又站在之前站过的马棚里等。他很庆幸这次主人从后堂出来了，在客厅中端坐着召见他，于是赶忙慌慌张张地跑上前去，拜伏在堂前的台阶下。主人说："进来吧！"他拜了又拜，故意迟迟不起身，起身后就赶忙献上见面礼金。主人故意推辞不受，他就再三请求；主人故意表示坚决不能要，他就再次再三请求，然后主人叫人把东西收下了。见主人收了礼金，他再次伏地拜了又拜，拜完了还是故意迟迟不起，起来后又连连作揖这才退了出来。出来后他对看门人也作了一揖，说："承蒙老爷关照我！改天再来，希望您就别拦我了。"守门人向他回了礼。他欣喜若狂地跑了出来。他骑着马走在路上，只要遇到认识的人，就扬起马鞭得意扬扬地对人说："我刚从相公府出来，相公很看重我，很看重我啊！"还很夸张地跟人讲述他受到接见的情景。听说他被相公看重，那些与他相识的朋友在心里也就开始敬畏他了。这之后，相公也会偶尔对人说："某人好，某人好啊。"听相公这么说，其他人也就都在心里盘算着怎么一起称赞他了。这就是现在官场中上下信任的样子，您老人家说我能这么做吗？

朗读原文

前所谓权门者，自<u>岁时伏腊</u>一刺之外，即<u>经年</u>不往也。<u>间</u>道经其门，则亦掩耳闭目，跃马疾走过之，若有所追逐者。斯则仆之<u>褊</u>(biǎn)<u>衷</u>。以此长不见悦于长吏，仆则愈益不顾也。每大言曰："人生有命，吾惟守分而已。"长者闻之，得无厌其为迂乎？

实时翻译

所说的那户权贵人家，我除了<u>逢年过节</u>投个名帖以示礼节，<u>一整年</u>都不去一次。就是<u>偶尔</u>经过他家门前，我也是闭着眼睛、捂着耳朵鞭马飞奔过去，好像后面有人追着我似的。这就是我<u>狭隘的心胸</u>。正因如此我长年不被上级赏识，而我也就更不在乎这些了。我常常大言不惭地说："人生在世，命运自有天注定，我只要守好自己的本分就行了！"您老人家听我这么说，或许也会嫌我过于迂腐吧！

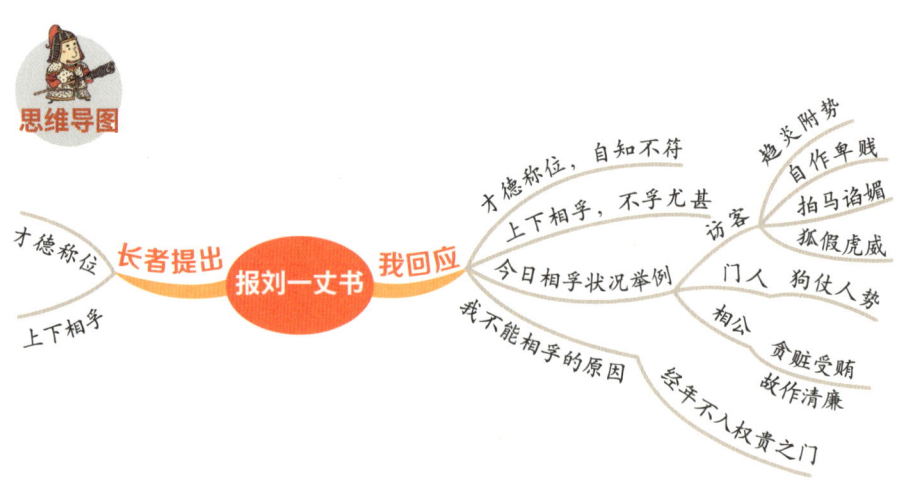

思维导图

 助学小贴士

宗臣生活的年代,正是严嵩父子掌权时期。严嵩官至明朝宰相,把持朝政长达二十多年之久,最后在举国唾骂中死去,在明朝奸臣的排行榜上有名。他在朝时,对于那些与他意见不符的,疯狂栽赃陷害,且必置之死地而后快;对于那些对他奴颜婢膝的,大加培植,使其成为党羽,纵容其骄奢跋扈、横行朝廷。在这种情况下,许多士大夫在其淫威下丧失了廉耻气节,纷纷投靠他的门下。宗臣写《报刘一丈书》,就是为了揭露官场的腐败,表达对行贿干谒、趋炎附势之流者的不屑,表现自己不同流合污的正直耿介。

 作者信息

姓　　名:宗臣
字　／　号:字子相,号方城山人
生　卒　年:1525—1560年
籍　　贯:江苏兴化
高光时刻:明中期文学流派"后七子"成员之一

 多思考一点

气节是个人的灵魂,是民族的脊梁。它是为了坚持正义在诱惑或威胁面前不屈服的品质,是为了坚持正义有所为有所不为的操守。伯齐叔夷不食周粟、田横五百士杀身成仁、南宋文天祥宁死不屈,他们都是有气节的人。《报刘一丈书》批判的不正是那些丧失了气节的人吗?

沧浪亭记

▣ 名流千载有原因

出处 《震川集》
作者 归有光
创作年代 明
坐标 《古文观止》卷十二

助学小贴士

　　五代十国晚期，吴越王钱俶妻子的弟弟孙承佑任中吴军节度使，在现在的苏州市城南花大价钱造了一座别墅。很快，北宋王朝统一了中原，北宋官员集贤院校理苏舜钦（字子美）买下了这个遗意尚存的荒园，并在园子里新建了一座石亭，取名"沧浪亭"，并作《沧浪亭记》流传千古。多年之后，此园被僧人占用，僧人在废墟上重建沧浪亭，又请归有光就新亭写下了此篇《沧浪亭记》。

朗读原文

浮图文瑛居大云庵，环水，即苏子美沧浪亭之地也。亟求余作《沧浪亭记》，曰："昔子美之记，记亭之胜也，请子记吾所以为亭者。"

余曰：昔吴越有国时，广陵王镇吴中，治南园于子城之西南，其外戚孙承佑，亦治园于其偏。迨淮海纳土，此园不废。苏子美始建沧浪亭，最后禅者居之。此沧浪亭为大云庵也。有庵以来二百年，文瑛寻古遗事，复子美之构于荒残灭没之余，此大云庵为沧浪亭也。

实时翻译

文瑛和尚住在大云庵，那里四面环水，是以前苏子美建造沧浪亭的地方。他曾多次请我写一篇《沧浪亭记》，并说："以前苏子美写的《沧浪亭记》是描写亭子的美景，我想请您写一写我修复这个亭子的缘由。"

我说：五代十国中的吴越建国时，广陵王负责镇守吴中，他在内城的西南修建了一个园子，叫南园；钱镠孙子的岳父孙承佑，后来在南园旁边也建了个园子。到吴越被北宋灭亡时，这个园子还没有荒废。苏子美买下了它，在园中建造了沧浪亭；后来这里被僧人占用，逐渐发展成了今天的大云庵。这就是从沧浪亭到大云庵的演变历史。从大云庵建成至今也有二百年了，如今文瑛和尚访求历史资料和遗迹，在原来的废墟上又重新建起了沧浪亭。这就是从大云庵到沧浪亭的变化过程。

朗读原文

夫古今之变，朝市改易。尝登姑苏之台，望五湖之渺茫，群山之苍翠，太伯、虞仲之所建，阖闾（hé lǘ）、夫差（fū chāi）之所争，子胥（xū）、种、蠡（lǐ）之所经营，今皆无有矣，庵与亭何为者哉？虽然，钱镠（liú）因乱攘窃，保有吴越，国富兵强，垂及四世，诸子姻戚，乘时奢僭（jiàn），宫馆苑囿（yòu），极一时之盛。而子美之亭，乃为释子所钦重如此。可以见士之欲垂名于千载，不与其澌（sī）然而俱尽者，则有在矣。

文瑛读书喜诗，与吾徒游，呼之为"沧浪僧"云。

实时翻译

历史在变迁，宫殿市场之地也不断地改换。我曾经登上姑苏台，远眺浩渺的五湖、苍翠的群山，一想到太伯、虞仲所建立的，吴王阖闾、夫差所争夺的，伍子胥、文种、范蠡所筹划的一切如今都已消失殆尽，便觉得大云庵和沧浪亭的变迁又算得了什么呢？虽然钱镠趁唐末动乱自立为王，占有吴、越，国富兵强的国运延续了四代；他的子孙亲戚也趁机奢侈挥霍，大建宫馆园林，盛极一时，但百年之后那些园子已被人遗忘，而只有苏子美的沧浪亭却仍被和尚如此看重。可见士人要想垂名千载，不像冰块一样很快融化消失，是有原因的啊。

文瑛喜欢读书写诗，常与我们这类人交往，我们就称他为"沧浪僧"。

思维导图

沧浪亭记
- 写作原因：好友文瑛亟求
- 写作内容：
  - 记所以为亭者
    - 由园到亭
    - 由亭到庵
    - 由庵复亭
  - 记所以有感者：古今之变，朝市改易
  - 欲垂名于千载则有在

作者信息

姓　　名：归有光

字 / 号：字熙甫，别号震川，世称"震川先生"

生 卒 年：1507—1571 年

籍　　贯：苏州昆山

高光时刻：六十岁中进士，人称其散文为"明文第一"

讲个故事

归有光的一生可以简单概括为：生命不息，考试不止。归有光出生在苏州一个日趋衰败的大族中——这和写出了《红楼梦》的曹雪芹颇为相似。

归有光八岁时，他的母亲就撒手人寰，留下了三子两女，家境也由此迅速败落。十岁就写出了千余言《乞醯论》的归有光一下子成了全家人的希望。但是他似乎有些后劲不足，直到二十岁才考了个童子试的第一名，获得了到南京参加乡试考举人的机会。从此，他就开启了自己生命不息、考试不止的学习人生——参加乡试连连落第，五上南京，榜上无名；三十五岁终于高中举人，得到了去京城参加会试考进士的资格；三年一次的会试，次次远涉千里而去，一连八次落第而归……终于，年近六十岁的时候，他考中了进士。行百里者半九十。坚持梦想，说起来是一句很轻松的话，真正能做到的可能寥寥无几。归有光这种坚持梦想不服输的精神，是他留给我们的宝贵精神财富。

多思考一点 　历史的车轮滚滚向前，从不停止。如何才能在浩瀚的历史汪洋中留下自己的名字而被万世铭记？这是每一个有志之士都会思考的重大人生问题。归有光借着为新沧浪亭写记，提出并回答了这个问题。你知道他的答案是什么吗？

蔺相如完璧归赵论

> 完美的逻辑就是强大的力量

出处 《弇州山人四部稿》
作者 王世贞
创作年代 明
坐标 《古文观止》卷十二

助学小贴士

赵国偶然间得到了绝世美玉和氏璧。秦王听说了，就和赵王商量，说愿意用十五座城换取和氏璧。当时秦强赵弱，赵王怕给了璧得不到城池，又怕不交璧引来战火，左右为难。这时蔺相如站了出来，说："我愿意带着和氏璧出使秦国。如果秦国不交城，我保证把它完好无缺地带回来。"蔺相如到了秦国，捧着和氏璧献给秦王。秦王很高兴，就是不提换城的事情。蔺相如就上前说："大王，这块璧上有点小毛病，我来指给您看。"秦王把和氏璧交回蔺相如，蔺相如立刻退了几步，靠着柱子说："我看大王无意换城，所以把它骗了回来。大王如果硬抢，我的头就和它一起撞碎在柱子上！"秦王怕和氏璧撞坏，就答应蔺相如斋戒五天，然后设"九宾"仪典来接收和氏璧。正是利用这几天时间，蔺相如偷偷派人怀揣着和氏璧逃回了赵国，完成了完璧归赵的壮举。

朗读原文

蔺(lìn)相如之完璧，人皆称之。予未敢以为信也。

夫秦以十五城之空名，诈赵而胁其璧。是时言取璧者情也，非欲以窥赵也。赵得其情则弗予，不得其情则予；得其情而畏之则予，得其情而弗畏之则弗予。此两言决耳，奈之何既畏而复挑其怒也！

实时翻译

蔺相如完璧归赵，世人都称赞他。我却不太赞同。

秦国想以十五座城池的口头承诺骗赵国，并勒索它的和氏璧。按当时的情况看，秦国想得到和氏璧是实情，却并没有借机对赵国发动战争的意图。赵国如果看穿了秦国的本意，完全不用交璧；如果没看穿，那就只好交璧；如果看穿了却害怕秦国，那就给；如果看穿了又不怕秦国，那就不给。这是"给"或"不给"两句话就能解决的事儿。既然赵国惧怕秦国，蔺相如为什么还要再用偷偷送璧回国的方式去激怒它呢？

朗读原文

且夫秦欲璧，赵弗予璧，两无所曲直也。入璧而秦弗予城，曲在秦；秦出城而璧归，曲在赵。欲使曲在秦，则莫如弃璧；畏弃璧，则莫如弗予。夫秦王既按图以予城，又设九宾，斋而受璧，其势不得不予城。璧入而城弗予，相如则前请曰："臣固知大王之弗予城也。夫璧非赵璧乎？而十五城秦宝也。今使(jiè)大王以璧故，而亡其十五城，十五城之子弟皆厚怨大王以弃我如草芥也。大王弗与城而绐(dài)赵璧，以一璧故，而失信于天下。臣请就死于国，以明大王之失信。"秦王未必不返璧也。今奈何使舍人怀而逃之，而归直于秦？是时秦意未欲与赵绝耳。令秦王怒而僇(lù)相如于市，武安君十万众压邯郸，而责璧与信，一胜而相如族，再胜而璧终入秦矣。

吾故曰，蔺相如之获全于璧也，天也。若其劲渑池，柔廉颇，则愈出而愈妙于用。所以能完赵者，天固曲全之哉。

实时翻译

一块玉璧，秦国想要，赵国不给，双方本没有什么对错可言。可如果赵国交出玉璧而秦国不给城池，那就是秦国理亏；如果秦国给了城池而赵国拿回玉璧，那就是赵国理亏。蔺相如要是想让秦国理亏，就该交出玉璧；要是害怕失去玉璧，那当初就不要来。秦王既然已经按照地图说好了给哪些城池，又答应设九宾之仪典、沐浴斋戒之后正式接收玉璧，看情况是不可能不给城池的。就算秦王得了璧不给城，蔺相如只要上前如此说："我早就知道大王不会交出城池。这和氏璧虽是我赵国的宝物，可那十五座城池也是秦国的宝地啊。如果今天大王因为一块玉璧而抛弃了十五座城池，那么这十五座城里的百姓都会深深怨恨大王像抛弃草芥一样抛弃了他们，这是失信于国人。如果大王不给城池而骗去了赵国的玉璧，这是因为一块玉璧而失信于天下。我请求您在这里处死我，让天下都知道大王您是失信之人！"秦王面对这两难的选择，未必不会归还玉璧。为什么非要让手下的人藏璧逃走，而让秦国站在了占理的一方？还好当时秦国并不想与赵国决裂。如果秦王真想决裂，愤怒地将蔺相如斩杀于街市，再派武安君率十万大军直取邯郸，责问玉璧的去向以及赵国为何失信，那么只要取得一次战役的胜利就可以让蔺相如遭遇灭族之难，取得两次战役胜利就能让赵国乖乖交出和氏璧。

因此我说，蔺相如之所以能完璧归赵、地位日重，那都是天意。至于他在渑池与秦国强硬较量，以柔克刚地使廉颇信服，那是手段越来越高妙了。赵国之所以得以保全，的确是上天在偏袒它啊。

思维导图

- 人称之
  - 完璧归赵
  - 畏而挑其怒 失于智
  - 怀璧而逃，归直于秦 失于信
  - 身死族灭，城破国亡 失于利
- 予未信
- 分析角度
  - 情
    - 得其情则不予
    - 不得其情则予
    - 得其情而畏则予
    - 得其情不畏则不予
  - 理
    - 入璧而弗予城，曲在秦
    - 秦出城而璧归，曲在赵
    - 欲使曲在秦，莫如弃璧
    - 畏弃璧，莫如弗予

作者信息

姓　　名：王世贞
字 / 号：字元美，号凤洲，又号弇州山人
生 卒 年：1526—1590 年
籍　　贯：苏州太仓
高光时刻：独领文坛二十年，明中期文学流派"后七子"之一

多思考一点

　　逻辑思维，简单理解就是：提出合理的假设，经过严密的演绎，得出不可否认的结论。王世贞在这篇短短四百字的文字中为我们完美展现了逻辑的力量，赵国予或弗予、秦王未必不返璧这些结论的提出，都是通过逻辑推理得出的。快来试着分析一下这些结论是如何具体得出的吧。

徐文长传

 奇人 奇事 奇文

出处《袁中郎集》
作者 袁宏道
创作年代 明
坐标 《古文观止》卷十二

助学小贴士

　　袁宏道辞去县领导的职务后，就去吴越地区旅游散心。玩到绍兴时，在好朋友陶周望家里寻到了一本《徐文长集》，如获至宝，便对徐文长这个人产生了浓厚的兴趣，因而搜集资料写了这篇传文。

朗读原文

徐渭，字文长，为山阴诸生，声名籍甚。薛公蕙校越时，奇其才，有国士之目。然数奇，屡试辄蹶。中丞胡公宗宪闻之，客诸幕。文长每见，则葛衣乌巾，纵谈天下事，胡公大喜。是时公督数边兵，威镇东南，介胄之士，膝语蛇行，不敢举头，而文长以部下一诸生傲之，议者方之刘真长、杜少陵云。会得白鹿，属文长作表，表上，永陵喜。公以是益奇之，一切疏计，皆出其手。文长自负才略，好奇计，谈兵多中，视一世事无可当意者。然竟不偶。

实时翻译

徐渭，字文长，是山阴县学的生员，很有盛名。薛蕙做浙江考官时，震惊于他的才华，说他堪称国家的栋梁。然而他运气不太好，多次参加考试却都名落孙山。中丞胡宗宪公听说他有才华，就把他聘为幕僚。徐文长每次参见胡公，总是一身粗布长衫，头上扎条乌巾，和他畅谈天下大事，胡公每次都很高兴。那时候胡公统率着好几支军队，威镇东南沿海，他部下的将士在他面前都是跪着说话、爬着前进，头都不敢抬。而徐文长只是胡公麾下的一介书生，对待胡公的态度却很高傲，背后议论他的人因而把他比作刘惔（字真长）、杜甫（字少陵）。他入职不久，胡公恰好得到了一头白鹿，便命徐文长给朝中写一份贺表；表文呈上，世宗皇帝看了很高兴。胡公因此更加震惊于他的才华，把所有奏章撰写和其他文书事宜都交由他办理。徐文长对自己的文才武略都很有信心，他参谋战事喜欢出奇计以制胜，谈论带兵打仗往往能一语中的。在他看来，世间之士没有一个合乎他的心意。然而，他最终也没有得到一展才华的机会。

朗读原文

　　文长既已不得志于有司，遂乃放浪曲蘖，恣情山水，走齐、鲁、燕、赵之地，穷览朔漠。其所见山奔海立、沙起云行、雨鸣树偃、幽谷大都、人物鱼鸟，一切可惊可愕之状，一一皆达之于诗。其胸中又有勃然不可磨灭之气，英雄失路、托足无门之悲，故其为诗，如嗔如笑，如水鸣峡，如种出土，如寡妇之夜哭、羁人之寒起。虽其体格时有卑者，然匠心独出，有王者气，非彼巾帼而事人者所敢望也。文有卓识，气沉而法严，不以摸拟损才，不以议论伤格，韩、曾之流亚也。文长既雅不与时调合，当时所谓骚坛主盟者，文长皆叱而奴之，故其名不出于越，悲夫！喜作书，笔意奔放如其诗，苍劲中姿媚跃出，欧阳公所谓"妖韶女，老自有余态"者也。间以其余，旁溢为花鸟，皆超逸有致。

实时翻译

　　徐文长已经不被主考官赏识，于是就选择沉醉于美酒，纵情于山水，他走遍了齐、鲁、燕、赵等地，饱览了北方大漠的风光。他将游览中所见到的奔腾的山峦、涌立的海浪、遮天的黄沙、变幻的风云、轰鸣的大雨、倒伏的树木、清净的幽谷、繁华的闹市以及奇人异士、花鸟虫鱼等一切令人惊叹的东西都一一写入了诗篇。他在心中怀着强烈的报国之志，却又郁结着英雄无用武之地的悲凉，所以他的诗充满嬉笑怒骂之感，像是流水奔出峡谷，像是种子冲破泥土，像寡妇深夜啼哭，像行客迎寒启途。虽然他的诗作有的格调不高，但独具匠心，有一种霸气、傲气，不是那种媚俗的诗作所能比的。他的文章常有真知灼见，含蓄深沉、章法严谨，写同样题材的文章也能显示他独特的才华，阐相似论题的议论也能保留他的专有的风格，可以说是比肩韩愈、曾巩一类的文章大家。徐文长与当时的文坛不合拍，对当时所谓的文坛领袖，他都加以抨击，认为他们都是朝廷的奴仆，所以他的名声只局限在浙江一带，真是让人悲哀！他爱好书法，作品笔意奔放，就像他的诗一样，在苍劲豪迈中又有跳脱出一丝妩媚的姿态，正是欧阳修所说的"就如那妖娆美好的女子，即使老了也风韵犹存"。偶尔他也把多余的兴致投入画花鸟画上，画得全都超逸雅致。

朗读原文

卒以疑杀其继室，下狱论死。张太史元汴力解（biàn），乃得出。晚年愤益深，佯（yáng）狂益甚，显者至门，或拒不纳。时携钱至酒肆，呼下隶与饮。或自持斧击破其头，血流被面，头骨皆折，揉之有声。或以利锥锥其两耳，深入寸余，竟不得死。周望言晚岁诗文益奇，无刻本，集藏于家。余同年有官越者，托以抄录，今未至。余所见者，《徐文长集》《阙编》（quē）二种而已。然文长竟以不得志于时，抱愤而卒。

实时翻译

徐文长因为猜忌而杀害了他的继室妻子，最终被捕入狱、判处死刑。太史张元汴极力营救，他才得以出狱脱罪。到了晚年后，徐文长对社会的愤恨越来越深，越来越喜欢装疯卖傻，即使达官贵人登门拜访，他有时候也拒而不见。他时常揣着钱到酒店狂饮，叫下人们陪他一起喝。有一次他用斧头砸自己的脑袋，弄得血流满面、头骨破碎，用手揉搓都能听到碎骨摩擦的声音。还有一次他用尖利的锥子扎进自己的双耳一寸多深，竟然没有死。陶周望说他晚年创作的诗文更加让人称奇，但没有刻本，诗稿都收藏在他的家里。和我同年考科举的人有在浙江做官的，我就委托其帮我抄录徐文长的诗文再寄给我，但至今还没有收到。我能见到的，就只有《徐文长集》《阙编》这两种书。然而，徐文长竟因郁郁不得志而满怀悲愤地离开了人世。

朗读原文

石公曰：先生数奇(jī)不已，遂为狂疾。狂疾不已，遂为囹圄(líng yǔ)。古今文人牢骚困苦，未有若先生者也。虽然，胡公间世豪杰，永陵英主。幕中礼数异等，是胡公知有先生矣；表上，人主悦，是人主知有先生矣，独身未贵耳。先生诗文崛起，一扫近代芜秽(wú huì)之习，百世而下，自有定论，胡为不遇哉？梅客生尝寄予书曰："文长吾老友，病奇于人，人奇于诗。"余谓文长无之而不奇者也。无之而不奇，斯无之而不奇(jī)也。悲夫！

实时翻译

石公（袁宏道）说："先生命运多舛，于是因激愤而发狂；又因狂病不断发作，而最终杀人入狱。从古至今的文人，要说牢骚之多和苦难之重，没有谁能达到徐先生这种程度了。尽管如此，仍有胡公这样百年一遇的豪杰和世宗皇帝这样英明的君主赏识他。任幕僚时被给予特殊礼遇，这说明胡公是赏识先生的；上呈表文，皇帝龙颜大悦，这说明皇帝也是赏识先生的，只是他没有被授予显贵的身份而已。先生诗文的崛起，一扫近代文坛芜杂污秽的风气，百年之后自会有定论，从这一点来看，又怎能说他没有机会施展才华呢？"梅客生曾经写信给我，信中说道："徐文长是我的老朋友，他的病比他的人要奇，他的人又比他的诗要奇。"在我看来，徐文长没有一处不奇。正因为没有一处不奇，他才有了这所有的遭遇。唉，可悲啊！

思维导图

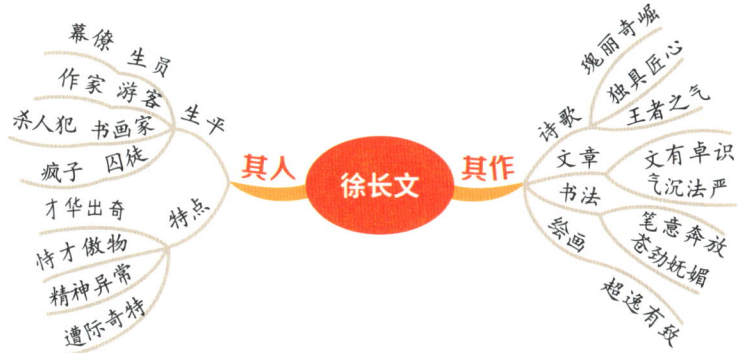

其人 — 徐长文 — 其作

其人：
- 幕僚 生员
- 作家 游客 生平
- 杀人犯 书画家
- 疯子 囚徒
- 才华出奇
- 恃才傲物 特点
- 精神异常
- 遭际奇特

其作：
- 瑰丽奇崛
- 独具匠心
- 诗歌 王者之气
- 文章 文有卓识
- 书法 气沉法严
- 绘画 笔意奔放
- 苍劲妩媚
- 超逸有致

作者信息

姓　　名：袁宏道
字　/　号：字中郎，一字无学，号石公，又号六休
生 卒 年：1568—1610年
籍　　贯：湖北公安
高光时刻：与其兄袁宗道、弟袁中道并有才名，史称"公安三袁"，"公安派"文学开创者

多思考一点

德国哲学家尼采曾说："不能听命于自己者，就要受命于他人。"他强调的是人要保持自己的独立性、自己的个性。同样身为德国哲学家的马克思却说："人的本质是一切社会关系的总和。"身处社会之中，我们既要有个性，也要兼顾社会对人提出的共性要求，如此才能更快乐地生活。

185

五人墓碑记

◘ 不以无人而不芳,不以穷困而变节

出处　《七录斋集》
作者　张溥
创作年代　明
坐标　《古文观止》卷十二

助学小贴士

明朝末年,以太监魏忠贤为首的阉党专权,残杀官吏、欺压百姓。以江南士大夫为首的东林党人多次上疏弹劾魏忠贤。苏州名士周顺昌旗帜鲜明地反对阉党,于是魏忠贤罗织罪名,派人到苏州逮捕周顺昌。谁知苏州市民听说了这件事后群情激愤,为了营救周顺昌甚至发生了几万人参与的大暴动。事后,阉党大肆搜捕参与暴动的市民,颜佩韦等五人挺身而出,英勇就义。第二年,崇祯皇帝即位,魏忠贤畏罪自尽,周顺昌得以昭雪。苏州人民为了纪念死去的五人,就把他们合葬在了虎丘山前的山塘河大堤上,把他们的墓称为"五人之墓"。张溥见此墓有碑却无记,便写下此文……

朗读原文

五人者,盖当蓼洲周公之被逮,激于义而死焉者也。至于今,郡之贤士大夫请于当道,即除魏阉废祠之址以葬之,且立石于其墓之门,以旌其所为。呜呼!亦盛矣哉!

夫五人之死,去今之墓而葬焉,其为时止十有一月耳。夫十有一月之中,凡富贵之子,慷慨得志之徒,其疾病而死,死而湮没不足道者,亦已众矣。况草野之无闻者欤!独五人之皦皦,何也?

实时翻译

这五个人,就是当年周顺昌(字蓼洲)先生被捕时,出于义愤参与暴动并因此而死的那五个人。现在,郡里的贤德之士向当局请求清理已废弃的魏忠贤生祠旧址以便安葬他们,并且在墓门之前竖立碑石来表彰他们的事迹。啊,这真是一件盛事!

从五人就义到如今建好墓得以安葬，时间只有十一个月而已。在这十一个月里，那些富贵人家子弟，那些洋洋自得之人，患病而死且死后湮没无闻的人太多了。何况还有乡野之间没有名气那些人！为什么唯独这五个人声名显耀？

朗读原文

予犹记周公之被逮，在丁卯三月之望。吾社之行为士先者，为之声义，敛资财以送其行，哭声震动天地。缇（tí）骑按剑而前，问："谁为哀者？"众不能堪（chì），抶而仆之。是时以大中丞抚吴者，为魏之私人，周公之逮所由使也。吴之民方痛心焉。于是乘其厉声以呵，则噪而相逐，中丞匿于溷藩（hùn fān）以免。既而以吴民之乱请于朝，按诛五人，曰：颜佩韦、杨念如、马杰、沈扬、周文元，即今之傫（lěi）然在墓者也。

实时翻译

我还记得周顺昌被捕，是在丁卯年的三月十五日。我们复社中一些品行堪称读书人表率的社员，纷纷为他伸张正义，并募集钱财给他送行，他们的哭声震天动地。差役们手按剑柄上前问道："你们给谁哭丧呢？"大家忍无可忍，把他们打倒在地。当时以大中丞职衔担任吴郡巡抚的毛一鹭是魏忠贤的党羽，周顺昌被捕就是他主使的。吴郡百姓正为周顺昌被捕而痛心，见他在那儿大声呵斥，便争着诘问他追赶他。毛一鹭躲在厕所里才逃过一劫。事后，他以吴郡百姓发动暴乱向朝廷上奏，追查后逮捕并处死了五个人，他们是颜佩韦、杨念如、马杰、沈扬、周文元，就是如今合葬在这座墓中的五个人。

朗读原文

然五人之当刑也，意气扬扬，呼中丞之名而詈(lì)之，谈笑以死。断头置城上，颜色不少变。有贤士大夫发五十金，买五人之脰(dòu)而函之，卒与尸合。故今之墓中，全乎为五人也。

嗟(yān)夫！大阉之乱，缙绅(jìn shēn)而能不易其志者，四海之大，有几人欤？而五人生于编伍之间，素不闻《诗》《书》之训，激昂大义，蹈死不顾，亦曷故哉？且矫(jiǎo)诏纷出，钩党之捕，遍于天下，卒以吾郡之发愤一击，不敢复有株治。大阉亦逡(qūn)巡畏义，非常之谋，难于猝发。待圣人之出而投缳(huán)道路，不可谓非五人之力也。

实时翻译

然而，这五个人临刑的时候，安然自得，喊着中丞毛一鹭的名字对他破口大骂，最终谈笑着从容就义。被砍下的五颗头颅挂在城头上，那从容的脸色也一点都没改变。有贤德之士拿出五十两银子买下了五颗人头装在木匣子里，最终让它们与尸体合到了一起。所以如今墓中所葬的是完整的五个人。

唉！天下虽大，但当魏忠贤率阉党乱政时，朝廷官员中能做到不变志节的有几个人？这五个人出身平民，从没受过《诗》《书》的教诲，却能为大义而战，踏入死地也不回头，这又是什么原因？那时假诏书一份接一份发出，因株连被捕的党人遍布天下，最终因为我们吴郡百姓的奋起抗击，阉党才不敢再株连治罪。魏忠贤也因畏惧正义而迟疑不决，篡夺帝位的阴谋难以立刻实施。等到当今皇上即位，魏忠贤在流放的路上畏罪上吊而死，不能不说是这五个人的功劳啊。

朗读原文

由是观之，则今之高爵显位，一旦抵罪，或脱身以逃，不能容于远近，而又有剪发杜门、佯狂不知所之者。其辱人贱行，视五人之死，轻重固何如哉？是以蓼洲周公，忠义暴于朝廷，赠谥美显，荣于身后；而五人亦得以加其土封，列其姓名于大堤之上。凡四方之士，无有不过而拜且泣者，斯固百世之遇也！不然，令五人者保其首领，以老于户牖之下，则尽其天年，人皆得以隶使之，安能屈豪杰之流，扼腕墓道，发其志士之悲哉？故予与同社诸君子，哀斯墓之徒有其石也，而为之记，亦以明死生之大，匹夫之有重于社稷也。

贤士大夫者，冏卿因之吴公、太史文起文公、孟长姚公也。

实时翻译

由此看来，现在的这些达官显贵们一旦犯罪，有的就会逃跑，却无处容身；有的就会剪了头发、关了大门，装疯卖傻不知所踪。他们可耻的人格和卑贱的行为，和这五个人的死比起来，到底孰轻孰重？因此，周顺昌的忠义便凸显于朝堂之中，因此皇上赠给他美好而显耀的谥号，让他在死后享受尊荣；而死去的这五个人也得到了扩建坟墓并在大堤之上立碑留名的殊荣。四方而来的所有士人，经过这里时没有不跪拜流泪的，这实在是百代难得的恩遇。如果不是这样的话，假使这五个人保全了头颅，最终老死家中，那么他们活着的时候就会像奴仆一样，人人都能使唤，又怎么能折服英雄豪杰，让他们站在墓道上扼腕惋惜，抒发他们的悲壮之情？我和我们复社的各位君子为这墓前空有一块石碑而难过，所以就作了这篇碑记，也想用它来说明死生意义的重大，说明普通百姓也能为国家做出重要贡献的道理。

（前面提到的）贤德之士是太仆卿吴因之、太史文文起和姚孟长。

思维导图

作者信息

姓　　名：张溥
字／号：字乾度，一字天如，号西铭
生　卒　年：1602—1641年
籍　　贯：江苏太仓
高光时刻：明末最出名的"学生运动领袖"

多思考一点

平凡的五个人，用他们的生死为我们上了一堂生动的教育课。他们的死告诉我们，有的人死了流芳千古，有的人死了遗臭万年。他们的死还告诉我们，每一个人都不应该妄自菲薄，每一个人都有可能改变世界。让我们记住这句话吧：楚兰生于深林，不以无人而不芳；君子修道立德，不以穷困而变节。

版权专有　侵权必究

图书在版编目（CIP）数据

孩子读得懂的《古文观止》. 宋明时代风景 /（清）吴楚材,（清）吴调侯编选 ; 洋洋兔编绘. -- 北京 : 北京理工大学出版社, 2022.1（2024.2重印）

ISBN 978-7-5682-9987-9

Ⅰ. ①孩… Ⅱ. ①吴… ②吴… ③洋… Ⅲ. ①古典散文 – 散文集 – 中国②《古文观止》– 儿童读物 Ⅳ. ①H194.1-49

中国版本图书馆CIP数据核字(2021)第235447号

出版发行 /	北京理工大学出版社有限责任公司	
社　　址 /	北京市丰台区四合庄路6号	
邮　　编 /	100070	
电　　话 /	(010)82563891（童书出版中心）	
网　　址 /	http://www.bitpress.com.cn	
经　　销 /	全国各地新华书店	
印　　刷 /	朗翔印刷（天津）有限公司	
开　　本 /	880毫米 × 690毫米　1/16	
印　　张 /	37.5	责任编辑/户金爽
字　　数 /	780千字	文字编辑/李慧智
版　　次 /	2022年1月第1版　2024年2月第6次印刷	责任校对/刘亚男
定　　价 /	180.00元（共3册）	责任印制/王美丽

图书出现印装质量问题，请拨打售后服务热线，本社负责调换